地域ガバナンスシステム・シリーズ　No.2

公共政策教育と認証評価システム

―日米の現状と課題―

坂本　勝

編著

龍谷大学地域人材・公共政策開発システム
オープン・リサーチ・センター（LORC）
企画

公人の友社

もくじ

はしがき …………………………………………………… 4

1 解説「マックスウェル・スクールとNASPAAの創設」
―米国の行政学教育の展開と日本の認証評価システムへの示唆―
…… (坂本　勝) … 6

1　マックスウェル・スクールの創設 ……………………… 6
2　米国の行政学教育の展開 ………………………………… 9
3　全米公共問題・行政大学院連盟（NASPAA）の創設 ……… 11
4　行政学修士教育の課題 …………………………………… 19
5　日本の認証評価システムへの示唆 ……………………… 24

2 米国の行政学修士教育　―カリキュラムと今日的課題―
…… (デビッド・ローゼンブルーム／ロレンダ・ネイラー) … 36

1　序論　〜行政学修士教育の概要〜 ……………………… 36
2　行政学修士教育のカリキュラム ………………………… 38
3　行政学修士教育に関する見解　〜補論〜 ……………… 44
4　行政学修士教育の今日的課題 …………………………… 46
5　結論 ………………………………………………………… 59

3　日米認証制度の比較 ……………（デビッド・ワーナー）… 65
1　序論 ……………………………………………………………… 65
2　米国の認証制度 ………………………………………………… 65
3　日本の認証制度 ………………………………………………… 75
4　日米の機関認証の相違点 ……………………………………… 79
5　日米の専門プログラム認証の相違点 ………………………… 80
6　日本の認証の将来　〜モニターすべき課題〜 ……………… 81
7　要約と結論 ……………………………………………………… 86
8　認証に関する有益なウェッブサイト ………………………… 87

4　解説「日本の認証評価制度とその特質」
　　―米国のアクレディテーション・システムとの比較を兼ねて―
　　　　　　　　　　　　　　　　　　　………（早田幸政）… 90
1　はじめに ………………………………………………………… 90
2　米国におけるアクレディテーションと
　　　　　　　　　　「認証」にかかるシステム …… 91
3　日本の認証評価制度 …………………………………………… 97
4　おわりに　〜高等教育のグローバル化と質保証問題〜 ……… 105

はしがき

　龍谷大学地域人材・公共政策開発システムオープン・リサーチ・センター（LORC）は、2004年度の研究の一環として、米国のアメリカン大学行政大学院のデビッド・ローゼンブルーム教授を招いて研究会を開催し、米国の行政大学院における行政学教育の現状と課題について講演していただいた。

　本研究会は、研究成果を広く一般の利用に供するために、講演に先だち提出された論文を「米国の行政学修士教育」と題して訳出することにした。そして、この講演を機会に、米国の行政学教育の展開についてさらに理解を深めることができるように、米国における最初の行政大学院であるマックスウェル・スクールの創設の経緯と行政学修士号（MPA）の認証機関であるNASPAAの創設の経緯並びに行政学教育が直面している今日的課題を中心に解説するとともに、日本の認証評価システムへの示唆として、公共政策教育の認証システムについても解説を加えることにした。

　また、本研究会は、ローゼンブルーム教授の講演に続いて、南イリノイ大学のデビッド・ワーナー教授をLORC第3班の客員研究員として招聘し、シンポジウムの基調講演をお願いした。このシンポジウムの基調講演に先立ち提出されたワーナー教授の論文についても、同様に広く一般の利用に供するために、「日米認証制度の比較」と題して訳出することにした。そして、この講演を機会に、「日米の認証制度」についてさらに理解を深めることができるように、「日本の認証評価制度とその特質」と題して解説を加えることにした。

　近年、わが国においても、法科大学院の開設に続いて、公共政策や会計の専門職大学院が相次いで開設され、教育分野の専門職大学院の開設も予定されている。特に公共政策系の学部・大学院の開設が次第に増えるなかで、公共

政策教育プログラムの質保証への関心も高まるようになってきている。現在、法科大学院の設置に関連して、法科大学院の認証評価機関として、日弁連の法務研究財団をはじめいくつかの認証評価機関の設置が予定されているように、今後、公共政策系教育プログラムの認証評価システムについての論議が高まるものと予想される。

　このブックレットに収録されている二編の論文と解説を通じて、日米の認証評価システムの特質と課題について理解が深まり、日本の認証評価システム導入の在り方について論議をさらに刺激することになれば幸いである。

　なお、本ブックレットの二編の論文の翻訳およびローゼンブルーム教授の講演に関連した解説の執筆は、LORC第3班の研究員である編者がおこない、ワーナー教授の講演に関連した解説については、金沢大学の早田幸政教授（同研究員）に寄稿していただいた。

　最後に、本ブックレットの上梓にあたって、お世話になったLORC第3班研究員の諸氏をはじめ、LORC事務局の高井若菜、田村瞳の両氏と編集の労をとっていただいた公人の友社の武内英晴氏に、深く感謝の意を表しておきたい。

　　2005年7月

　　　　　　　　　　　　　　　　　　　　　　　　　　　　編者

1 解説「マックスウェル・スクールとNASPAAの創設」

―米国の行政学教育の展開と
　　日本の認証評価システムへの示唆―

坂本　勝
（龍谷大学法学部教授）

1　マックスウェル・スクールの創設[1]

(1)　前史　～ニューヨーク公務研修学校の設立～

　マックスウェル・スクールは、1924年にアメリカで最初に設立された行政の大学院であるが、他の行政大学院とは異なり、「シティズンシップ」(市民精神、citizenship)教育を公務教育の目標として掲げてきたというユニークな特質をもっている。その特質は、The Maxwell School of Citizenship and Public Affairsという正式名称にも端的に反映されている。また、マックスウェル・スクールの創設には、専門職業公務員の養成を目的としてアメリカで最初に設立されたニューヨークの「公務研修学校」(N.Y. Training School for Public Service, 1911年設立）を母体として設立されたという歴史的経緯に注目する必要がある。
　ニューヨーク公務研修学校は、ハリマン女史（Mary Harriman―鉄道建設で財

をなしたハリマン家の一族）が25万ドルの基金を提供して開設され、その運営はニューヨーク市政調査会（N.Y. Bureau of Municipal Research, 1906年設立）に一任され、学生の教育には、ビアード、アレン、クリーブランドなどに代表される市政調査会のスタッフがかかわった。「公務研修学校」は、その後1921年に市政調査会と合体して「全国行政研究所」（National Institute for Public Administration、1921年設立）に発展的に改組されている。この研究所は、公務と行政の研究及び公民教育の為の学校を運営すること、行政の原理と実践について研究すること、行政に関する図書館を維持し拡充すること、を目的とするものであった。

(2) ジョージ・マックスウェルのシティズンシップ教育への関心

シラキュース大学を卒業後、靴の製造業で財をなしたボストンの富豪ジョージ・マックスウェル（George Maxwell）は、リンカーン・ステファンス（Lincoln Steffens）の『都市の恥』（The Shame of the Cities、1904年刊）を読んでアメリカの都市政治の腐敗ぶりに失望する。また、第一次大戦期の若者の厭世主義、懐疑主義に失望し、この問題の解決を「シティズンシップ」教育に期待しようとした。1918年に、彼は、ボストン大学に「合衆国の市民精神」（United States Citizenship）と称する講座の開設基金として6万ドルを寄付している。そして、1923年10月に、彼の母校シラキュース大学のフリント学長宛に、シティズンシップ教育のスクールを設立するために、50万ドルの基金を提供するという手紙を送り、次のように述べている。

「私の目的は、わが国の国民の間での堅固なアメリカ主義の成長にすばらしい貢献をすることであり、・・・また、知的な愛国心の促進を多少とも自らのライフワークとするような熱意のあるスペシャリストを絶えず産み出すことである。」と。[2]

この提案の相談にあずかった当時のニューヨーク州上院議員フレデリック・ダベンポートは、日頃政治過程に関する平均的市民の理解力を改善する

ことの必要性を痛感していたために、道徳的に健全な倫理観をもち、良き政府（good government）を進展させる知的な愛国心をもつ市民を養成するというマックスウェルのシティズンシップ教育の構想に共感を示すが、同時にかれは、行政問題に関して十分な能力をもつ指導者や政府の仕事に携わる十分に訓練された公務のスペシャリストの養成の必要性を感じていた。そこで、彼は、大学院は、単に「シティズンシップ」に関する教育部隊を提供するだけでなく、行政の研究所になるべきであると学長に提案している。この提案を受けて、学長が当時「全国行政研究所」の所長であったルーサー・ギューリック（Luther Gulick）に相談することになる。1923年当時、行政研究所は深刻な財政危機に直面していたこともあって、この研究所の「公務研修学校」の活動をすべてシラキュース大学に移管するという計画が進展し、1924年9月に、市民精神と公共問題に関するマックスウェル・スクールが正式に誕生するのである。

　以上のように、マックスウェル・スクールの「シティズンシップ」教育は、個人主義の弊害が顕著にみられた第一次大戦前後の市民意識を改革するために、アテネの市民精神をモデルとして導入され、「良き公共市民」（good public citizen）を養成することで、アメリカ国家への帰属意識（identity）と地域社会への関心を高めようとした。近年の日本社会にみられる個人主義の弊害などの現状に注目するとき、地域社会の公共問題に対する関心とその一員としての義務意識をもつと同時に、市民としての権利を主張できるバランス感覚をもった「公共市民」（市民的専門職業人）の養成のあり方を検討することが急務である。マックスウェル・スクールの「シティズンシップ」教育は、政策系大学における「公共市民」の人材育成教育のモデルになると考える。

　ちなみに、わが国においては、このマックスウェル・スクールの創設の5年後に、大阪商科大学に「市政科」が設立されている。この「市政科」は、1929年に、関一市長によって経営科、金融科、貿易科と共に設立され、市の幹部要員の人材育成を目的としていたが、戦時中の中央集権体制のなかで1941年に消滅した。戦後、憲法の地方自治の本旨に留意すれば、この「市政科」の

復活が重要であったにも関わらず、忘却されてきたが、分権改革が進展しつつある現在、この種の学科・研究科の復活・開設が期待されるところである。なお、マックスウェル・スクールの「シティズンシップ」教育は、現在では、学部レベルに移行し、その教育と研究の比重が専門職業としての公務員などの養成に傾斜してきている。

2　米国の行政学教育の展開[3]

(1) ハニー・レポートの批判

シラキュース大学のハニー（John Honey）は、1967年に、アメリカ行政学会の季刊誌『行政学評論』（Public Administration Review）に「公務に関する高等教育の現状報告」（A Report: Higher Education for Public Service）と題する論文を発表し、1960年代中葉までの行政学の研究と教育の現状について、「行政学教育を行うための資源が大幅に不足している、行政学の研究者の間で知的基盤や研究の方向性について混乱が生じている、行政学分野の専門能力や地位について大学の同僚や一般公衆の評価が低く、行政学に対する信頼と受容の態勢が弱体である」と批判し、次の9項目の改革を提言している。[4]

① 学識者が政府のニーズに応じて指導性を発揮できるように公務教育に関する全国委員会を設置すること。
② 修士課程と博士課程の公務員志望者を対象に、年間2,500人規模の育英事業を開始すること。
③ 公務員志望の大学院生と学部生を対象に、連邦、州、地方政府におけるインターンシップ事業を導入すること。
④ 行政と公共問題に関する大学院等の教員を目指す者を対象に、特別奨学金を支給すること。

⑤　公共問題の研究・教育に従事する大学教授に実際的な実務経験を提供する機会を提供すること。
⑥　公共問題のカリキュラムの開発と実施に関して大学を支援するプログラムを導入すること。
⑦　政府と公共問題の研究に従事する大学研究者を支援すること。
⑧　大学院の公共問題・行政教育プログラムの設備の供給に関して、連邦・州・地方の政府はもとより企業も支援すること。
⑨　新しい公共問題の教育プログラムに関する助言サービスを提供し、公共問題・行政大学院の経験豊富な卒業生に関する最新の情報を提供するために名簿を作成すること。

このハニー・レポートの提言を受けて、1968年には、政府の実務経験を教授に提供する行政学フェロー事業が開始されている。また、ハニー・レポートが公表された当時、アメリカの行政大学院の設置数は70以上（行政学修士号の授与数は400人程度）を数えていたが(5)、これらの大学院で行政学教育にかかわる研究者たちは、このハニー・レポートに大きな衝撃を受け、新しい行政学の展開に向けて活動を開始するようになる。

(2)　「新しい行政学」（Minnowbrook Perspective）の展開

新しい行政学は、1968年に開催されたシラキュース大学マックスウェル・スクールのミノウブルック（Minnowbrook）会議場におけるシンポジウムから派生している。マックスウェル・スクールのアルバート・シュバイツァー教授ワルドー（Dwight Waldo）が企画し、ミノウブルック・パースペクティブと呼ばれるようになった会議は、ハニー・レポートの批判に応えるとともに、ワルドーの提起した「一体性の危機」（crisis of identity）に対処するために開催された。この会議に出席した行政学の若い研究者たちは、行政学の新しい価値の研究の重要性を認識し、新しい行政学の建設に向けて活動を開始するようになる。新しい行政学は、社会的公正と公平性、応答性と代表性、公務の道

徳的目的などをコアの価値として強調している。(6)

なお、このシンポジウムは、「新しい行政学」の価値の展開を刺激すると同時に、行政大学院における「公共政策」の教育プログラムの展開を刺激したと評価されている点にも注目する必要がある。(7) 公共政策学修士号(Master of Public Policy ＝ MPP) が授与される「公共政策」プログラムは、マクロ経済、費用便益分析、統計学、システム分析等を重視し、事業企画の合理性、市場の求心性、経済的効率 (economic efficiency) と有効性 (effectiveness) といった価値を強調する。1968年に、政策分析・行政管理連盟 (APPAM) が設立され、行政の専門教育に関する新しいアプローチのフォーラムが誕生している。

こうした公共政策プログラムの教育の動きを受けて、伝統的なMPAのカリキュラムも次第に変化を強いられていく。それは、新しい行政学と政策分析の二つに対する関心を反映するもので、倫理と市民参加の教育とともに、統計と事業のプランニングを評価する教育が融合するようになっている。MPAの認証機関であるNASPAAは、ちょうどこうした行政学教育の転換期に創設されている。

3　全米公共問題・行政大学院連盟（NASPAA）の創設

(1)　NASPAA創設の経緯

MPAの認証機関であるNASPAA (National Association of Schools of Public Affairs and Administration、全米公共問題・行政大学院連盟) の前身は、1959年にアメリカ行政学会 (American Society for Public Administration, 以下ASPA) のサブ・グループとして設置された「大学院行政学教育評議会」(CGEPA)であるが、1970年にこのCGEPAを改組して、公共問題と政策及び行政に関する教育・研修・研究の発展に貢献する専門の連盟としてNASPAAが設立されている。

1973年には、アメリカ行政アカデミー（NAPA）が多くの大学にみられる教育目的の曖昧さ、「多様性」(diversity)とプロフェショナリズムの欠如を批判する報告書を提出し、1974年には、NASPPAは、公共問題と政策及び行政に関する修士号の基準を採択している。そして、1975年にNASPAAは、本部業務の一部を残してASPAから分離されるが、1977年にASPAから完全分離し、NASPAAの法人化が実現している。

　1983年には、「中等以後教育認証評議会」(Council on Postsecondary Accreditation=COPA)に、行政学修士号の専門の認証機関としての認定を求める申請を行い、1986年10月に、NASPAAは公式に行政学修士号の認証機関として認定され(recognized)、1991年と96年にも再認定を受けている。一方、認証機関を認定するCOPAは、1993年に「中等以後教育認証認定委員会」(Commission on Recognition of Postsecondary Accreditation = CORPA)に改組され、1996年に、CORPAはさらに「高等教育認証評議会」(Council on Higher Education Accreditation = CHEA)に名称が変更されている。NASPAAは、2004年に、CHEAから10年間の認証機関としての認定を受けている。[8]

　教育機関が教育プログラムに関する認証又は再認証を申請する場合には、NASPAAの規定するすべての基準に合格しなければならない。この基準に合致しているかどうかの評価は、ＮＡＳＰＡＡの専門家評価・認証委員会(Commission on Peer Review and Accreditation = COPRA)が行う。加盟機関による教育プログラムの自己評価、現地調査班の評価報告書をふまえたCOPRAによる最終審査を経て、基準に合致すると評価された教育プログラムは、認証プログラムの年次登録簿に掲載され公表される。ここで、NASPAAの設定する行政学修士号の基準の概要についてみてみよう。

(2) NASPAAの認証基準[9]

　NASPAAは、まず、専門職業教育の目的として、公共問題と政策及び行政に関して指導力を発揮して管理的役割を果たすことのできる人材を養成する

ことを強調している。そのような人材養成のカリキュラムとして、次のような共通カリキュラム（必修科目）と選択カリキュラム（選択科目）の開設を求めている。

① 必修科目の構成要素
　共通カリキュラムの必修科目の設置目的は、学生に公務の指導力を養成することにあり、必修科目は倫理的かつ有効に学生が活動できるようにするために、学生の価値観、知識、技能を高めるものでなければならないとして、行政組織管理の科目として、人材管理、財務・予算分析、情報管理（コンピューター・リテラシーとその応用を含む)および定量分析と質的分析の技能の応用に関する科目を開設するように求めている。そして、公共政策と組織管理に関する理解を深める科目として、政治的・法的制度と過程、経済的・社会的制度と過程及び組織と管理の概念と行動に関する科目の開設を求めている。

② 選択科目の構成要素
　予定されている教育プログラムは、選択科目の目的とその目的の合理性を明白に規定し、選択科目がその目的の達成にいかに有効であるかを説明しなければならないとしている。選択科目の設置目的については、専攻コースか集中コースか、受講対象者が一般院生か公務員か、フルタイムかパートタイムかについて記述するように求めている。また、カタログ、冊子等で専攻・集中コースについて広告する場合は、資格ある教授陣が運営するという証拠を提示し、専攻・集中コースの開設は必修科目の構成要素になるものではないとしている。

③ 履修要件
　必修科目と選択科目について、通常の場合、修士号の取得には２年間のフルタイムの学修期間が必要であるが、学部の単位取得者や管理職経験者には、

単位の履修要件は軽減され、専門職の経験のない学生には、インターンシップの利用が奨励されている。

④　教授の資格要件

　教育の中核を担う教授陣については、開設を予定している教育プログラムにふさわしい教育・研究の責任を果たす5名の専任教授を置き、必修の開講科目の50％以上は、専任教授によって教育されなければならないとしている。専門的資格については、大学院の教育プログラムを担当する専任教授のうち、少なくともその75％の者は博士号を保有するか、それに相当する他の分野の最終専門学位を保有しなければならないとしている。そして、実務家の参加は、行政学修士号の教育に不可欠であるとして、申請される教育プログラムにおける実務家の担当科目について記述し、プログラムのコースを担当する実務家の学問的資格、専門職の経験、教育能力の質等について満足のいく証拠を提示しなければならないとしている。

　また、NASPAAの評価基準では、教授の質と「多様性」(diversity) も審査の対象になる。教授の研究業績、教育経験、学生の指導・教育方法、コース担当科目の内容、専門職の経験、政府、企業、非営利機関などにおけるコンサルタント経験などについての記載が義務づけられるとともに、マイノリティー集団、女性、障害者の「代表性」に関して、申請大学の教授陣の構成の「多様性」(diversity)を高める計画が進行している証拠を提示しなければならないとしている。

⑤　学生の選抜基準

　学生の入学基準については、入試政策や入学の基準を明白に記述しなければならず、具体的には、マイノリティー集団、女性、障害者の「代表性」を反映するような学生の入学政策を基本に、一般志願者と公務員在職者、その他の志願者のカテゴリー別の入学基準の相違について記述し、入学基準については、これらの志願者の大学院の成績、学部のGPAの成績、学士号の等級履

歴書、卒業後のキャリアの関心、専門職の経験と質の評価等を総合的に評価して合否を決定する必要があるとしている。

⑥ 図書館、就職サービス等の事務局スタッフの支援

教育目標の達成を支援する事務局スタッフを配置し、学生サービスの一環として、コースのテキストや学術論文、定期専門雑誌、研究報告書等の図書文献へのアクセスを支援するとともに、公共問題や行政に関係する就職活動を支援するように求め、担当の教授陣には必要図書文献の選択に関して助言するように求めている。

⑦ 教育設備

申請プログラムの教授と学生は、コンピューター機器、オーディオ、ビデオ、フィルム等の教育、研究設備を利用できるようにしなければならない。また、教授の研究室は、学生のカウンセリング、授業の準備その他の教授の責任を果たすために十分なスペースとプライバシーを保証するものでなければならない。演習、事例研究の討論、シミュレーションの実践、講義等に最適の教室や、学生と教授が非公式に会い、クラスのプロジェクト、インターンシップの経験その他の教育課程の問題に関して議論するための談話室を準備する必要があるとしている。

以上のようなNASPAAの行政学修士号の基本的な認証基準の紹介につづいて、申請機関からの教育プログラムの審査を担当する専門家の評価・認証委員会COPRAの委員構成と認証評価手続についてみてみよう。

(3) COPRAの委員構成と認証評価手続[10]

① COPRAの委員構成

COPRAは、12人の委員で構成され、任期は3年である。COPRAの委員は、秋に開催されるCOPRAの事業委員会の前にNASPAAの副会長によって

指名され、NASPAAの理事会が任命する。COPRAの委員長の人事は、NASPAAの副会長によって指名され、理事会が任命する。COPRAの委員には、学問的経験と実務経験が資格要件として要求され、また、市民団体のメンバーとNASPAA理事会のメンバーを各1名参加させるよう求めている。そして、COPRAの委員は、その任期中は評価の対象となるいかなる教育プログラムのコンサルタントとして活動してはならないとしている。

② 申請機関の資格要件

COPRAに教育プログラムの認証を申請する場合、申請機関は、NASPAAにおける1年間の加入実績（年会費の支払い実績）がなければならず、認証を求める行政学修士号プログラムは、4年間有効でなければならない。また、2回分割の認証評価手数料と現地出張費の支払いが必要であり、認証の証明（7年間有効）と登録簿の掲載を継続するために年会費の支払いとCOPRAへの年次報告書の提出（毎年4月15日まで）が必要である、としている。

③ 申請経費

申請経費の認証評価経費（2003年現在1,925ドル）は、NASPAAの理事会で決定し、定期的に見直しを行い、納入済みの申請経費（同1,500ドル）は一切返金されない。ただし、現地調査費（同425ドル）は、現地調査が実施されない場合は返金される、としている。

④ 申請要領と評価日程

次に、COPRAによる申請プログラムの申請要領と評価日程を列挙的に紹介すると、以下のようになっている。

[申請要領]
(a) 申請書は、COPRAの申請書を完成して送付しなければならない。その申請書には、自己評価報告書の提出日である9月1日付の学長又は院長及びNASPAAの主席会員の署名が必要である。

(b) 費用は、自己評価報告書の提出日に1,500ドルを支払い、現地調査班（Site Visit Team = SVT）の任命時（11月中旬頃）に425ドルを支払う。

［評価日程］

(a) 9月1日

　　第1回の支払いと自己評価報告書（2分冊）のコピー各15部及びカタログ、パンフレット、関係資料各5部を提出する。NASPAA事務局はそれを点検し、ページ、節、要旨等が抜け落ちていれば補正を通知する。

(b) 9月中旬

　　事務局スタッフが自己評価報告書と関係資料をCOPRAの委員宛に送付する。COPRAの委員と申請機関との連絡役を果たすリエゾン委員が任命される。

(c) 10月上旬

　　NASPAAの年次総会にあわせて、COPRAは委員会を開催して申請機関の自己評価報告書を審査し、中間報告書の作成にとりかかる。また、現地に調査班を派遣する申請機関のリストの作成にとりかかる。

(d) 11月第1週

　　中間報告書が申請プログラムの責任者に送付され、COPRAの委員と申請機関の学長（院長）にコピーが送付される。申請プログラムの責任者は、12月15日までにこの中間報告書で指摘された問題点に対する回答書を提出する。

(e) 11月第2週

　　申請プログラムの責任者は、NASPAAの本部事務局に電話で現地調査を実施するかどうかを連絡し、その決定を確認する文書を事務局宛に送付する。事務局は、その文書を確認後、現地調査の日程を申請機関と調整して決定する。リエゾン委員は、COPRAと申請プログラムの責任者と現地調査班長との連絡役を果たす。

(f) 12月15日

申請機関は、11月の中間報告書に対する回答書（8部）をNASPAA事務局に提出する。この回答書は、現地調査班とCOPRA委員宛に送付される。
(g) 1月1日〜3月31日
この期間に現地調査が実施される。

⑤ 現地調査班（SVT）報告書の提出日程
(a) 1ヶ月以内
現地調査終了後1ヶ月以内に、調査班は班長を中心に報告書のドラフトを作成し、提出する。このドラフト報告書は、その評価のために申請プログラムの責任者に送付される。
(b) 2週間以内
申請プログラムは、2週間以内にSVTのドラフト報告書に対する回答書を準備する。SVTの班長は、2週間以内に申請機関が指摘した修正が必要であれば修正し最終報告書を作成する。班長は、申請プログラムの責任者とSVTの2名のメンバー宛に最終報告書を送付し、申請プログラムの責任者はNASPAAの本部に回答する。

⑥ 事務局とCOPRAの対応
(a) 3月、4月、5月
事務局スタッフは、SVTの最終報告書のコピーを申請機関の学長宛に送付する。COPRAの委員全員にSVTの最終報告書と申請プログラムの回答書を1部送付する。
(b) 6月中旬
COPRAは、申請プログラムに対する評価委員会を夏期に開催する。この評価委員会には、自己評価報告書、カタログ、パンフレット、11月の中間報告書と申請プログラムからの回答書、現地調査班の報告書と申請プログラムからの回答書及びその他の関係通信文書等が提出さ

れる。
 (c) 7月初旬
　　COPRAの認証決定通知書が、申請プログラムの責任者、申請機関の学長及びCOPRAの委員宛に各1部送付される。
 (d) COPRAが認証した申請プログラムの登録名簿を出版する。

　以上のような申請要領と評価手続きのもとに、加盟機関による教育プログラムの自己評価、現地調査班の評価報告書を踏まえたCOPRAによる最終審査を経て、COPRAの申請プログラムに対する認証の是非が決定される。前述のNASPAAの基準に合致すると評価された教育プログラムは、年次認証登録簿に掲載され公表される。2002年現在、NASPAAには、238の行政、公共政策系の大学及び専門職団体等が加盟しているが、このうち認証を受けているのは、131団体にとどまる。最近では、NPOの管理に関連したカリキュラムや国際NGOの養成を目的としたカリキュラムが注目されるようになってきており、COPRAによる認証評価の対象となる行政学修士号のカリキュラムも、今後さらに多様化していくものと思われる。

4　行政学修士教育の課題

(1)　MPAとMPPの区別

　前述のように、1968年の政策分析・行政管理連盟（APPAM）の創設を契機に、政策分析の教育が展開されるようになるが、APPAMのNASPAAへの加盟は、行政学と公共政策の教育の融合を期待させるものであった。しかし、行政学の教育プログラムが政策分析に関するコースを追加し、公共政策の教育プログラムが行政過程に関するコースを追加するという行政教育が展開するなかで、行政学と政策分析の教育プログラム相互の区別が曖昧になってきて

いると指摘されている。[11]経済のモデルと分析技術を強調する公共政策の教育プログラムと公共サービスをどのようにデザインし、組織し、管理するかという問題に焦点を合わせる行政学の教育プログラムとの間には、なお重要な相違が存在しており、MPAとMPPは、いずれも教育課程の独自性を明確にするカリキュラムの在り方が問われている。

(2) NASPAAの認証基準のジレンマ性

NASPAAの認証基準では、米国の多民族社会の統合の知恵として、MPAの教育プログラムを担う教授陣の構成の「多様性」(diversity)―マイノリティー集団・女性・障害者の「代表性」―を重視しているが、この基準は、一方では教育の質の確保を目的とするCOPRAの専門家による評価基準と矛盾するようなジレンマ性を孕んでいる。[12]NASPAAには、多くの行政大学院が加盟しているが、長い伝統を有するハーバード大学のケネディ・スクール（1936年設立）とプリンストン大学のウィルソン・スクール（1930年設立）は、NASPAAに加盟していない。その理由については、推測の域を出ないが、NASPAAの認証基準に従うと、マイノリティー集団の教授による教育の質の低下を招きかねないと危惧しているか、大学の社会的名声の自負心から認証を必要としないと考えているかのいずれかによるものであろう。

学生の入学についても、マイノリティー集団の「代表性」を反映するような入試政策を評価しているが、最近、ミシガン大学ロー・スクールのマイノリティー集団を対象にした別枠入学制度の合憲性が連邦最高裁で争われたように、「別枠入学制度」と学業成績や入試成績との調和をはかりながら、MPAの社会的評価と信頼をいかに高めるかが問われている。また、NASPAAの認証基準では、教育プログラムの規模に関わらず、5名の専任教授を置くように求めているが、この設置基準には、財政基盤の弱い教育機関に必要以上の財政負担を強いるという問題点に加えて、学生定員20名規模のプログラムと比べて、学生定員100名以上の大規模プログラムの方が認証を受けやすいと

いうバイアスが指摘されている。(13)

  (3) NPOカリキュラムの整備

　MPAは、現在、政府雇用の準備教育とは考えられていない。MPAの教育は、伝統的には政府の事業と政策を中心にしたものであったが、現在進行している挑戦は、いかにしてMPAのカリキュラムの中に、公と私のパートナーシップを理解させる科目を組み入れるかということである。
　公共サービスにおける非営利セクターの比重の高まりは、政府機関の財政危機を契機にしているが、公共サービスの民間（NPO組織等）への業務委託の進展は、契約や交渉に関する行政官の技能（skill）の開発を要請している。しかも、公共サービスを提供する責任が、NPO等にシフトした結果、NPOの側においても、管理能力を身につけた管理者のニーズが増大している。したがって、MPAのカリキュラムにおいても、マックスウェル・スクールにみられるようなNPOの管理に焦点を合わせたカリキュラムの整備が必要である（資料1・2参照）。

  (4) MPAと公務員との相関

　MPAの教育プログラムの卒業生は、依然として行政官になる比率が低い。旧聞に属するが、1987年の時点で、82万2千人の連邦政府の専門管理職のうち、1％程度がMPAを保有しているにすぎない。幹部職（Senior Executive Service, 以下SES）の間では、MPAの保有者の比率は4％にとどまるが、これは、連邦政府がMPAの教育プログラムに興味を示していないことを裏付けている。連邦政府とは業務も雇用の性質も異なる州政府・地方政府のレベルでは、MPAの保有者は連邦公務員よりも多いとされている。また、1986年の時点で、シティーマネジャーの3分の2は、行政学修士号を取得している。行政学修士号は、必須要件ではないが、シティーマネジャーの就職要件になって

いる。(14)

　このように、MPAと公務員との相関は希薄であるが、連邦政府におけるMPA保有者の比率を拡大するには、PMIP（Presidential Management Internship Program）の採用枠を拡大する必要がある。PMIPは、カーター施政期の1977年に、公共政策を策定し管理する能力を身につけた優秀な男女を連邦政府に採用するという目的で導入された。導入当初の定員は250名で、88年に400名に増員されている。人事管理庁（OPM）がPMIPの管理運営を行い、主にMPAとMBBの保有者を研修生として採用している。GS9等級に採用され、2年の研修期間を終了すると、11等級に昇進し、他の同僚と競争して12等級以上に昇進する。91年の時点では、研修志願者として行政大学院とビジネス・スクールの院長の推薦を受けた810名中343名が採用されている。(15)

　ちなみに、1989年のボルカー・レポート（Volker Report）は、PMIPの定員を1,000名まで増員するように勧告しているが、PMIPの拡充は、連邦政府におけるMPA保有者の増加を刺激すると思われる。また、2003年1月のボルカー・レポートは、SESを再編して、幹部管理団（Executive Management Corps=EMP）と専門・技術団（Professional and Technical Corps=PTC）の二つのグループに分割するように勧告している。同報告者は、SESが管理者（manager）だけでなく、科学者、専門家、技術者などのスペシャリストなどで構成されている状況に注目し、管理能力の開発の必要性を強調している。同報告書は、政府の管理者の質と動機づけが政策の成功と政府事業の有効な運営の決定要素であるとして、職員のキャリアの初期段階において潜在的な管理能力を識別し、研修による専門能力の開発、大学院での研究、政府外部の民間企業への派遣などを通じて、職員の管理能力の開発を行う必要があるとしている。そして、管理的ランクの職には、民間からの採用機会を拡大するとしながらも、将来の政府管理者の大部分は、政府職員の中間レベルの職から採用していく必要があるとしている。(16)

　このように、SESの再編は、ゼネラリスト管理者とそれを補佐するスペシャリスト行政官の二つに分離するというものであり、SESの再編が実現す

ると、MPA および MBB の保有者を採用する PMIP の制度的比重が増加し、MPA の社会的評価も高まるものと期待できよう。

(5) 連邦政府の人事危機

　ローゼンブルーム教授が述べているように、連邦政府では、2010年までに、ベビー・ブーム世代が大量に退職することが予測されている。ブッシュ大統領の PMA（President's Management Agenda）報告書（2002年）は、連邦政府の常勤職員の40％が2010年までに通常に退職すると指摘し、米国会計検査院は、2001年2月に「人的資本管理」（human capital management）を連邦政府の活動の「ハイリスク・リスト」に追加している。[17] しかし、こうした連邦政府の人事危機にもかかわらず、連邦政府の新規採用職員（約2,000名）を対象にした MSPB（Merit Systems Protection Board）の就職活動調査（2000年）は、これらの47％の者がインターネット上での連邦官職の欠員募集に気づかず、14％の者が欠員の職に興味を示すのに十分な情報が提供されていないと考え、また、25％の者が採用の決定が合理的な期間内におこなわれていないと考えている状況を明らかにしている。[18]

　2010年の人事危機に対処するには、こうした連邦政府の募集活動の実態を早急に改善する必要がある。それと同時に、大量の退職者による人事危機に対処するには、MPA の卒業生を大幅に増加させる必要があり、その戦略として、ローゼンブルーム教授が指摘するように、MPA プログラムの募集計画の整備と MPA プログラムのマーケティングの整備が急がれる。後者の戦略については、NASPAA のマーケティング委員会が、MPA の教育内容について解説し、将来公務員の仕事に関心を持つようにアピールする冊子を作成しているが、NASPAA による取り組みの成果が期待される。[19]　なお、この連邦政府の人事危機は、わが国にとっても無縁な問題ではない。わが国も、2007年には団塊の世代が大量に退職するという人事危機を迎えることになるが、国と地方の対策は充分なのであろうか？

5　日本の認証評価システムへの示唆

　現在、法科大学院の設置に関連して、法科大学院の認証評価機関として、日弁連の法務研究財団と大学評価・学位授与機構が設置されているが、今後、公共政策系教育プログラムの認証評価システムについて論議が高まるものと予想される。ここでは、導入を急がれる公共政策系教育プログラムの認証評価システムについて考えてみよう。

(1)　海外の認証評価システム

　前述のように、アメリカの認証評価機関の場合は、1970年に行政学教育の質の向上を目的として、NASPAAが設置され、NASPAAの加盟機関（238団体：2002年現在）がMPAの認証申請を行い、131団体が認証（7年間）を受けている。認証を受けたMPAの教育プログラムは、社会的に高い評価を受けている。米国では、行政大学院の成績優秀の修了者は、PMIの研修生の推薦を受けると、連邦政府のGS9等級の職に採用されることになっている。そのため、当該大学院がNASPAAの認証を受けているかどうかが、MPA保有者の採用人事に影響するものと推察される。なお、認証評価のメリットとして、ワーナー教授が述べているように、連邦教育省の下部機関である全国機関認証諮問委員会（NACIQI）から認証を受けている大学の学生は、連邦政府の奨学金の受給資格が与えられている。[20]

　また、ドイツでは、ボローニア・プロセスによる高等教育の国際化の動きの中で、従来のDiplomaやMagisterの学位と区別されるBachelor's degreeとMaster's degreeを導入する際に、学士号と修士号の高等教育の質を保証するために、認証評価機関が設置されている。1998年にボンに設置された認証評

議会は、これらの教育プログラムを認証評価する機関の認証（機関認証、米国では機関認定）を行うと同時に、すべての学問分野の教育プログラムの認証（プログラム認証）を行う認証評価機関として活動している。

その他、医療・介護・社会福祉、工学・情報工学・化学、経済・経営といった専門分野別の認証評価機関が3つ、すべての分野を対象にした認証評価機関が3つ設置されている。ドイツの場合、これらの認証評価機関による認証が受けられないと、教育プログラムの設置が認可されず、教育プログラムの認証と認可がセットになっている。[21]

(2) 日本の認証評価システム

日本の場合、予定されている政策系の認証評価機関を設置するメリットは何か。まず、教育プログラムについて認証評価を受ける大学側のメリットについて考えてみよう。

① 大学のメリット

地域の政策系学部・大学院の教育プログラムの品質を保証することにより、これらの教育課程に対する地域社会（自治体やNPO等）からの信頼を得ることができる。そして、成績評価の客観性、均質性を確保することにより、成績優秀者を自治体・NPO等に推薦し、就職活動を支援することができる。なお、公共政策の専門職大学院の場合、法科大学院や会計の専門職大学院のように、受験資格や試験科目免除等の特典がないため、定員割れが起きたりしている。わが国においても、米国のPMIPの推薦制度を参考に、認証を受けた政策系の教育課程を修了した成績優秀者を学部長・院長が推薦し、国や自治体が、推薦された有資格者に面接試験を実施し採用するという方式を検討する時期に来ている。

また、大学院レベルで、自治体やNPOのミッド・キャリア職員を対象に研修プログラムを開設し、認証評価を受けたミッド・キャリア・プログラムを

通じて自治体やNPOの職員の能力開発研修を実施することも重要である。この研修プログラムを有効にするには、自治体やNPOの実務家を加えた研修教育体制を整備し、研修プログラムの内容については、地域社会のニーズに対応できるように定期的な見直しを義務づける必要がある。次に、地域社会の側のメリットについて考えてみよう。

② 地域社会のメリット

大量の志願者を選抜する国や自治体の採用試験の有効性の問題に留意すると、認証を受けた政策系教育プログラムの修了者については、国や自治体・NPOの職員採用人事で一次試験を免除し、面接試験重視の評価を行うことで、採用人事の効率化をはかることができる。この方式が定着していくと、公共政策専門職大学院の定員割れの問題も解消できる。

ポストレス時代の管理職人事の有効性の問題に留意すると、認証を受けた政策系大学院の教育プログラムの修了者は、自治体・NPO職員の昇進人事の有資格者として評価することができ、昇進人事の有効性を高めることができる。そして、認証を受けた政策系の教育プログラムの修了者が増加するようになると、地域の自治体間の人事交流や人事異動の流動性を高めることができ、また、認証を受けた政策系大学院のミッド・キャリア研修プログラムの参加者が増加するようになると、地域の自治体やNPOの人材ネットワークを構築することができるだけでなく、自治体やNPOの研修コストの削減をはかることができる。

(3) 認証評価システムの方法

政策系学部・大学院の教育プログラムについて、社会的な第三者評価を必要とする場合、一応次のような方法が考えられる。

① 国主導の認証

文部科学大臣の認証(米国では認定)する認証評価機関に対して、プログラム認証の申請を行う。政策系専門職大学院の認証評価機関として今後申請が予想される大学基準協会や大学評価・学位授与機構による第三者評価を受けることによって、教育プログラムの質を社会的に保証し、大学の信頼を高めることが期待できる。

② 地域主導の認証

地域の大学と自治体とNPOの連携によって、民間主導の評価委員会を組織し、この評価委員会の認証を受けることによって、教育プログラムの社会的信頼を高める。具体的には、コンソーシアム京都など地域の拠点を中心に設置される協会(評価委員会)に認証の申請を行う。現時点では、政策系のプログラムに対する認証評価機関が設置されていないために、政策系の評価基準をどのように設定するかが当面の重要な課題になる。

③ 海外機関の認証

政策系の認証評価機関が設置されていない現状に留意して、海外のプログラム認証評価機関に認証の申請を行うことも考えられる。具体的には、アメリカのNASPAAかドイツの認証評議会等への認証の申請が考えられるが、いずれの場合も専門家による審査(peer review)に基づく評価を受けることになる。NASPAAの場合、会員でないと認証の申請ができないが、ドイツの場合は、会員でなくても申請することができる。なお、政策系の教育プログラムについては、第三者評価を必要としないという考え方もある。

④ 認証を求めない場合

政策系の学部・大学院卒業者が、地域の自治体やNPOに就職してその能力を発揮し評価されるという社会的信頼を得ることこそが、むしろ現実問題として重要であるという考え方で、第三者機関による認証を求めない対応である。言うまでもなく、地域の人材育成の目的は、地域の公共問題の解決に必

要な人材を育成することのできる有効な教育プログラムを開発することにある。公共政策系の教育プログラムに対する認証評価機関も評価基準も存在しない現在の状況のもとでは、始めに認証ありきという対応にこだわる必要はない。

(4) 当面の課題

　政策系プログラムの教育を有効にするために、当面の重要な課題は、教育・研修用のテキストの作成である。アメリカの場合、行政大学院が200以上に達し、行政学教育が盛んであるが、各大学院で行われる行政学教育の内容が多様化し、最も頻繁に使用されるテキストのシェアーも20％程度にとどまる。ローゼンブルーム教授は、こうした状況をコア教育の欠如という意味で、行政学の「一体性の危機」(crisis of identity) と呼んでいる。したがって、地域の大学が政策系プログラムの教育効果を高めるためには、各大学が個別に教育するのではなく、地域の大学・自治体・NPOが協力して有効なテキストを編集、作成し、政策系の教育課程の一体性を高めることが重要である。また、ミッド・キャリアの自治体とNPOの職員を対象にした研修テキストも、地域の大学・自治体・NPOが協力して有効な研修用テキストを作成する必要がある。

　ともあれ、わが国の公共政策系の学部・大学院においては、認証評価機関に対する認証申請の有無に関わらず、地域の人材育成の要請に対応できる有効な教育プログラムを整備することが何よりも重要である。そのためには、まず、地域の大学と自治体・NPOは、カリキュラムの構築に向けて緊密な協働・連携の体制を整備しなければならない。そして、そのカリキュラムの修了者が、地域の自治体やNPOに採用され、その仕事ぶりが評価されるようになれば、公共政策系の教育プログラムに対する社会的評価は定着していくであろう。

（注）

(1)　マックスウェル・スクールの創設の経緯については、坂本勝「マックスウェル・スクールにおける公務教育」（高寄昇三・山崎克明・坂本勝共編『地方政治と市民自治』所収、玄文社、1979年）207-270頁を参照。
(2)　Luther Gulick, George Maxwell had a dream, American Public Administration: Past, Present, Future, edited by Frederick Mosher,1975,p.254より引用（坂本前掲稿217頁）。
(3)　アメリカの行政学教育については、John C. Honey, A Report: Higher Education for Public Service, Public Administration Review, Nov. 1967,pp. 294-321, Gordon P. Whitaker, Segmentation, Decentralization and Diversity: Public Administration Education in the United States in Serving The State: Global Public Administration and Training edited by John Greenwood et al,1998,pp.207-224、David Rosenbloom, The Development of Master of Public Administration Program Accreditation by the NASPAA,Paper prepared for Ryukoku University LORC Symposium in Jan. 2004 を参照。

　　また、今里滋「行政学と行政教育」(1)[『法政研究』第51巻第3-4号、1985年] 51頁以下、外山公美・福島康仁「アメリカ合衆国の政策科学教育の特色」(『季刊行政管理研究』No.66、1994年) 32頁以下、平井文三「アメリカ合衆国における行政学・公共政策学教育の現状」―ジョージタウン大学公共政策大学院課程―(『季刊行政管理研究』No.69、1995年) 32頁以下、植山克郎「アメリカ合衆国における行政学・公共政策学教育の現状」―ハーバード大学ケネディ行政大学院―(『季刊行政管理研究』No.71、1995年) 54頁以下、岡本信一「アメリカ合衆国における行政学・公共政策学教育の現状」―行政学修士課程全米＃1マックスウェル・スクール―(『季刊行政管理研究』No.72、1995年) 57頁以下、等を参照。
(4)　John C. Honey, op. cit. pp.319-320.
(5)　Gordon P. Whitaker, op. cit. p.214.
(6)　新しい行政学については、フレデリクソン・中村陽一監訳『新しい行政学』(中央大学出版部、1987年)、今里滋『アメリカ行政の理論と実践』(九州大学出版部、2000年) 257頁以下などが詳しい。
(7)　Gordon P. Whitaker, op. cit. p.215.

(8) ここでの記述は、David Rosenbloom, The Development of Master of Public Administration by the National Association of Schools of Public affairs and Administration, 2004 及びNASPAAのウェブサイトwww.naspaa.orgに掲載されているNASPAA Milestonesに負っている。
(9) NASPAAの認証基準については、Standards for Professional Masters Degree Programs in Public Affairs, Policy, Administration in NASPAA Commission on Peer Review and Accreditation（COPRA）Official Documents, pp.19-26を参照。
(10) COPRAの認証評価、認証政策、手続きについては、Peer Review and Accreditation Policy and Procedures in COPRA Official Document, op. cit., pp.8-18を参照。
(11) Whitaker, op. cit. p. 216.
(12) David Rosenbloom, op. cit. p.8. なお、この点について、ローゼンブルーム教授に質問したところ、アフリカ系教授の場合の可能性を否定しなかった。
(13) David Rosenbloom, op. cit. p.6.
(14) Whitaker, op. cit. pp.219-220.
(15) PMIPの実施状況については、坂本勝「アメリカ連邦公務員制度における人事行政の動向」（『龍谷法学』第29巻第3号、1996年）、51頁以下を参照。
(16) Urgent Business for America: Revitalizing the Federal Government for the 21st Century, Report of the National Commission on the PublicService, 2003, pp.20-21.
(17)(18) The President's Management Agenda, Fiscal Year 2002,Executive Office of the President Office of Management and Budget, p.12.
(19) David Rosenbloom, Master of Public Administration Programs in the U.S.A.: Curriculum and Contemporary Issues, 2004, p.10（翻訳文56頁）。
(20) David Werner, A Comparison of Accreditation in the US and Japan,2004, p.3（翻訳文689頁）。
(21) ボローニア・プロセスとドイツの認証評価制度の概要については、Guy Hang and Christian Tauch, Trends in Learning Structures in Higher Education(Ⅱ): Follow-up Report prepared for the Salamanca and Prague Conferences of March/May2001、欧州大学連盟のウェブサイトwww.eua.be上のドキュメント及びドイツ認証評議会の資料（The Accreditation Council: The System of Accreditation in Germany）、ドイツ各認証機関のウェブサイト www.accreditation-council.de、www.fibaa.de、www.acquin.org、www.asiin.de等のドキュメントを参照。

資料1　「マックスウェル・スクールのMPAプログラム」（2003年版）

Ⅰ　MPAプログラム（一般学生を対象）

1　MPAの目的
(1)　公共政策の問題に関する定性（質的）分析と数量分析の方法を適用できるように経験を身につけさせる。
(2)　組織分析と管理及び行政の技術に関する能力を実質的に身につけさせる。
(3)　行政をとりまく政治的、経済的、社会的環境を理解させる。

2　MPAの取得要件
要卒単位数は40単位で、取得単位の成績が平均3.0のGPAを要求される。40単位中34単位は、行政学プログラムが開講するコース科目中から履修しなければならない。40単位のうち、25単位は必修科目の単位を取得しなければならない。

3　カリキュラムの内容
必修科目（25単位）の内訳は、公共問題コロキアム（1単位）、行政組織と管理（3単位）、統計学入門（3単位）、数量分析（3単位）、行政官のための経営経済学（3単位）、予算論（3単位）、行政と民主主義（3単位）、MPAワークショップ（3単位）、行政官のリーダーシップ演習（3単位）となっている。そして、選択科目（15単位）は、専門課程科目群（6つの研究プログラム）から選択する。その研究プログラムの主題は、行政組織とNPOの管理、州政府と地方政府の財政分析と管理、環境政策と環境行政、国際行政と開発行政、社会政策、テクノロジーと情報の管理となっている。また、MPAプログラム（1年コース）の履修モデルを示すと、以下のようになっている。
(1)　夏学期（7単位）［7月－8月］
　　公共問題コロキアム（6月30日－7月3日）、予算論（7月7日－7月25日）、行政と民主主義（7月28日－8月15日）
(2)　秋学期（12－15単位）
　　統計学入門、行政官のための経営経済学、行政組織と管理（秋学期又は春学期）、必修科目か研究プログラム科目群から1－2科目を選択

(3) 春学期（12 – 15 単位）

数量分析、行政組織と管理（秋学期又は春学期）、必修科目か研究プログラム科目群から 2 ～ 3 科目を選択
(4) 夏学期（6 単位）［5 月－ 6 月］

MPA ワークショップ（5月10日－6月4日）、行政官のリーダーシップ・セミナー（6月7日－6月25日）

II　MA プログラム（公務員を対象）

MA プログラムは、1964年に開設された。幹部教育プログラムによって運営されている。このプログラムは、ミッド・キャリアの幹部公務員を対象にアメリカで最初に導入された修士プログラムである。受験資格は、公務組織における 8 年以上の管理職経験者に限られる。要卒単位数は、1 年間のフルタイムの研究で 30 単位である。

1　履修要件（30 単位）

履修の内容は、行政学課程科目と幹部教育演習を合わせて 15 単位、専門の課程科目（行政学研究プログラム及び学際的研究プログラムの科目）から 12 単位、MA プロジェクト 3 単位、通常の履修ペースで秋学期と春学期で各 12 単位、サマー 1 とサマー 2 で 6 単位となっている。

2　MA のコース科目及び演習（15 単位）

(1) 組織の管理：行政組織と管理（秋学期または春学期）、上級行政管理：公的セクター改革（春学期）、人的資源管理（秋学期）
(2) 財源の管理：予算論（夏期又は秋学期）、州政府と地方政府の財務管理（秋学期）、州政府と地方政府の財政、経済の発展・転換期の地方政府の財政（春学期）
(3) 行政の環境：行政と民主主義（夏期又は春学期）、倫理と公共政策（秋学期）
(4) 政策の管理：統計学入門（秋学期）、数量分析（春学期）、行政官のための経営経済学（秋学期又は春学期）
(5) 情報の管理：行政管理者のためのコンピューター応用（春学期）、公的セクターの情報戦略と管理（秋学期）、世界的な情報テクノロジー政策（秋学期）
(6) 幹部教育演習

MAプログラムの学生は、下記の演習（3単位）から一つを選択する。
行政官の変化する役割、公的セクター管理者のリーダーシップ、人的資源管理における能力開発

3　専門の課程科目（3科目12単位をAとBより選択履修）
　　A　行政学部研究プログラム
行政組織と非営利組織の管理、州政府と地方政府の予算分析と管理、環境政策と環境行政、国際行政と開発行政、社会政策（保健サービスの管理と政策、老齢化、社会福祉）、テクノロジーと情報の管理
　　B　学際的研究プログラム
法学部、ニューハウス・コミュニケーション大学院、ニューヨーク州立大学環境・森林学部、教育大学院、情報学部、マックスウェル経済・国際関係学部

4　MAプロジェクト
このプロジェクトは、専門職に関係する政策問題ないし組織問題に関する研究を通じて得られる知識を応用できる機会を提供するものである。プロジェクトの成果は、事例研究、政策研究、事業評価、組織研究等の調査や分析に基づく論文の提出を義務づけられる。政府組織や非政府組織におけるインターンシップを通じておこない、指導教授の研究に参加して研究する。

5　行政学修了証書の発行（Certificate in Public Administration）
この修了証書は、行政学コースの12単位をGPA3.0以上の成績で取得した者に授与される。この12単位には、秋学期と春学期に開講される幹部演習の単位（3単位）が含まれる。この修了証書は、MA修士号に代わるものであるが、ここで取得した単位は、MA修士号を取得する場合にカウントされる。この修了証書の資格要件は、MA学位プログラムの資格要件と同様に専門職の経験が必要である。

Source: Master's Handbook and Course Guide 2003-2004, Maxwell School Public Administration Program, pp.5-10.

資料2 「マックスウェル・スクールのNPOプログラム」(2003年版)

1 設置目的

　この研究プログラムは、公的セクターと非営利組織の管理に関する一般的な訓練に関心がある学生を対象にしている。分析と管理に力点を置き、学生に政府組織と非営利組織のキャリアを準備するようにデザインされている。この研究プログラムの教育目的は、予算編成過程の知識、分析のツール、組織管理の理論と実践、人事行政をとりまく制度と政策、戦略的な行政管理とNPOの管理、行政組織とNPOの管理におけるコンピューターと情報の役割について理解を深めることにある。行政組織とNPOの管理に関して助言を行う教授陣の関心は、広範囲にわたり、財務管理、組織の構造とデザイン、政策分析、公務員制度の政治、管理職のリーダーシップ、行政と法、実用主義的デザイン、実施と管理、NPOの設立とリーダーシップといったプロジェクトが含まれる。

2 MPA修士号

　要卒単位数40単位の内訳は、必修科目が25単位、プログラム選択必修科目が9単位、選択推薦科目が6単位となっている。
　プログラム選択必修科目（9単位）の内容は、公的セクターの情報戦略と管理（秋学期）、非営利組織の経済政策と管理（春学期）、上級行政管理：公的セクターの改革（春学期）、行政と法（冬学期）、人的資源管理（秋学期）、非営利組織の管理とガバナンス（秋学期）、非営利組織の財務管理（春学期）という科目構成に対して、選択推薦科目（6単位）の方は、選択必修科目と選択推薦科目の中から選択し、その内容は、インターンシップ（秋・春・夏学期）、政策分析と行政管理の予測（春学期）、行政管理者の問題解決（冬期）、州政府と地方政府の財務管理（秋学期）、倫理と公共政策（秋学期）、交渉者としての法律家（秋学期）となっている。

3 MA修士号

　要卒単位数30単位の内訳は、選択8科目（24単位）と演習・MAプロジェクト（6単位）となっている。
　選択推薦科目の内容は、行政組織と管理（秋学期又は春学期）、行政官のための経営

経済学（秋学期又は春学期）、非営利組織の経済政策と管理（春学期）、上級行政管理：公的セクターの改革（春学期）、政策分析と行政管理の予測（春学期）、公共政策の形成：連邦の視座（冬期）、行政管理者のための問題解決、州政府と地方政府の財務管理（秋学期）、予算論（夏期又は秋学期）、行政と法（冬期）、倫理と公共政策（秋学期）、人的資源管理（秋学期）、非営利組織の管理とガバナンス（秋学期）、非営利組織の財務管理（春学期）、規制立法と政策（春学期）、アメリカの政党と選挙（秋学期）、交渉者としての法律家（秋学期）となっている。

Source: Master's Handbook and Course Guide 2003-2004, Maxwell School Public Administration Program, pp.16-17.

2 米国の行政学修士教育

―カリキュラムと今日的課題―

デビッド・ローゼンブルーム
(アメリカン大学・行政大学院行政学 優秀教授)
ロレンダ・ネイラー
(アメリカン大学・行政大学院博士課程院生)

【翻訳】 坂本　勝（龍谷大学法学部教授）

1　序論　〜行政学修士教育の概要〜

　米国の行政大学院における行政学教育は、1920年代に、政治と行政の改革を求める革新主義運動の展開を受けて開始された（1924年のマックスウェル・スクールの創設が最初―訳者注）。行政学修士号（Master of Public Administration、以下MPA）の教育プログラムの普及状況は、1970年代に至るまでは比較的遅々としたものであり、その開設数は1931年の2から1962年の時点で21に増加したに過ぎなかった（Grode and Holzer 1975年、403頁）。しかし、MPAプログラムは、1960年代の公民権運動や「偉大なる社会」事業（Great Society program）、人口増加と人口構造の変化、都市活性化への取り組みなどによって生じた連邦・州・地方の政府機能の拡大とともに、20世紀の後半期になると急増している。1967年の時点で行政学修士号の授与数は約400を数え、1977年までにその授与数は7,000にまで増加している（National Association of Schools of Public

Affairs and Administration、以下NASPAA［1978年］、Kennedy and Walker［1981年］）。MPAプログラムの開設数の増加とともに、1967年に2,000人だったMPAプログラムの入学者数も、1977年には2万5,000人に増加している（NASPAA、1978年）。

MPAプログラムの開設数が増加し、行政・公共問題の大学院教育の質向上への関心が高まるようになると、全米公共問題・行政大学院連盟（NASPAA）が1970年に創設され（Henry 1995）、1977年にNASPAAは、MPAプログラムの指針と基準を採択している。行政学教育の改善に向けたこの第一歩は、行政学界から広い支持を得ることになるが、NASPAAが教育プログラムを認証するという考えには大きな抵抗もあった（Englebert［1977年］、Thayer［1976年］）。

イングルバートがおこなった利害関係者249人を対象にした調査（回収率81％）では、NASPAAの指針と基準を採用し、活用することに対する支持はかなりあったものの、NASPAAが修士学プログラムを認証することを支持したものは、3分の1に過ぎなかった（Englebert、1977年）。1975年までに、70以上のMPAプログラムが開設され（Grode and Holzer 1975年、403頁）、1989年までに、MPAプログラムの入学者数は約2万3,000人に達している（Conant 1992年、なお、この論文によると、77年当時と79年のピーク時2万8千人と比べて、入学者数は減少している―訳者注）。

NASPAAは、1986年にMPAプログラムの公式の認証機関として全国的に認定される（recognized）ことになるが、この認定は多くの人々に「行政学分野を統一し、正当化し、行政学教育の質を向上させるための重要な第一歩」であるとみなされた（Baldwin 1988年、876頁）。2000年の時点で、135のMPAプログラムがNASPAAの認証を受けている（Breaux, Clynch, and Morris 2003年、263頁）。約114のMPAプログラムと他の公共問題プログラムがNASPAAに加盟しているが、NASPAAの認証は受けていない。NASPAAは、自らを「公務教育と公務研修を卓越したものにするための国家的、国際的な資源」とみなしている（NASPAA 2003年 a）。

多くの研究者は、標準カリキュラムが認証の要件とされていないことから、

MPAプログラムにおけるカリキュラムの変化や行政の専門職業教育の改善に役立つような選択や戦略に関心を示してきている。そこで、本稿では、まず、MPAカリキュラムの展開に関する主要な研究について検討し、次いで、MPAのカリキュラムが直面している今日的な教育課題について論じていくことにする。

2　行政学修士教育のカリキュラム

　NASPAAの設定する行政学修士教育のカリキュラムは、「公務の世界において、知的で創造的な分析・コミュニケーション・活動をおこなうことができる専門家を育成する」という目的を掲げている（NASPAA 2003a, core c）。NASPAAの認証基準では、教育プログラムの認証要件として、(1)公務員組織の管理（人材、予算・財務手続き、情報管理、テクノロジーの応用と政策）、(2)計量分析と定性分析（政策とプログラムの形成、実施と評価、意思決定と問題解決）、(3)公共政策と組織環境（政治的・法的制度と過程、経済的・社会的制度と過程、組織と管理の概念と行動）の三分野にわたる「共通カリキュラム」の開設を求めている（NASPAA 2003年b、8頁）。

　NASPAAは、この枠組みの中での柔軟性を認め、「三分野の要件は、特定のコースを規定しているわけではない。各分野のカリキュラムに同じ時間数を費やす必要もなければ、公共政策プログラムないし行政プログラムによる特定のコースの提供を義務づける必要もない。また、これらのプログラムの特色ある展開を妨げるように解釈されることがあってもならない」（Breaux, Clynch, and Morris 2003年、261頁）としている。たとえば、コンピュータ・スキルの科目がカリキュラムに必要であると推奨されていることは十分に検証できるが（Kraemer, Bergin, Bretschneider他1986年、Kraemer and Northrup 1989年）、キィールがおこなったクロスセクション調査によると、NASPAA加盟の

106プログラムのうち、わずか15%がコンピュータ応用コースを開設していたにすぎない（Kiel 1986年）。このキィールの研究では、1984年のNASPAA要覧に掲載されている184の修士号プログラムを対象に調査し、そのうち106の教育機関が回答し、回収率は56%であった。旧聞に属するが、この研究は、NASPAAが特定コースの設置を要求していないことを例証するものとして重要である。

　行政学修士カリキュラムのバリエーションは、(1)コア・コース科目の内容、(2)カリキュラムが分析志向か制度・管理志向か、(3)カリキュラムが環境的要素（政治的・制度的背景のような）と対比して専門職のスキルに力点を置いているかどうか、といった三つの側面から包括的に分析されている（Breaux, Clynch, and Morris 2003年）。

(1) コア・コース科目の内容

　現時点で、カリキュラムの中核であるコア・コース科目に関する最も包括的な分析を挙げるとなると、NASPAA加盟の215の公共問題・行政プログラムの主席代表を対象に実施した1989年のR. クレアリー（Robert Cleary）の調査が挙げられる。クレアリーの調査の回答数は、173（回収率80.5%）であった。この調査サンプルには、MPAを授与する130の修士号プログラムが含まれ、MPA以外にも、公共問題学修士（8プログラム）、行政学アート修士（6プログラム）、公共政策学修士（4プログラム）といった名称の学位も含まれていた。これらの学位取得に必要な履修単位の時間数は24時間から64時間と幅があり、履修時間数も、学生が一般学生（平均42.17時間）か社会人学生（平均40.05時間）かによって異なっていた（Cleary 1990年 664頁）。

　クレアリーの報告によると、「共通するコア・コース科目」の内容は、①行政学、行政理論又は行政行動論（167プログラム、96.5%）、②行政の調査方法又は定量分析（165プログラム、95.4%）、③公共財政、財務管理又は政府予算（143プログラム、82.7%）、④政策分析又は政策形成と管理（124プログラム、71.7

％)、⑤人事行政又は人材管理 (101プログラム、58.4％)、⑥アメリカ政治学又は政治と行政 (99プログラム、57.2％)、⑦経済学又は経済と公共政策 (59プログラム、34.1％)、⑧情報システム又はコンピュータ・サイエンス (45プログラム、26.0％)、⑨法的手続き (41プログラム、23.7％) となっている (Cleary 1990年、665頁)。

また、クレアリーは、コア・コース科目以外に共通に見られる上級の専門分野科目として、①公共財政 (77プログラム)、②行政学又は行政管理 (71プログラム)、③人事管理又は人材管理 (71プログラム)、④公共政策分析 (64プログラム)、⑤保健行政 (57プログラム)、⑥地方行政、都市管理、都市行政 (49プログラム)、⑦司法行政 (44プログラム) などを挙げている (Cleary 1990年 665頁)。

このようなコア・コース科目や専門分野科目に関して、回答者はどの程度満足しているのであろうか？ クレアリーの調査によると、回答者の約半数 (85回答) が自分たちの提供するMPAプログラムの履修科目の範囲について「認識のずれ」(perceived gaps) を少し感じていると答えている。「認識のずれ」を意識する科目としては、①情報とコンピュータ・スキル (27回答、全回答者の15.6％)、②倫理 (17回答、9.9％)、③公共財政と財務管理 (12回答、6.9％)、④会計、経済学、国際問題、人事管理又は人材管理、定量的方法 (各7回答、各8.2％) などが挙げられている (Cleary 1990年、665頁)。

また、クレアリーは、回答者自身が提供しているプログラムに関してではなく、全米のMPA教育に不足していると考える科目の調査結果をまとめている。最も多かった回答は、①非営利組織の管理 (総数173中30回答、17.3％)、②倫理 (21回答、12.1％)、③国際行政・国際問題 (17回答、9.8％)、④情報システム (16回答、6.4％)、⑤公共財政と財務管理 (11回答、6.4％) というものであった (Cleary 1990年、665-666頁)。

クレアリーの調査研究は、旧聞に属する情報ではあるが、入手できるものの中では最新のものと思われる。[1] クレアリーは、NASPAAが公式にプログラムの認証を開始する前の1979年から1983年までのカリキュラムと比較

し、1989年の時点では、公共財政、政策分析、人事行政、保健行政、司法行政、都市計画といった専門科目にカリキュラムの力点が置かれているが、地方行政・都市管理、福祉事業行政の管理といった専門科目の比重は減少してきていると指摘している。この相違点について、クレアリーは、地方行政への関心が低下したことに起因するとしている（Cleary 1990年、667頁）。

今日のMPAコースの一般的な教育内容については、体系的に分析されていないが、1990年代における「政府再構築」とニュー・パブリック・マネジメント（NPM）の運動に同調した行政改革を強く意識したものと考えるのが妥当な見方であろう。特に、アウトソーシングや非営利組織の管理といったトピックの比重は、今後増加していくであろうし、倫理への注目度ももっと高くなるであろう。クレアリーの回答者たちが必要であると指摘した他のトピックが、今日も同様に注目度が高いかどうかは不明である。

(2) 分析志向教育か制度・管理志向教育か

ローダーとウイテーカーは、1989年の時点でNASPAAが認証した90の教育プログラムのうち、82の自己点検評価報告書を分析することによって（91%）、クレアリーの調査研究を発展させている（Roeder and Whitaker 1993年）。[2]

自己点検評価報告書は、MPAプログラムの目的とカリキュラムが適合しているかどうかを見極めるために必要とされるもので、NASPAAの認証システムの中心を占めている。ローダーとウイテーカーの分類する「分析志向」の教育には、定量的方法、統計学的方法、経済学的方法といったものが含まれ、また、「管理志向」の教育には、組織と管理、政治制度、財務管理、経済・法律・社会制度といったコースワークが含まれる。彼らは、82のプログラムに

---

(1) ブローら(2003年)は、これより新しい比較研究を行っていない。これ例外の研究は、我々も、カリキュラム問題を入念に追求しているクレアリー教授も確認できなかった。

(2) 自己点検評価報告書と他の8教育プログラムに関する関連データは入手できなかった。

は、「分析志向」か「管理志向」のいずれかに分類できる傾向が認められるとして、「両方の志向を重視するプログラムもいくつかあったが、多くの場合、いずれか一方の志向がより重視されている。制度管理と行政分析が、1980年代の専門的な公共問題カリキュラムの特徴を規定するものであった」と指摘している(Roeder and Whitaker 1993年、535頁)。分析志向か制度・管理志向かというこの区分に関する体系的な最新情報は入手できていないが、NASPAAの教育プログラムのカリキュラムは、現時点では、1989年当時よりも全体に定量的、経済的な分析スキルを比較的重視する傾向がみられるように思われる。このような傾向は、認証を受ける教育プログラムの必修単位の時間数が増えているとは考えにくいために、制度や管理の問題にこれまで充てられてきたコース教育の時間数が少し減少していることを示唆するものであろう。

(3) 専門職スキル教育か環境的要素教育か

クレアリーの重要な研究成果の一つに、コア・コース、専門分野、履修単位数、インターンシップ等に関して「認証はカリキュラムの基準化に導くものではない」というものがある。ブローらの最近の研究は、「認証基準はコア・カリキュラムの内容の範囲と方向を限定する求心力として作用するかもしれない」と示唆している（Breaux, Clynch, and Morris 2003年、265頁)。しかし、認証が基準化を促進すると、広範囲の釣合のとれた専門職のスキルを学生に提供し、行政の政治的、政策的、制度的背景を学生に理解させるような教育を重視するように基準化することになる。認証は、多くのプログラムがスキルか行政の環境的要素のいずれか一方だけに力点を置くような教育を提供できないようにするかもしれない。さらに、専門職スキルの教育コースの内容や行政の環境をとり扱う教育コースの内容も、プログラムごとにかなりのバリエーションを生じさせることになるかもしれない。

ブローらの研究（2003年）は、2000年の時点でNASPAAが認証したMPA

プログラムが提出した最新の自己点検評価報告書の調査に基づいている。このうち4校の報告書が入手できなかったため、サンプル総数は131校となった。この研究は、プログラムの内容を1ポイントから5ポイントまでの数値で測定し、「専門職のスキルを重視し、行政の環境的要素はあまり重視しない」教育プログラムを1、「行政の環境的要素を重視し、専門職のスキルをあまり重視しない」教育プログラムを5にカウントし、教育プログラムごとに評価をおこなっている（Breaux, Clynch, Morris 2003年、264頁）。MPAプログラムの測定値の幅は1.44から3.79で、平均値は2.7であった。言い換えると、「コア・カリキュラムの内容の観察結果では、専門職の管理的スキルを非常に重視するものから、行政の環境的要素を適度に重視するものまで多様であるが、その測定値の幅は比較的小さく、5ポイント評価の標準偏差は、0.5以下の0.4538ポイントであった」（Breaux, Clynch, Morris 2003年、264頁）。

　ブローらは、教育プログラムの教授陣の特徴や関心、プログラムが提供する専攻科目、プログラムの掲げる目的、プログラムの制度的位置づけ（ビジネス・スクール、専門職大学院の独立学部、単科大学内の独立プログラム、行政・政治学部の共同プログラム、政治学部の単独プログラムといった）と関連づけて、これらの従属変数のバリエーションを分析している。しかし、これらの要素はいずれも実質的な影響がなかったために、ブローらは、次のように結論づけている。

　「・・・基準化の目的の一つは、カリキュラムの相違を制限することにある。この点で、NASPAAの基準はうまく機能しているように思われる。NASPAAの認証を受けた一連の大学院の学生たちは、おおむね同じようなコア・カリキュラムの教育を受けていると思われる。すべての教育プログラムのカリキュラムの平均値は、専門職のスキル教育への傾斜が緩和されていることを示しているが、学生たちは、一般に専門職のスキル教育とともに、より広範な行政の社会的、経済的、政治的環境を理解できるような教育を受け、また、学生達は、教授陣の特徴とかプログラムの制度的な位置づけなどには構わず教育を受けているのである。・・・認証を受けた教育プログラムを修

了する学生たちは、円熟したコア・カリキュラムによる教育を受けている。教授陣の間で、行政を取り巻く環境の理解や専門職のスキル修得の重要性について意見の相違がみられるかもしれないが、認証は、コア・カリキュラムがすべての要素の行政を学生の前にさらけ出すことを保証してくれるように思われる」(Breaux, Clynch, Morris 2003 年、271-272 頁)と。

3 行政学修士教育に関する見解 〜補論〜

　ブローらは、NASPAAの認証は、行政のスキル重視の教育とより広範な行政の環境的背景の教育とをバランスよく取り入れたカリキュラムを助長することに全体的に成功していると考えている。このことは小さな業績ではない。1989年のクレアリーの研究は、MPAプログラムの教育がバランスがとれているだけでなく、行政学の分野をほとんど網羅し、多様で適切な専門科目を提供していると示唆している。しかし、一方では、認証過程や現代のMPAカリキュラムの限界を個別に指摘する者もいる。

　NASPAAが発行する『Journal of Public Affairs Education』の現編集長ジェニングス (1989年) は、「質の保証基準の大きな欠点は、インプットを重視していることである。基準を伴う認証過程は、十分な組織構造、適度な教授数と共通カリキュラムの構成要素といったインプットが十分にあるかどうかを決定しようとする。教育プログラムの卒業生が、在籍中に実際何を学び、卒業時にどのようなスキルを身につけ、在学中にどのような変化を遂げているか、といった卒業生の質を決定しようと努める体系的な努力はなされていない」と述べている (Jennings 1989 年、440 頁)。

　また、特定のコースは「必修」とすべきなのに、「履修が望ましい」とすべきではないと信じる研究者もいる。1982年と1984年のNASPAA要覧記載の226の教育プログラムについて調査したグリズルの研究—回答181 (回収率

80％）—では、MPAプログラムの98％が財務管理に関するコースを少なくとも一つ開設していることが判明している。これらのコースのうち、79％は必修科目にしていたが、19％は選択科目にしていた（Grizzle 1985年a・b）。このうち、必修の財務管理コースを開設するMPAコースの61％は、一つのコースだけを必修にしていたが、残りの14％は二つのコースを必修にし、4％は三コース以上を必修にしていた。グリズル（1985年b）は、財務管理コースを1つだけ受講するだけではMPAの学生には準備不足になるとしている。というのも、グリズルは、実務家が政府機関の仕事をうまくやるのに必要なスキルを身につけるには、三コース程度の学修が必要であると考えているからである。彼は、MPAコースでは、特に費用便益分析、財務状況評価、費用収益分析といったスキル教育が立ち遅れていると主張している。

カリキュラムに関する関心は、倫理コースにも及んでいる。公務員の腐敗と汚職の歴史を考慮して、MPAプログラムで倫理を教えることには、広範な合意がある。1980年代後半にNASPAAは、行政学教育プログラムに要求するカリキュラムの基準として「倫理的かつ有効に行動できるように学生の価値観・知識・スキルを高める」（参照 Menzel 1997年）という表現を使用しているが、初期の研究は、典型的なMPAの学生が倫理コースの教育を受けていないことを明らかにしている。

NASPAAが倫理基準を採用する前におこなわれたフレイシマンとペイン（1978年）の研究では、NASPAA加盟校の約43％が倫理コースを別々に設置していたことを明らかにしている（回答率66.6％）。ワースリーとグルメットの1980年の研究では、倫理コースを設置していた大学院は、NASPAA加盟校のわずか21％にすぎない。しかし、NASPAAが倫理を必修科目にした年度以降におこなわれたヘジカ＝イキンズ(1988年)のクロスセクション調査では、1985年から1987年にかけてNASPAA加盟校の31％が倫理コースの教育をおこなっていることが明らかになっている（210校中139校が調査に参加、回答率66％）。

これらの調査サンプル数が比較可能な規模のものであると考えて比較する

と、倫理教育は、1980年以降改善されてきてはいるものの、1978年以降倫理コースを設置している教育プログラムの比率との比較では、全体で12％減少している。ちなみに、倫理コースの有用性を評価する上で、メンゼルが1996年に実施した「倫理教育調査」(1997年) は検討に値するものである。この調査は、MPA保有者が倫理コースの内容が公務員としてのキャリアに重要であると信じている状況を明らかにしている。

　MPAカリキュラムに関するこのような調査や見解は、行政教育にかかわる者が継続してMPAプログラムの改善につとめる必要があり、認証、コース提供、プログラムの志向性などをめぐって常に課題が存在することを示唆してくれる。さらに、今日の世界では、この分野はめまぐるしく変化し、新しい課題が次々と現れているのである。

4　行政学修士教育の今日的課題

(1)　一般的傾向

　NASPAA前会長J. ブフォードは、行政学が直面している全般的な課題について、「学生達に公務の仕事を強く意識して行動させるようなキャリアの機会をどうすれば増やせるのか、また、アメリカ社会の多様性 (diversity) に富んだ特質とこのような多様性を教授陣・学生・卒業生の構成に反映させる必要性をどのように認識させるのか、さらに、我々の教育、研究、業務を日々変化する公務の世界の実務に連動させようとする過程において直面する教育者としての課題をどのように実現していくのか」と問いかけている (Boufford 2003年、1頁)。このようなブフォードの問いかけは、米国の行政学は専門教育を欠いてはその存在を証明できないだろうと論じたC. ベントリスの初期の観察に基づくものである。ベントリスの観察によると、「行政学の存在証

明(identity)は、必ずといっていいほど行政と公共問題の教育上の焦点の探求と結びついている。理論も方法論も異なるアプローチがごちゃ混ぜになって行政学を悩ましている曖昧性が、公務のキャリアを求める学生に必要な教育内容の混乱をもたらしている」（Ventriss 1991年、4頁）のである。

　ベントリスは、NASPAAは「行政学に一定の教育学的秩序を確立した」と評価しながらも、MPAの教育上の焦点のばらつきを生み出した重要な要因として、①公共問題の研究者と実務家とのコミュニケーションの不足、②社会的問題に対して行政学が果たすべき教育的役割の曖昧さ、③行政学を分節化する恐れのある公共問題の学際的アプローチに生じがちな緊張、④公共問題の国際化時代にもっぱら国内問題だけに関心を限定する教育傾向、⑤分析と管理と政策の知識相互の不安定な関係とこれらの概念を一つに統合するのに多様すぎる理解（Ventriss 1991年、5頁）、といった問題点を指摘している。そして、ベントリスは、行政学に固有の教育として、①理論と実践の分離を架橋する助けとなる相互学習アプローチを導入すること、②特に政策課題のほとんどが、相互に連結する政治的経済的環境において生じることを考慮して、政策課題の複雑な部分を熟知できる将来の公的指導者を行政外部で教育するための行政学の知的ネットワークを拡大すること、③学際的な教授陣の多くは行政の概念をほとんど理解せず、行政の文化や倫理の断片を共有しているにすぎないために、教授陣を再審査すること、④行政と公共政策の国際化を要求すること、⑤テーラー主義のようにしてしまった管理教育から公共政策を切り離そうとする動きを再評価すること。分析と管理と政策とをバランスよく結びつけるものは何かというと、それはまさに公衆（public）を再発見することに他ならない（Ventriss 1991年 12頁）、という5つの課題を提示している。

　ブフォードとベントリスは、MPAの教育が取り扱うべき非常に広範な課題のうちのいくつかを確認している。教育プログラムの中には、ベントリスの評価を受け入れて対策を講じたものもあるが、行政学全体としては、教育プログラムの改革は行われていない。ベントリスの考えは、現在も適切で価値

があるかもしれないが、彼が示唆する方針に基づき教育プログラムを改革しようとすると、制度的な制約を数多く受けることになろう。MPA教授陣の構成やスキルの評価基準の変化は、この制度的制約の最たるものである。行政学の教育者のほとんどは、おそらくより限定された課題、すなわち徐々であるにせよ具体的に取り組むことができるような問題に関心を持っているからである。

(2) 個別的課題

　MPAの教授やNASPAAの前事務局長代理デボラ・ローゼンブルームと議論した結果、アメリカのMPA教育が今日直面している最も明確で喫緊の課題として、次のものを挙げることに一般的な合意が得られた。その課題とは、①教育プログラムの学位名称と範囲、②教育プログラムの内容と学生の有望なキャリアパスとの一致、③変化への同調、④喫緊の行政改革案への対応、⑤倫理と法の教育、⑥連邦政府の人事危機対策、⑦教育学に基づく事例研究に依存しすぎることの有用性、の七つである。

①　教育プログラムの学位名称と範囲

　MPAの学位は、NASPAA加盟の教育プログラムの中で、現在最も一般的なものであるが、「パブリック・アドミニストレーション」（public administration）という用語は、少なくとも次の二つの理由で論争概念になっている。第一の理由は、政府の大半の仕事が現在非政府組織（NGO）によって行われるようになってきているために、教授や行政官の中にこの用語が狭義に過ぎると考えている者がいるためである。個別調査の情報によると、MPAプログラムの学生たちは、コンサルタント会社や営利企業および政府業務を委託される非営利組織（NPO）に就職する者が増えてきている。これらの学生たちは、あたかも政府に雇用されているかのように、公務の仕事に従事していると言うことができる。しかし、彼らは私的セクターに雇用されている

ために、正確には「行政官」と呼ぶことができないのである。

　第二の理由は、「パブリック・アドミニストレーション」の用語が広義に過ぎる（不明瞭である）と考えている者がいるからである。これらの人たちは、この用語が自由裁量のない社会保障関係の事務職員で占められている部屋の中で、事務職員たちが一様に机の前に座って、書類受けの箱から処理済の箱へと書類を忠実に処理しているようなイメージを連想させると感じているのである。というよりむしろ、これらの批評家たちは、行政学の分野を「パブリック・マネジメント」と呼び、高レベルの意思決定と管理機能に力点を置いているのかもしれない。

　当然のことながら、NASPAAの加盟機関が授与する学位を分類すると、実に多様性に富んでいる。2003年の調査に回答した195の加盟機関のうち、161の機関（59%）がMPAの学位を授与し、21校（8%）がExecutive Mastersの学位（一般に実務経験を有する社会人学生が対象）を授与している。また、公共政策学修士や公共問題学修士の学位もそれぞれ16校（6%）が授与している。そして、57のNASPAA加盟機関（21%）は、保健医療管理学修士、公共政策管理学修士、非営利管理学修士、国際問題学修士、公共問題学修士、社会福祉学修士、公務管理学修士、といった名称の学位を授与している（NASPAA 2003年c）。

　学位の名称はさておき、保健医療行政（管理）や非営利組織の管理に関するMPAの教育は、深刻な課題に直面している。MPAの教育プログラムは、成長するこれらの分野に関心を抱く一般学生と社会人学生のニーズを満足させるように応えていくべきであろうか？　もしそうであれば、カリキュラムにはどのような調整が必要とされるのであろうか？　たとえば、保健医療行政（管理）のカリキュラムには、会計、メディケア（高齢者向け医療保障制度—訳者注）、メディケード（低所得者や身体障害者を対象とする医療扶助制度—訳者注）、公衆衛生、その他関連する政策分野に関する充分なコースワークがきっと必要であろう。

　アメリカでは、非営利組織は、政府機関を規制するものとはまったく異な

る法体制のもとにおかれている。MPAの教育プログラムに伝統的に関係づけられている憲法や行政法のコースは、非政府組織（NGO）にとっても無関係ではないが、学生たちは、契約法や非営利組織の優遇税制に重点を置くような特定科目の履修をより重視することで便益を受けることができる。非営利組織の管理の教育が、今後経営学か行政学のいずれの学位を授与することになるかは現時点では何とも言えない。保健医療行政（管理）の教育プログラムの将来についても、同様に不透明である。ビジネス・スクールの教育プログラムや、公衆衛生、公共政策、社会福祉といった教育プログラムもすべて、MPAプログラムと同様に、保健医療行政（管理）プログラムの仲間となる可能性がある。

② キャリアパス

1920年代にMPAの教育プログラムが開設された当時の主要な行政改革はどのようなものであったのか。それは、メリット・システム（資格任用制）を強化し、職務分類の「科学」を開発し、都市の管理を強化し、項目別予算を制度化し、都市のインフラ、すなわち公園、墓地、その他の公共施設を整備し、管理するための独立したビジネスライクの行政組織—しばしば「公社」（Authorities）と呼ばれる［TVAはその一例—訳者注］—を設置するというものであった。

MPAの教育プログラムが急増した1960年代および70年代における非常に重要な課題とは、公務員制度が平等雇用機会の人事をおこない、有効な公的セクターの労使関係を維持し、新しい社会的プログラムの運営能力を身につけ、合理的な予算方式を採用し、福祉事業関連の行政を統合する、というものであった。

今日では、公務員制度と公的セクターの職員組合は、行政の有効性を高める処方薬の役割を担う存在ではなく、障害物と考えられるようになっており、まさにこのことが、国内行政の非常に多くの業務が外注に出されることになる理由の一つなのである。いくつかの政府機関における終身雇用を求める学

生のためにおこなった教育プログラムや政府事業の運営方法に力点を置いておこなったかつての教育プログラムは、もし時代とともに内容が変わることがなければ損害を与えることになろう。特に、一般学生は、一つのセクターで一生仕事を終えることはないし、ましてや一つの行政機関で生涯仕事を終えることはない。彼らは、政府機関や非営利組織の間を行き来したり、営利企業やコンサルタント会社に就職できるように準備しなければならない。一つのキャリアを対象に優れたMPA教育を提供することは、すでに困難になっている。多様なキャリアを求める学生が満足できるようなMPAの教育プログラムは、どうすれば提供できるのであろうか？　テクノロジーの刻々とした変化によって、質疑応答は複雑化し、技術的スキルは、これまでにない短い耐用年数を迎えることになるかもしれない。MPAの教育プログラムは、今後、情緒的知性や文化的理解力といった生涯身につく能力の育成教育に力点を置くべきかもしれない。卒業生に、生涯学習の機会を提供したり、可能であればインターネットのコースや他の形態の通信教育も有益であろうが、何をどうすればいいかをきちんと述べることはできない。

③　変化への同調

　アメリカ行政学研究の第一人者ケティー（Donald Kettl）は、2000年に「世界の行政管理革命」（The Global Public Management Revolution）と題する小冊子を出版し、多様なニュー・パブリック・マネジメントの特徴について記述している。ケティーは、「革命」の重要な事項として、生産性、市場経済化、サービスの志向性、分権化、政策の可能性、結果に対する説明責任の6つを挙げている。

　この冊子の終章のタイトルは、「21世紀のガバナンス」（Governance for the Twenty-First Century）となっているが、むしろ「21世紀開始数年のガバナンス」(Governance for the First Few Years of the Twenty-First Century) とした方が良かったかもしれない。アメリカ行政の将来は、2001年9月11日、テロリストに襲撃されて以降、以前よりも不透明になっている。国内における「テロとの

戦い」は、22の行政機関と行政組織を統合して、国土安全保障省（Department of Homeland Security）の新設（2002年11月）を促した。

　空港の所持品検査官は、かつて民間企業の社員として契約していたが、今では国土安全保障省の一部局である運輸保安庁に雇用されている。安全保障、警備、緊急時対応といった機能は、依然として三つの政府レベルに分権化されているが、これらのコミュニケーション・システムを統合し、緊急時における指揮と統制の手続きを整備しようという動きがみられる。ニュー・パブリック・マネジメントの顧客サービスへの志向は、常に警察の取り締まり、国境警備、投獄といった政府の拘束機能と抵触してきた。連邦政府は、国境警備、出入国管理、国内の治安などの問題に関心を集中しているために、「サービス」は、重要な価値というよりは、言葉の誤用になりそうである。問題は、一世紀にわたって行政について考えをめぐらすことなどとてもできないということである。行政はめまぐるしく変化し、その変化は、国際化とともに様々な方向から生じるからである。

　では、MPAの教育プログラムは、ほとんど絶えず変化する行政にどう対応すればよいのであろうか？　そして、このような変化に対応するために、学生はどのような種類の知識、概念枠組み、スキルを身につける必要があり、また、どのような教育を受けなければならないのか？　我々を脅かすものはテロリストだけではなく、狂牛病、鳥インフルエンザ、SARSといった病気もそうであるように、危機や機会に関する新しい科学的知識も、同様に我々の不意をつく。しかし、我々が将来の変化に気づいたとしても、効果的に対応できないかもしれない。このジレンマの実例としては、天文学的な数字の退職者と保健医療費の支出を招くことになる高齢人口と予測される気候変動や地球温暖化といったものを挙げることができよう。

④　喫緊の行政改革案

　MPAの教育プログラムや教授陣は、1990年代にアメリカ行政学を席巻した「政府再構築」（reinventing government）運動に対する準備をほとんどしてい

なかった。ベストセラーになった1992年のD. オズボーンとT. ゲブラーの共著『政府再構築』(Reinventing Government) の中で記述されているアイディアやアプローチの多くは、行政学修士号を保有するシティ・マネジャーや他の地方政府の職員によって展開されていった。しかし、行政学の方は、全体として再構築を予測したり、すぐに再構築を実施するとは考えなかった。短命のかけ声だけに終わった行政改革の歴史を振り返ると、それも無理からぬことである。PPBS、目標による管理、ゼロベース予算制度 (ZBB)、総合品質管理 (TQM) およびその他多くの政府再編案が、1960年代中葉より現れては瞬く間に消えていった。クリントン大統領とゴア副大統領が1993年に発表した「国家業績見直し」(National Performance Review) は、現在も有効なのであろうか？誰も分からないのではないか。連邦政府が過去一世紀の間に八つの主要な行政改革を経験したという証言を考慮すると (Ingraham 1992年、Kellough, 1998年)、せいぜいのところ、再構築運動の政治的持続可能性の予測は難しかったと言うしかないであろう。

確かに、MPAの教育プログラムは、短命に終わるような流行の改革をいちいち学生に教えるために多くの時間と資源を費やすことなどできない。そのような改革のいくつかの側面は、主流の行政学に何らかの貢献をしそうであるが、1960年代のPPBSと1970年代のZBBの教育には、多くの時間が充てられているのに対し、1990年代初期のTQMの教育には、充分な時間が充てられなかった。しかし、言うまでもなく、学生は、新しい改革や用語に精通しなくてはならない。

今日の大学院生は、ブッシュ大統領の大統領管理政策 (President's Management Agenda、以下PMA) についても精通していなければならない。皮肉屋は、PMAを「一日限りの改革」(reform de jour) と呼ぶかもしれないが、連邦政府の管理者は、ちょうど行政機関の政策の達成状況を採点評価する行政管理予算庁 (Office of Management and Budget、以下OMB) と同様に、PMAについて語ったり、PMAを真剣に取り上げている。PMAの発想の多くは全く新しいものではないが、PMAが取り上げる用語は不明瞭であり、MPAの卒業生 (及び

MPAプログラム自体）が就職の面接試験で、PMAの説明の仕方によって犠牲を強いられるようになるのは理解しがたいことである。

たとえば、PMAの主要な構成要素は、通常「戦略的人的資本、競争入札による外注、財務実績、電子政府、予算と実績の統合」の五つであるとされている。五つとも、いくつかの不明瞭な二次的構成要素があり、OMBの採点評価は複雑で、直観によるものではない。PMAについては教えるべきではあるが、MPAプログラムは、PMAを必須のものとして取り扱うべきなのか、それとも一過性のものとして取り扱うべきなのか？　これと同じ疑問は、世間の注目を集める他の行政改革案にも投げかけることができよう。行政改革案の多くは、行政的な実行可能性や実用性よりも、政治的合理性を強く帯びているからである。ちなみに、1949年以来、連邦政府の実績に基づく予算編成の要請が定期的に出されてきていることを想起されたい。MPAプログラムの内容は、勿論最新化すべきであるが、時事問題コースのようなものであってはならないのである。

⑤　倫理と法

アメリカ行政学会（The American Society for Public Administration、以下ASPA）―「行政の科学・過程・アート」の発展に貢献している主要な学会組織―は、一連の道徳原理（1981年）と倫理規定（1994年）を採択している。ASPAの倫理規定は、行政学会の会員が、公益への奉仕、憲法と法の尊重、誠実さの表明、倫理組織の設立、専門能力を最高にする努力、の五つにコミットして行動するように期待している（ASPA倫理規定、1994年）。

連邦政府と州政府は、倫理と公務に関する専門職の行為基準に加えて、政府のとるべき倫理要件を定めている。連邦政府の倫理法は1978年に制定され、10年後に改正強化されている。これらの倫理法は、政府倫理局によって運営されてきている。今日の行政官は、政府や専門職団体の倫理基準を遵守しなければならない。しかし、クレアリーの調査結果が指摘するように、MPAの教育プログラムに行政法（憲法を含む）を開講しようという関心や熱

意はあまりみられない。それでもやはり、公法はアメリカ行政においてますます重要になってきており、学生たちは、行政に求められる透明性、規則制定、裁定、法の施行などに必要な行政法の規定に精通する必要がある。

学生たちは、また、憲法上の適正手続、法の前の平等、部下やその他の人々の行動に関わる権利といったものを理解しておく必要がある。いみじくも、連邦最高裁判所は、すべての政府レベルの行政官に憲法の理解力を身につけるように求めている（ハーロー対フィッツジェラルド事件、1982年）。法と倫理の主題が重なり合う点を考慮すると、法と倫理のコースは、別々に開設すべきなのか、それとも一つのコースに統合すべきなのかを決定することは難しい。しかし、自明であるのは、MPAの教育が倫理と法の問題に関して、より正確に言えば、行政官が最もトラブルに巻き込まれるような分野に関して充分な関心を示すものでなければ、そのようなMPA教育は不十分であるということである。

⑥ 政府の人事危機

1991年に、当時アメリカン大学の教授であったG．ルイスは、連邦政府の人事危機を予言していた。ルイスは、具体的に「ベビーブーム世代が10年後に退職年齢を迎えるようになるので、公務員制度の隠れた問題がより顕在化するようになるであろう」と述べている（Gregory Lewis 1991, 145頁）。

10年以上も前に予言されたことが現在現実のものとなり、連邦政府は人事の危機に直面している（ブッシュ2002年、米国会計検査院2003年・2001年）。ブフォードは、この点について以下のように要約している。すなわち、「退職に備えるベビーブーム世代の存在と、政府に有能で献身的な公務員に転職を思いとどまらせるような魅力的で刺激的な構造が欠落していることが重なって、現在目前に迫っている〈静かなる危機〉(quiet crisis) が生み出されているのである」(Boufford 2003年、2頁) と。

人事の危機すなわち「人的資本」(human capital) の危機は、米国会計検査院に「高リスク」と指摘され、ブッシュ大統領も、PMA報告書の中でこの問

題に言及している。PMA報告書によると、「連邦政府に在職する常勤職員の約71％が、2010年までに通常に退職したり早期に退職する有資格者であり、これらの40％が実際に退職するものと予想されている」(Bush 2002年12頁)のである。連邦政府が最大の公務員使用者であることを考えると、NASPAAと全米のMPAプログラムはこのような大量の退職に対してどのように対処するのであろうか？

　人事危機に対処するには、二つの戦略が考えられる。一つは、MPAプログラムの募集計画の整備であり、いま一つはMPAプログラムのマーケティングの整備である。MPAの教育プログラムは、現在、将来の学生の関心を引きつけ募集するのに、どのような戦略を活用しているのであろうか？

　現時点では最新の研究はないが、過去の学生の募集活動に関するものとして、1979年に、ケネディとウオーカーが176のNASPAA加盟機関の募集活動について調査した研究がある（回答150機関、回収率85％）。この研究（1981年）は、次のような傾向を明らかにしている。すなわち、ほとんどの大学院は自分たちの教育プログラムに学生の関心を引きつけるために、現地での説明会（46％）、スタッフ・リクルーターの活用（50％）、メディアの活用（100％）といった方法を組み合わせて募集活動を行っている。メディアに関しては、学生募集に、掲示板のポスター（77％）や掲示板の小冊子（65％）を活用したり、新聞（40％）や専門紙（25％）、通常の印刷物（24％）などを利用している。

　今日では大半のMPAプログラムがインターネット上での学生募集に強く依存していることは言うまでもないが、募集目標の対象については、一般学生と社会人学生の両者を目標にしている大学院が3分の1、一般学生だけを目標にしている大学院が4分の1、社会人学生だけを対象にしている大学院が4分の1、そしてマイノリティー集団と女性の募集に努めたと報告している大学院が少なくとも67％、という状況であった。

　このような調査結果は、現在のMPAの学生募集の戦略に反映されているのであろうか、もし反映されているのであれば、これらの戦略は、アメリカが

現在直面している「人的資本」の危機に適切に対処できるのであろうか？

MPAプログラムのマーケティングについては、NASPAAは、「MPAプログラム・マーケティング委員会（Committee on the Marketing of the MPA Program）を立ち上げ、NASPAA加盟機関が利用できる小冊子を作成している。この小冊子は、行政学修士号の教育内容について説明し、将来の学生が公務員の仕事に関心を持つようにアピールしている。

⑦　事例研究

1950年代のアメリカ行政学の教育は、事例研究に大きく依存したものであったが、1960年代と1970年代に入って、行政学が行動主義の影響をかなり受けるようになると、事例研究への関心は薄らいでいった。博士論文や他の学術研究でも、事例研究は敬遠されるようになったが、事例研究への関心は、ある程度まで再燃するようになってきている。その理由は、行政学がその学問的中核は何かをめぐって深刻な挑戦を受けた時に、事例研究を信頼できる教育方法として注目した当時と同じ理由によるものである。

1940年代に、アメリカの「正統派」(orthodoxy)行政学は、その学問的信頼性を喪失した（Rosenbloom 1994年）。今日、正統派以後の「在来型」(conventional)行政学と呼ぶべきものは、政府の再構築運動やニュー・パブリック・マネジメント（NPM）の民間の管理概念による深刻な挑戦を受けている。ちょうど1950年前後までに、政治・行政分離論に基づく教育コースが適切でなくなったように、費用効果の高い結果の達成に力点を置かず、行政の手続きに力点を置くような教育コースは、今日ではアートの状態に近いものになっている。教授の中には、全力でNPMに関する教育を提供することを通じて在来型の行政学への関心を弱めることで埋め合わせをしようとする者もいるだろう。また、行政学が過去にたち戻ることはないと確信しながらも、NPMが将来の進むべき道であることに疑問を抱く教授たちは、事例を教育することで埋め合わせをしようとするであろう。

H.スタインによると、事例研究は、全盛期には次のような意図を持つもの

であった。

　すなわち、「一般的には、行政の一連の典型的なジレンマの事例—個人の倫理対階統制の責任、事業への献身対階統制、議会（外在的）責任対事業（内在的）責任—などを例証するというものである。もっとも、そのジレン的対立の多くは、極端な実例に基づくものであり、ほとんどの場合、決定は裏にある複雑な問題をほとんどとりあげない明確な選択であると思われている」と（Stein 1952年、xIii）。このスタインの『行政学と政策開発—事例研究』は、事例研究アプローチの教育的な便益を記述している古典というべき著書で、次のように述べている。

　「第一に事例研究は、公平な分析と重要な判断を求められる行政に対する判断力を身につけさせてくれる・・・政府の仕事を追体験する機会を提供する事例研究は、政府の決定とより一般的には政府の行動を知的に解釈する能力を身につけさせるように意図されている。事例研究の第二の重要な機能は、公的組織の行政行動に関する競合的結論を調査し、できる限り見解が一致するようにすることである。第三に事例研究は、公的組織の行動に関する一般化を示唆し、テストする手段を提供することによってこの事例に関連する目標を認識させてくれる」（Stein 1952年 xxi-xxii頁）。

　今日、事例研究を利用する大学院としては、ハーバード大学の行政大学院「ケネディ・スクール」のモデルが有効である。ハーバード大学は、行政学と公共政策の教育でしばしばトップにランクされているが、事例研究を長期にわたって活用し、発展させることに関わってきたことでも知られている。ケネディ・スクールは、今日、事例研究をより多く利用したいと考える学部や教育プログラムから絶大なる信頼を得ている。事例研究は、スタインの掲げる目標を達成するためだけでなく、「最良の行為」（best practice）や意思決定のスキルを教育するために利用することができるが、欠点が二つある。

　第一の欠点は、多くの教授たちが事例研究は集合的な数量的データ分析に基づいて厳密に分析する知識を欠いていると主張している点である。事例研究に依存しすぎることは、行政学の後退であると考える教授もいるだろう。

計量的調査研究と質的調査研究の対立は、現在でもなお行政学の教授と実務家の間で意見を二分する深刻な問題である。

　第二の欠点は、スタインが「教育者のスキルや独創性に報奨金を支払うような教授法はほとんどない」(Stein 1952年xxxi頁) と述べているように、より世俗的な問題である。事例研究の課題は、近い将来MPAの教育で充分な役割を果たすことである。では、事例研究は、どのような形でその役割を果たすことができるのであろうか？

5　結論

　MPAの教育プログラムの卒業生たちは、公共機関に就職しようと考えている。サミエル.クリスロブ (Samuel Krislov) は、「行政の通達を作成する者―その人の文体や価値観や役割概念―は、大統領や下院議員、上院議員などの国会議員に選ばれる者と同じほど重要である」と主張している (Krislov 1974年7頁)。彼は多分大げさに言っているのであろうが、その言わんとすることは理解できる。アメリカ行政学では、行政官の出自やその重要性に注目した研究に多くの時間が費やされてきている (Dolanand、Rosenbloom 2003年)。行政学修士教育におけるカリキュラムと今日的課題と題するこの小論が示唆するように、これまで行政学教育に関する体系的な研究はほとんどおこなわれてこなかった。MPAプログラムの学生たちに教える内容と理由について、包括的かつ体系的に行政学教育の見直しをする時期が来ていると思われる。

参考文献　―出典と追加文献―

American Society for Public Administration. 2004. Code of Ethics (www.aspanet.org/ethics/coe.html).

Baldwin, J. Norman. 1998. "Comparison of Perceived Effectiveness of MPA Programs Administered Under Different Institutional Arrangements," Public Administration Review 48 September/October (5): 876-884.

Boufford, Jo Ivey. 2003. Presidential Address by NASPAA's President. "Critical Issues of Public Service Education," Journal of Public Administration Education 9 (1): 1-6.

Breaux, David A., Edward J. Clynch, and John C. Morris. 2003, "The Core Curriculum Content of NASPAA-Accredited Programs: Fundamentally Alike or Different?" Journal of Public Administration Education 9 (4): 259-273.

Bush, George W. 2001. Executive Office of the President, Office of Management and Budget. "The President's Management Agenda." Fiscal Year 2002. Available at www.whitehouse.gov/omb/budget.

Cleary, Robert E. 1990. "What do Public Administration Masters Programs Look Like?" Public Administration Review 50 November/December (6): 663-673.

Conant, James K. 1992. "Enrollment Trends in Schools of Public Affairs and Administration: A Search for Winners and Losers," Public Administration Review 52 May/June 1992 (3): 288-297.

Dolan, Julie, and David Rosenbloom, eds. 2003. Representative Bureaucracy (Boulder, CO: Westview).

Englebert, Ernest A. 1977. "The Findings and Implications of a Survey of Standards and Accreditation for Educational Programs in Public Administration," Public Administration Review 37 September/October (5): 520-527.

Fleishman, Joel and Bruce Payne. 1980. The Teaching of Ethics VIII: Ethical Dilemmas on the Education of Policymakers (New York, NY: Institute of Society, Ethics and the Life Sciences, The Hastings Center).

Grizzle, Gloria A. 1985a. "Budgeting and Financial Management Curriculum Patterns: A Survey of NASPAA Masters Degree Programs," in Working Papers on Graduate Curriculum in Budgeting and Financial Management (National Task Force on Curriculum Reform, Section on Budgeting and Financial Management, American Society for Public Administration, Washington, DC), pp. 25-31.

Grizzle, Gloria A. 1985b. "Essential Skills for Financial Management: AreMPA Students Acquiring the Necessary Competencies?" Public Administration Review 45 November/December (6): 840-844.

Grode, George and Holzer, Marc. 1975. "The Perceived Utility of MPA Degrees," Public Administration Review 35 July/August (4): 403-412.

Harlow v. Fitzgerald. 1982. 457 U.S. 800.

Hejka-Ekins, April. 1988. "Teaching Ethics in Public Administration," Public Administration Review 48 September/October (5):885-891.

Henry, Laurin L. 1995. "A Summary Report from the NASPAA Historical Project," prepared for NASPAA's 25th Anniversary Conference, Austin, TX. October 18-21, 1995. Available online at www.naspaa.org/about_naspaa/about/history.asp.

Honey, John C. 1967. "A Report: Higher Education for Public Service," Public Administration Review 24 July/August (4): 294-320.

Ingraham, Patricia W. 1992. "Commissions, Cycles and Change: The Role of Blue-Ribbon Commissions in Executive Branch Change." In Agenda for Excellence: Public Service in America, edited by Patricia W. Ingraham and Donald F. Kettl (Chatham, NJ: Chatham House), pp. 187-207.

Jennings, Edward T. 1989. "Accountability, Program Quality, Outcome Assessment, and Graduate Education for Public Affairs and Administration," Public Administration Review 49 September/October (5): 438-446.

Kellough, J. Edward. 1998. "The Reinventing Government Movement: A Review and Critique." Public Administration Quarterly 22 Spring (1): 6-20.

Kennedy, Giles W., and A. Grayson Walker III. 1981. "Graduate Student Recruitment in American Public Administration: A Survey of NASPA Member Institutions," Public Administration Review 41 March/April (2): 249-252.

Kettl, Donald. 2000. The Global Public Management Revolution (Washington, DC: Brookings Institution).

Kiel, L. Douglas. 1986. "Information Systems Education in Masters Program in Public Affairs and Administration," Public Administration Review 46 Special Issue: 590-594.

Kraemer, Kenneth L., Thomas Bergin, Stuart Bretschneider, George Duncan, Thomas Foss, Wilpen Gorr, Alana Northrup, Barry Rubin, and Naomi Bailin Wish. 1986. The Working Subcommittee, Ad Hoc Committee on Computers in Public Management. "Curriculum Recommendations for Public Management Education in Computing: Final Report of the National Association of Schools of Public Affairs and Administration," Public Administration Review 46 Special Issue: 595-602.

Kraemer, Kenneth L., and Alana Northrup. 1989. "Curriculum Recommendations for Public Management Education, " Public Administration Review 49 September/October (5): 447-453.

Krislov, Samuel. 1974. Representative Bureaucracy (Englewood Cliffs, NJ: Prentice Hall).

Lee, Dalton S. and N. Joseph Cayer. 1987. "Recruitment of Minority Students for Public Administration Education," Public Administration Review 47 July/August (4): 329-335.

Lewis, Gregory B. 1991. "Turnover and the Quiet Crisis in the Federal Civil Service," Public Administration Review 51 March/April (2): 145-155.

Menzel, Donald C. 1997. "Teaching Ethics and Values in Public Administration: Are We Making A Difference?" Public Administration Review 57 May/June (3): 224-230.

National Association of Schools of Public Affairs and Administration. 1978. Directory of Programs in Public Affairs and Administration (Washington, DC: NASPAA).

National Association of Schools of Public Affairs and Administration. 1987. Final Report: Task Force on the Future of NASPAA (Washington, DC: NASPAA).

National Association of Schools of Public Affairs and Administration. 2003a. "NASPAA Overview" available at www.naspaa.org/about_naspaa/about/overview.asp.

National Association of Schools of Public Affairs and Administration. 2003b. "Reference Documents" available at www.naspaa.org/accreditation/seeking/reference/reference.asp, p.8.

National Association of Schools of Public Affairs and Administration. 2003c. "Enrollment and Degrees Awarded Data: Masters Degrees" available at www.naspaa.org/principals/almanac/Survey2003/mastersdegrees.asp.

Roeder, Phillip, and Gordon Whitaker. 1993. "Education for the Public Service: Policy Analysis and Administration in the MPA Core Curriculum," Administration & Society 24 (February): 512-540.

Osborne, David, and Ted Gaebler. 1992. Reinventing Government (Reading, MA: Addison-Wesley).

Rosenbloom, David. 1994. "The Use of Case Studies in Public Administrative Education in the USA," Journal of Management History 1 (1): 33-46.

Stein, Harold. 1952. Public Administration and Policy Development (New York: Harcourt Brace).

Thayer, Frederick. 1976. "The NASPAA Threat," Public Administration Review 36 January/February (1): 85-90.

United States General Accounting Office. 2003. Performance and Accountability Series. Major Management Challenges and Risks: A Governmentwide Perspective (Washington, DC: U.S. Government Printing Office. GAO-03-95).

Ventriss, Curtis. 1991. "Contemporary Issues in American Public Administration Education: The Search for an Educational Focus," Public Administration Review 51 January/February (1): 4-14.

Worthley, John A. and Barbara Grument. 1983. "Ethics and Public Administration: Teaching What Can't be Taught" American Review of Public Administration 17 Spring: 54-67.

ローゼンブルーム（David H. Rosenbloom）教授の略歴

　デビッド・ローゼンブルーム教授は、シカゴ大学で修士号、Ph.D.（政治学）を取得後、マックスウェル・スクールの行政学教授を経て、現在アメリカン大学行政大学院の行政学担当教授である。アメリカの大学では数少ない Distinguished Professor のタイトルを保有し、NAPA（National Academy of Public Administration）の会員として数多くの学会賞を受賞している。

　2001年には、アメリカ政治学会の 名誉あるジョン・ガウス賞を受賞している。そして、1999年には、このガウス賞の第一回の受賞者で、アメリカ行政学会はもとより日本の行政学会においても高い評価を受けている行政学者ワルドー教授の業績を称えて設けられたドワイト・ワルドー賞を受賞している。このほか、ローゼンブルーム教授の学問的業績に対して、チャールズ・レビン賞をはじめ数多くの賞が授与されている。

　また、1991年から96年まで6年間、アメリカ行政学会の季刊誌 Public Administration Review の編集長として貢献している。また、アジアの行政制度にも関心をもち、中国で定期的に講演活動を行い、共著の Public Administration は第6版を重ね、中国語に翻訳されている。

　ローゼンブルーム教授の研究関心は、多様な分野にわたり、主に公共問題、公務員制度の問題を憲法や行政法を中心に立憲主義の視点で分析するリーガル・アプローチの代表的な行政学者として活躍している。2000年に出版された Building a Legislative Centered Public Administration という著書は、その集大成というべきもので、2001年に NAPA の Louis Brownlow Book Award を受賞している。また、「代表的官僚制」（Representative Bureaucracy）の理論、連邦公務員制度の「代表性」の問題にも関心をもち、多くの著書、論文を公表してきている。2003年に Representative Bureaucracy と題する編書を出版し、この主題に関する研究者のこれまでの業績を Classic Readings として収録・編集し、「代表性」の理論をめぐる論点を整理している。

　なお、共同執筆者のロレンダ・ネイラー（Lorenda A. Naylor）女史は、アメリカン大学行政大学院博士課程の院生である。

3 日米認証制度の比較

デビッド・ワーナー
（南イリノイ大学　名誉学長・研究教授）

【翻訳】坂本　勝（龍谷大学法学部教授）

1　序論

　本稿の目的は、日米の高等教育機関とその教育プログラムの認証手続を比較検討することにある。本稿の内容は、筆者が米国の大学学長としての経験やさまざまな認証機関の活動に参加した経験および日本の龍谷大学地域人材・公共政策開発システム・オープンリサーチセンター（LORC）の第3班招聘研究員としての滞在経験（2004年秋）をもとに取り纏めたものである。

2　米国の認証制度

(1)　認証の目的と原則

　米国の認証は、高等教育の質を保証するための重要な手段である。認証の

目的は、一般公衆と進学希望の学生や父母に、教育機関やその教育プログラムが最低基準の質を保証するものであるかどうかを知らせることにある。認証は、教育機関や教育プログラムに対して継続的に改善を求める過程であるということもできる。認証又は再認証を求める大学又は教育プログラムは、定期的に自己点検評価をおこなったり、公表され合意された基準に基づく第三者機関による専門家の評価を受けることにより、自らの長所と短所を知ることができ、またその欠点を改善するように対処することができる。

米国の認証機関は、政府との繋がりはあるものの、非政府・非営利の組織である。認証は、ある意味でアメリカ人の政府不信の反映でもある。米国の政治家は、しばしば政府の統制から市民を「遠ざける」ことを約束して、反政府の綱領をまくし立てる。しかも、アメリカの大学は、「学問の自由」の理念に基づき創設されており、この理念の意味するところは、大学には不要な外部の統制、特に政府の統制を受けずに教育を行う自由がなければならないというものである。

米国では、認証は任意であり、教育機関も教育プログラムも認証を受けるように強制されることはない。しかし、認証と連邦政府の財政支援との関連や、認証と特定の専門分野や専門職を開業するための免許取得試験の受験資格とを連動させる州政府の通達によって、認証は次第に任意的なものではなくなってきている。認証は、専門家による評価（peer review、以下ピア・レビュー）に基づいている。教育機関や教育プログラムを認証するための現地調査は、その形態に応じて関連分野の学問的、専門的な有資格者から成るチームによっておこなわれる。これらの人たちはボランティアで、職務に対する報酬は無く、交通費や雑費が支払われるにすぎない。彼らは、連邦政府や州政府の職員ではなく、通常、認証機関の職員ではない。これらの人たちは、高等教育に関して身につけた学問的ないし行政的な経験やスキルを活用して、現地調査チームの一員として職務をおこなう。

毎年、米国では、認証制度を機能させるために、何千人ものボランティアが働いている。認証機関には、現地調査員を募集し、研修をおこない、評価

する手続きがある。その為、この有能な人材を数多くプールしておくことが、アメリカの認証制度を適切に機能させる重要な要素なのである。

（２）　認証機関の形態

　米国には、三種類の形態の認証機関が存在する。第一の形態は、地域型の認証機関（Regional Accreditors）と呼ばれるもので、個別の教育プログラムを認証するものではなく、教育機関全体を認証するものである。現在米国には、六つの地域別に独自の認証機関が設置され、4年制の教育機関を対象にした認証機関が設置されている地域もあれば、2年制の教育機関を対象にした認証機関が設置されている地域もある。

　第二の形態の認証機関は、全国型の認証機関（National Accreditor）と呼ばれるものである。これらの全国型の認証機関は、主に職業学校やバイブル・カレッジのような特別な目的をもつ教育機関の認証を取り扱う。全国型の認証機関の認証を受けた教育機関は、地域型の認証機関の認証を受ける資格はないかもしれないが、多くの教育機関は質の保証に関心があるため、他の形態の認証機関の認証を求めている。

　第三の認証機関は、専門分野・専門職プログラム型認証機関（Specialized or Professional or Programmatic Accreditor）と呼ばれるもので、全国的規模のものである。これらの認証機関は、個々の大学院や教育プログラムを評価したり、通常、特定分野の専門職団体の雇用に関連する認証をおこなっている。これとは対照的に、歴史学、言語学、政治学、社会学、人類学、化学、生物学、物理学、数学といった非応用的な学問分野の教育プログラムの認証は、基本的におこなわれない。これらの教育プログラムは、教育機関の機関認証の評価に含まれているが、工学、医学、教職の教育プログラムが受けるような特定のプログラム認証を受けることはない。比較的新しい認証機関であるアメリカ高等普通教育アカデミーは、一般教育ないし教養教育のプログラムを認証する。これらの教育プログラムは、本質的に学位を授与するものではなく、

教育機関によって提供されるすべての学士号プログラムの教養教育の一部を構成するものである。

専門・専門職認証連盟（The Association of Specialized and Professional Accreditors、以下ASPA）は、専門分野や専門職の教育プログラムを認証する認証機関で構成されている。ASPAには、現在48の認証機関が加盟し、現時点で、全体で約60の専門型の認証機関が存在している。薬学大学院を認証する薬学教育認証評議会（Accreditation Council for Pharmacy Education）は、専門型認証機関の一例である。

（3） 認証機関に対する監視手段 〜認定制度〜

多様な認証機関のすべてに共通する役割は、大学や個々の教育プログラムの質を監視することであるが、認証機関がいい仕事していることを確認するために、誰が認証機関を監視するのであろうか？ 米国では、このような監視は認定（recognition）と呼ばれ、二つの機関—政府組織と非営利組織（NPO）—によっておこなわれている。認定は、これまで外部機関の評価を受けてきた認証機関が、定められた基準を遵守しているかどうかを判別する手段として重要である。残念ながら、金を出しさえすればどの教育プログラムや教育機関でも、実際に喜んで認証するようなあまり評判のよくない認証機関もある。これらの評判のかんばしくない認証機関は、どの組織の認定基準も満足させことなどできない。

認証機関を監視する第一の組織は、「教育機関の質と清廉性に関する全国諮問委員会」（National Advisory Committee on Institutional Quality and Integrity、以下NACIQI）である。NACIQIは、合衆国教育省の組織の一つで、本委員会の委員は、米国教育長官よって任命され、認定に関して教育長官に勧告する。NACIQIは、認証機関を審査して、下院を通過した法案が米国大統領の署名を経て立法化された基準に従い機能しているかどうかを判定する。NACIQIによる勧告が教育長官の承認を受けると、認証機関は、「認定された」

(recognized)ことになる。認定は、最長で5年間有効であるが、この期間にしばしば中間報告や進捗状況の報告書の提出が求められる。

　NACIQIによる認定は、認証機関に社会的地位を与えるが、認定のより重要な役割は、連邦政府の学生に対する財政支援に及ぼす影響である。米国教育省の認定する認証機関の認証を受けている教育機関に通学する学生は、米国政府の財政支援の受給資格があるのに対して、そのような認証機関の認証を受けない教育機関の学生の場合は、米国政府の財政支援を受ける資格はない。前述のように、認証は任意であり、総合大学ないし単科大学は、認証を受けるか受けないかは自由に選択できる。しかし、総合大学ないし単科大学は、NACIQI認定の認証機関による認証を受けないという選択もできるが、その場合、学生は連邦政府の奨学金やローンの支援を受ける資格がない為に、実際には選択の余地はほとんどないといえよう。

　認証機関を監視する第二の組織は、高等教育認証評議会（Council for Higher Education Accreditation、以下CHEA）である。CHEAは、米国教育省のような政府の一組織でなく、非営利の組織であり、米国の大半の高等教育機関が加盟している。CHEAによる認定は、認証機関に社会的地位と正統性（legitimacy）を付与する。CHEAの認定は、厳密に任意のものであり、連邦政府による学生の財政的支援を可能にするものではない。CHEAによる認定で恐らくもっとも重要な便益は、大学の学長たちに認証機関に対する正統性を植えつけることであろう。CHEAを構成する主要メンバーが総合大学ということもあって、実際に、CHEAが特定の認証機関を認定すると、大学もその認証機関の正統性を認定するようになる。

（4） 認証の歴史

　米国における認証は、1885年のニュー・イングランド協会（New England Association）の設立とともに開始されたが、最初の認証は、1910年のノース・セントラル協会（North Central Association）による認証を待たなくてはならな

かった。最初の専門職の認証機関は、1907年に設立されたが、これは医師を目指す学生の教育プログラムを評価するものであった。現在、米国全土で地域型と全国型の認証機関が認証をおこない、そのうち専門型の認証機関が60程活動している。新しい専門型の認証機関は、典型的には専門職の雇用の変化に応じて設立されている。たとえば、コンピュータ・サイエンスの認証機関は、ここ20年ほどの間に設立されている。50年前には、認証すべきコンピュータ・サイエンスの教育プログラムが開設されていなかったため、認証機関は必要ではなかったのである。特に、公衆衛生や安全に関する新しい専門職の分野が登場するようになると、新しい認証機関がしばしば設立されている。

　米国では、認証だけが教育の質を保証する唯一の手段ではないと述べることは価値がある。ほとんどの大学は、認証に関係なく、内部で教育プログラムの自己点検評価をおこなってきている。さらに、公立大学が典型であるが、公立大学は、大学の位置する州の政府機関の一組織による評価を定期的に受けている。大学制度の一部を構成する公立大学も、定期的にその中央管理組織による評価を受けることになるが、その評価の中には外部評価も含まれている。これらの定期的な州全体の評価結果は、しばしば公表され、また、教育プログラムを廃止したり、資源を配分したりする際の決定の根拠にされる。

(5) 認証の課題

　米国の認証は、数多くの重要な課題に直面している。ここでは、①どのような認証基準を重視するのか、②認証の評価結果はどの程度まで公表し、内密にするのか、③認証はその費用に見合うだけの価値があるのか、④認証機関は過度に増えすぎていないか、という4つの課題について述べることにしたい。

　まず第一の最も重要な課題であるが、認証の基準は、資源、プロセス、教育成果を重視したり、これらの組み合わせに焦点を合わせたりするものであ

る。歴史的に、米国の認証基準は、資源とプロセスを重視してきた。資源には、教育機関・プログラムの予算、教授の人数と資格、支援スタッフ、学生の質、図書館施設、体育施設といったものが含まれる。プロセスには、卒業要件、カリキュラム、教育・学生政策、学生サービスなどが含まれる。

　資源とプロセスを重視する基準は、もし資源とプロセスがふさわしいものであれば、学生は学習できるという考えに基づいている。高等教育の関係者の多くは、現在その考えの有効性を疑問視し、また、認証機関が大学に対してカリキュラムの構築の仕方について口出しすべきかどうかについても疑問を抱いている。かれらは、認証は学生が何を学び、どのようなスキルを身につけたかということに焦点を合わせるべきであると主張し、さらに、教育機関は学生がどのようにして知識とスキルを身につけるかその方法を決定する自治と学問の自由をもつべきであり、外部の認証機関によってとやかく言われるべきではないと主張している。

　資源に関心が集中するのは、1つには、教育プログラムがしばしば追加の資源を確保するために認証を悪用し、現在も時々悪用しているという経緯がある。教育プログラムの指導者は、追加の資源が提供されないと、学長に認証が受けられなくなるとか認証を取り消されることになると主張したりする。認証機関の側も、時々教育プログラムが認証を受けられるように追加の資源配分を要求することもある。驚くべきことではないが、学長は、しばしば資源の配分方法を指示する外部の認証機関には拒絶的に反応し、そのような要求は教育機関の自治や学問の自由に対する侵害であるとみなす。

　米国の大半の認証機関の焦点は、学生の学業成績とか教育成果―学生の学習内容と身につけたスキル・能力、卒業生の就職形態、学習経験に関する同窓会の評価―の基準に基づき評価を決定する方向に移行してきている。学生に提供される教育成果を重視する焦点の移行は、認証機関と教育機関の両者に重大な影響を及ぼす。学生の学習成果の評価は、資源の評価以上に難しい。実は、学習成果を評価する前に、教授陣は、学生が何を学ぶべきかを明白に定義する必要があるからである。教授たちは、しばしばカリキュラムを特殊な

学生の学習とかスキル・資格の開発へと導くメカニズムとしてではなく、一連の教育コースとして考える。そして、また、しばしば卒業生が身につけるべき特定の知識やスキルを規定することにも抵抗する。その結果、認証機関（特に地域型の認証機関）と教育機関のいずれも、適切な学生の学習基準を開発し、その基準を認証の決定に活用する方法を確定しようと悪戦苦闘している。地域型認証機関は、専門型の認証機関よりもこの課題の実現に悪戦苦闘している。とというのも、地域型の場合、教育機関全体の学習成果を規定することは、専門の教育プログラムを対象にする場合よりもはるかに難しいからである。

認証に関して最良と思われる教育コースは、資源、プロセス、学習成果のうちのどれか1つだけに焦点を合わせるものではなく、3つすべてに関心を示すものである。教育プログラムが、学生の学習する目的と手段を規定することができると仮定しても、認証機関に提供することができる情報は、常に在学中の学生か元学生に関するものであろう。しかし、認証は、教育プログラムに関して将来の学生に情報を提供するという前向きのものである。認証機関は、認証を肯定的に決定する時には、教育プログラムが良い学生の学習成果を生みだし続けることができると一般公衆や将来の学生が信じられるように指示しなければならない。教育プログラムの資源とプロセスは、認証を受ける教育プログラムにふさわしい水準の学習を学生に提供し続けるような適切なものであると保証することによってのみ信じてもらえるのである。

米国の認証で第二の重要な課題は、認証過程全体の機密性に関するものである。歴史的にみて、認証機関が公表する教育機関に関する唯一の情報は、認証、仮認証、不認証という評価であった。認証機関は、自己点検評価書、現地調査報告書、教育機関との通信などの情報は公表しないが、教育機関の同意があれば、そのような情報も公表することができる。ちなみに、米国のほとんどの州では、公立の教育機関は、要請があれば、そのような情報を公衆に公表する必要があるとされている。

認証における機密性は、自己点検評価書とピア・レビューの過程について、

教育機関が公表を恐れずに認証機関に詳細な情報を開示しても大丈夫だと感じるような場合に、うまくいくという前提に基づいている。しかし、学生、父母、CHEA、特に下院議員の間には、認証機関に対してもっと情報を公表させようという関心が高まってきている。たとえば、認証機関が、教育機関又は教育プログラムの内容と公表されている認証基準とを比較して評価する認証結果の要旨（長所と短所のリストなど）を公表することを提唱する者もいるだろう。

認証機関に情報をもっと公表させることに関心が高まってきている理由の一つは、現在、米国の学生と父母が総合大学や単科大学に関する正確で信頼できる情報源を持たないからである。さまざまな組織が、学生の実態調査や教育機関の資料からしばしば得られるデータを使用して教育機関のガイドブックを出版している。学生には、この情報がしばしばどの大学に入学願書を出すべきかを判断する上で有益であると感じているが、その情報は、よく言って一方的なもので、しばしば立証されていないものである。出版物の1つ「USニュース」は、定期的に教育機関のランキングを公表しているが、このランキングは、インプットの対策、特に学生の準備や進路選択の対策に力点を置き、学生の学習対策の参考になるものではない。機密性の課題は、目下継続論議中であり、いつどのように解決されるかは極めて不明確である。

ちなみに、ジャーナリズムの教育プログラムの認証機関である「ジャーナリズムとマスコミの教育に関する認証評議会」（ACEJMC）が、機密性に関する基準の顕著な例外であるということは記述に値する。米国のジャーナリストは、会議公開法（Open Meeting Act）や情報公開の強力な支持者である。ACEJMCは、オープン・アクセスの原則に基づき、そのすべての手続きを、一般公衆に開示している。

米国の認証の第三の課題は、認証の費用に関するものである。大学の学長は、認証がその経費に見合うだけのものであるかどうかをますます問題にするようになっている。認証経費には二種類あり、直接経費と間接経費がある。直接経費には、会費、自己点検評価書の作成に要する時間と経費、現地調査

費、旅費、通信費などが含まれる。教育機関は、しばしばその教育プログラムを認証するさまざまな認証機関が本質的に同じ情報を異なる体裁で要求し、これらの要求に応じるために、教育機関の管理費が増えていると不満を述べる。間接経費には、認証基準に一致させる経費―たとえば、教授の増員費、図書資料の購入費、教育機関が実際に質の向上に必要であると信じるものを上回る認証基準を満足させるような教育実習の強化費といったもの―が含まれる。

明らかに、認証に関係する経費が存在するが、問題は、認証以外の質を保証する手段が安上がりであるかどうかである。一つ確かであるのは、米国の教育機関と教育プログラムは、満足のいく質のレベルで運営されていることを明らかにするように要求され続けるということである。もしその手段が認証でないとすると、それは別の何かということになろう。もし別の何かがより強い政府の統制を含むのであれば、その経費は、特に大学自治の喪失という形でより高くつくことになるかもしれない。さらに、教育機関は、現在認証に大量の労働力を提供してくれている非常に多くのボランティアの労働の恩恵を受けている。これに代わるシステム、特に政府のシステムの場合、恐らくそのようなボランティアの労働にアクセスできないであろう。

最後の課題は、認証機関の急増に関するものである。前述のように、米国には、現在少なくとも約60の専門型の認証機関が存在する。多くの大学の学長は、健康か公衆の安全に関係するようなものでない限り、新しい認証機関が設置されるのを妨害しようと考えている。大学の学長がこのような関心をもつことは理解できるが、現実は、専門職と専門分野の内容は徐々に進化しているのである。たとえば、コンピュータ・サイエンスの教育プログラムの認証機関の登場は、そのような進化の反映である。

新しい認証機関を求める刺激は、開業している専門職の人たちから受けることもあれば、学問的な教育プログラムと提携している人たちから受けることもある。より頻繁には、その刺激は、特定の学問又は専門職を対象にした認証の手続きを確立しようとするこれら二つの集団の関心に基づくものである。

結局のところ、新しい認証機関の提供するサービスを求める充分な要求があれば、その認証機関は成功するであろうし、その要求がなければ失敗するであろう。

3　日本の認証制度

(1)　高等教育の今日的課題

　日米の認証制度を比較する前に、日本の高等教育が直面している三つの重大な課題について述べることは重要である。この課題とは、大学に進学する18歳人口の減少、国立大学の分権化、すべての大学に認証評価を義務づける（7年以内）教育法の改正、の三つである。日本の高校卒業生の人数は、1990年代中期のピーク時と比べて25％も減少している。その減少の影響は、短期大学や知名度の低い私立大学において深刻である。恐らく日本は、今後数年の間に高等教育機関の合併や閉鎖の可能性について検討するであろう。入学者数の減少は、直接的には認証の課題ではないが、学生定員を確保する圧力は、重要な認証の課題である教育の質の保証に関して重大な示唆を与えるものである。

　日本の高等教育が直面する第二の重大な課題は、国立大学の分権化（独立行政法人化）に関するものである。米国と異なり、日本は、90以上の国立大学が存在し、文部科学省による中央政府の影響を受けている。日本とは対照的に、米国の連邦政府の一部である唯一の高等教育機関は、陸軍士官学校である。日本の国立大学は、2004年4月に施行された教育法の改正で、文部科学省から独立し、独自の経営管理委員会を持つ非営利組織（独立行政法人）になった。しかし、文部科学省は、引き続いてこれらの大学にかなりの財政的支援をおこなう。

国立大学の独立行政法人化は、大学の古い組織構造が余りにも官僚的で、社会のニーズに対応できず、競争やイノベーションを抑制してきたという政府内部の関心を反映しているように思われる。新しい組織構造がイノベーションと競争を促進し、大学が環境や社会の変化に敏感に応答することができるように期待されている。新しいシステムがやっと緒に就いたばかりで、組織構造の変化が期待通りの結果をもたらすかどうかを決定するのは時期尚早である。驚く必要はないが、これらの変化が、非常に根本的な方法で国立大学に影響を及ぼすことから、改革についてはかなりの理解がある。たとえば、国立大学の教授は公務員でなくなり、その地位に与えられる雇用の保障はない。

　日本の高等教育が直面する第三の課題は、2004年から、7年以内に文部科学省の認可した認証機関による認証を受けるように大学と短期大学に義務づける学校教育法の改正に関するものである。これまで日本では、各大学が教育の質を保証するために独自の教育システムを開発し、実施するとされてきた。学校教育法の改正で、大学は今後とも教育の質を保証するシステムを整備するように期待され、7年ごとに第三者認証機関による評価を受けるように義務づけられている。

(2)　認証の歴史　～教育機関の機関認証～

　米国の認証は、変化を経験しているが、その変化の程度は、日本の場合と比較すると見劣りがする。日本の認証が劇的にまた急速に変化した理由として、2つ考えられる。第一に、日本の認証は、米国と比べて比較的歴史が新しく、第二次大戦後に、ようやく認証の活動が始まったにすぎないことが挙げられる。第二に、日本政府は、高等教育の質の保証を含む多くの日本人の生活面への中央政府の統制を弱めようとしてきたことが挙げられる。日本における最初の認証機関である「大学基準協会」(財団法人、以下基準協会)は、1947年に創設された。　基準協会は、多くの点で、特に教育プログラムの認証ではなく

教育機関の認証をおこなうという点で、米国の地域型認証機関に類似している。しかし、基準協会による認証は、米国の地域型の認証機関とは異なり—その認証は本質的に義務的であり、認証がないと教育機関の学生は連邦政府の財政支援事業に参加できない—、厳密に任意的なものである。認証が開始された最初の年度である1951年から52年にかけて認証を受けた教育機関の多くは、基準協会の加盟校でありながら、再び認証評価を求めることはなかった。特に国立大学は、再認証を求めない傾向があった。

現在、状況は一変した。2004年度から日本のすべての大学は、7年以内に文科省が「認可」した（米国の用語では「認定した」）認証評価機関による認証を受けなければならなくなった。現時点で、文科省は、二つの認証機関を認可している。一つは、教育機関の認証機関である基準協会であり、いま一つは法科大学院の認証機関である日弁連の法務研究財団である。大学評価・学位授与機構（独立行政法人、以下授与機構）は、文科省に認可申請を行い、2005年度には認可されると予想されている。ちなみに、授与機構は、文科省の一機関であったが、2004年に独立法人化された。授与機構は、国立大学の評価に関して文科省に責任を負ってきたが、国立大学は、法の規定で第三者機関による評価を定期的に受けなければならないことから、恐らく国立大学が申請を求める認証機関になるものと思われる。これら以外の他の認証機関も、文科省に認可申請をおこなうとみられ、特に、小規模の私立学校を中心に認証をおこなう日本私立短期大学協会は、文科省に設置申請をおこなうものとみられている。

(3) 認証の歴史 〜専門教育のプログラム認証〜

専門職プログラムの認証は、日本では緒に就いたばかりである。日本技術者教育認定機構（JABEE）は、最も発展している認証機関である。JABEEは、他の機関に対する認証行為を認定する世界中の工学系の認証機関のグループであるワシントン協定（Washington Accord）に暫定的に加盟している。JABEE

は、このグループが香港で総会を開催する2005年6月の時点で、ワシントン協定への正式加盟が認められる予定である。

　法科大学院の認証が急速に進展している。日本は、基本的にはより多くの志願者を司法試験に合格させるという目的の為に法科大学院を設置し、法曹を教育する司法制度改革をおこなった。学校教育改正法は、法科大学院に定期的な認証評価（5年ごと）を義務づけている。法科大学院の認証評価機関として、日弁連の法務研究財団が文科省の認可を受けている。

　行政学と薬学の認証機関を設置しようという関心もみられる。文科省の財政支援を受けた龍谷大学地域人材・公共政策開発システム・オープンリサーチセンター（LORC）は、地方自治体やNPOで働く者を教育する教育プログラムの認証システムの開発研究をおこなっている。また、日本薬剤師研修センター（財団法人）は、薬大の認証機関の設置形態について調査しているが、現時点では、薬剤師の継続教育のプログラムの開発に焦点を合わせた研究がおこなわれている。

　基準協会も、同様に教育機関の認証だけでなく専門職教育プログラムの認証もおこなうようにその役割を拡大しようとしている。基準協会は、文科省に法科大学院の認証機関の認可申請をおこなうように準備し、薬学、行政学、経営学、会計学の教育プログラムを認証する認可申請の可能性を探っている。もし基準協会がこれらの専門分野の認証機関として文科省の認可を受けるようになれば、現在米国にある地域認証機関に相当するようなものではなくなるであろう。米国の地域型認証機関は、いずれも専門職の教育プログラムの認証をおこなっていないからである。

4　日米の機関認証の相違点

(1)　多様な認証評価機関

　認証機関として、基準協会と授与機構が認可されると、日本の大学は、米国の大学にはない選択の自由、すなわちこれらの認証評価機関の中から選別できる能力を身につけることになる。

　米国では、大学の地域の認証機関は、その地理的位置によって決定される。事実、認証機関は、特定の地理的な地域の認証を独占しており、地域の認証機関はお互いに競争することはない。しかし、日本の大学には、少なくともこの二つかそれ以上の認証機関の中から認証機関を選別できる選択権が与えられる。このような選択権は、大学が自分たちの認証機関に関心を持つように認証機関相互の競争へと導く。

　認証機関の中から一つを選別できるようになることの影響はどのようなものであろうか？　いくつかの可能性が考えられる。一つの可能性は、認証機関相互の競争は教育機関と張り合うために、認証基準の引き下げへと導くというものである。これに対して、「威信のある」認証機関としての名声を高めるために、各認証機関が認証基準を引き上げるという正反対の影響が出るかもしれない。あるいは、すべての認証機関が協力して、影響が全く出ないかもしれない。

　米国の特定の地域では、認証の独占による認証機関相互の競争がないために、認証機関は、相互に協力し合うことが有益であることを知っている。そのような協力は、地域認証評議会として正式のものとして具体化されている。この評議会は、認証機関が情報、運営スタッフの能力開発を共有し、全国レベルで認証の基準を改善し、保証する仕事をするための機構を提供している。

これに似た協力体制が、日本でも望ましいと思われるが、そうした形態の協力、すなわち組織の設置は、競争的な環境を生みだす可能性があるのであろうか？

(2) 秘密性と情報の公表

前述のように、米国の認証機関は、教育機関について、認証の状態に関すること以外の情報を公表することはない。しかし、さらに付言すると、機密性の問題は目下検討中であり、その検討結果がどうなるかは全く不明である。

日本では、文科省の認可を受けた認証機関は、教育機関の認証の状態以外の情報も公表することになるであろう。学校教育法は、教育機関は定期的に評価を受けなければならず、その評価結果は公衆に公表しなければならないと定めている。追加の情報の内容と骨子については、まだ充分に規定されていない。大学基準協会の職員によると、認証評価の公文書の頁数は、教育機関の規模にもよるが10頁から30頁程度のもので、その内容には事実の説明、教育機関の長所の記述、基準協会の観察結果及び改善勧告などが含まれるとされている。

5　日米の専門プログラム認証の相違点

米国は、専門職の認証に関して、1907年の医学教育の認証手続の経験から推定すると、100年近い経験を有している。その間に、大半の専門分野を対象とする60以上の認証機関が設置されてきている。これとは対照的に、日本では、現在専門職の認証機関が設置されようとしているところである。米国では、いくつかの専門分野の認証機関は、教育省が連邦政府の財政支援の「監視者」(gatekeepers)である為、教育省による「認定」を受けなければならな

い。日本では、法科大学院の認証評価機関だけが文科省の「認可」(学校教育法上は「認証」)を受けなければならない。この点で、文科省が学校教育法で規定している法曹以外に、専門職の認証機関を認可するかどうかについては不明である。JABEEは、確かに認可申請できるだけの能力を十分に備えているが、スタッフとの聞き取り調査で得た情報によると、JABEEは申請を予定していない。

　勿論、専門職の認証機関が文科省によって認可されることが不可欠ということではないし、望ましいということでもないかもしれない。米国の大半の専門型認証機関は、連邦政府の財政的支援基金の「監視者」でない為、米国教育省の認定を受けていない。しかし、これらの認証機関の大半は、CHEAによる認定を受けている。日本でも、専門職の認定機関がもっと登場するようになると、CHEAに似た組織を設置することが得策といえるようになるかもしれない。CHEAのような組織の立ち上げには、大学相互の共同の努力が必要になるであろう。

　これに対して、ASPAのような組織の方が適切であると言えるかもしれない。ASPAは認証機関を認定しないが、会員に「良質行為規範」(Code of Good Practice)を遵守するように要請し、認証の問題について情報を共有するためのフォーラムを提供している。ASPAのような組織の立ち上げには、専門型の認証機関相互の共同の努力が必要になるであろう。いずれの形態の組織も、専門職の認証機関に正統性を付与する手助けになり、認証機関が協力し合って情報を共有する構造を提供することができるであろう。

6　日本の認証の将来　〜モニターすべき課題〜

　日本の認証の進むべき将来のコースは、短期間にめまぐるしい変化が生じているために、不透明である。以下に列挙するものは、認証制度の在り方に

関心を持つ者が忠告すべき課題のいくつかである。

(1) 教育機関の認証評価機関の設置数

　基準協会は、教育機関の認証機関として認可を受けており、学位授与機構もまもなく教育機関の認証機関として認可されることになるであろう。これら以外に、他の機関認証の機関が立ち上がり、文科省に認可申請をおこなうのであろうか？
　もし認可申請を行うと、これらの認証機関相互の関係はどのようになるのであろうか？
　これらの認証機関は会員の争奪競争をするのであろうか、それとも相互の協力関係を築くようになるのであろうか？　大学は、認証機関の選択肢の中からどのように認証機関を選別するのであろうか？

(2) 文科省が複数の法科大学院の認証評価機関を認可する場合

　学校教育法で、法科大学院は、評価と認証を受けるように規定されている。文科省は、法科大学院の認証評価機関として日弁連の法務研究財団を認可（認証）し、学位授与機構も、認可（認証）を準備しているところである。もし文科省が複数の認証機関を認可すると、これらの認証機関相互の関係はどのようになるのであろうか？
　これらの認証機関は会員の争奪競争をするのであろうか、それとも相互の協力関係を築くようになるのであろうか？

(3) 新たに設置される認証評価機関の専門分野

　工学の分野には、十分に発達した認証機関が存在する。行政学の教育プログラムおよび地方政府職員やNPO指導者を対象にした研修プログラムを認証

する機関を立ち上げようという調査研究が進行中である。薬学の認証機関の立ち上げも、考慮されるようになってきている。日本は強制的な機関認証の実施に踏み切ったが、任意の専門職の認証もおこなわれるのであろうか？専門分野の認証機関の緊急性に対する大学の学長の反応はどのようなものであろうか？

　日本の学長は、専門分野の認証に関して、米国の多くの大学の学長と同じような懸念を抱いているのであろうか？

(4) 文科省が法科大学院以外に専門分野の認証評価機関を認可する可能性

　学校基本法で、法科大学院は文科省が設置を認可（認証）した認証評価機関による認証を受けなければならない。同法は、他の専門分野の教育プログラムに関する認証評価機関の認可を定めていない。文科省は、もし認可申請があれば、他の専門分野の認証機関を認可するのであろうか？

　文科省にはそのようにすることが、非常に望ましいことであろう。文科省による認可は、専門分野の認証機関に正統性を付与し、大学に対して専門分野の認証の申請が重要であるというシグナルを送ることになる。

(5) 行政学プログラムと地方政府・NPO職員研修プログラムの認証評価機関を設置する必要性

　日本は、現在国家レベルから地方レベル（NPOを含む）に至る多様な政府機能の改革が進行中である。その改革が成功するためには、地方政府とNPOが、改革によって生じる新しい責任を負うことのできる高度の研修を受けた個人を確保することが求められる。この研修の有望な供給源は、行政学修士号かこれに相当する学位の取得へと導く大学院レベルの教育プログラムに依存することになろう。地方政府やNPOの職員は、大学院レベルの教育プログラムの質の高さを決定する国家的な認証手段を持つようになると、充分に仕

事をするようになるであろう。文科省の認可（認証）を受け、地方レベルの行政職員とNPO職員の研修に焦点を合わせた専門分野の認証機関が設置されるようになると、これらの使用者は、職員を募集する際にどの教育プログラムが質の高いプログラムであるかを識別する手段を手に入れることになろう。

(6) 日本における認証インフラの整備

米国の認証手続とインフラは、百年以上にわたって整備されてきた。日本は、少なくとも機関認証のレベルで、米国に似たシステムを急速に整備しようとしている。その過程はどのように進展するのであろうか？

恐らく日本が直面する最も困難な障害は、認証の機能を有効にする人事面のインフラを整備することであろう。認証の歴史がほとんどない為、認証機関には、認証の過程を管理する経験者が不足している。さらに重要であるのは、認証機関が、現地調査チームの一員としての経験や大規模な認証過程の運営に必要とされる様々な委員会の委員としての経験を有する教授や行政官から成る充分な規模の組織を整備していないことである。新しく登場する認証機関は、まず現地調査チームの仕事をおこなう者の研修を何よりも最優先することが至上命令である。その研修は、認証の現地調査は認証基準に焦点を合わせ、その報告書は有効で信頼に足るものであることを確認することに力点が置かれなければならない。現地調査チームの研修と有効で信頼できる報告書の作成は、長い経験年数を有する米国の認証機関にとっても、継続的な難問なのである。この問題は、現在急速な変革期にある日本の認証機関にとって、より大きな難問になるであろう。

(7) 認証評価の結果を公衆に公表することの影響

米国は、現在、認証機関に対して単に教育機関又は教育プログラムの認証の状態についての情報だけにとどまらず、さらに多くの情報を公表するよう

に求める課題に苦闘している。日本では、学校教育法により、文科省が認可する認証評価機関に対してより多くの情報を公表するように要請している。新しい過程がなお進展中である為、公表されるべき情報の量や公表の影響については不明である。

　追加情報の公表は、認証機関と教育機関との間に軋轢を生み出すことになるのであろうか？

　教育機関は、より好ましい評価を公表してくれそうだと考える認証機関に対して「売り込む」ようになるのであろうか？

　教育機関は、好ましくない調査結果や有益とは思われない調査結果の公表を避けるために、自己点検評価の情報を提供しないのであろうか？　認証機関の調査結果の公表は、学生の入学者数に影響を与えるのであろうか？

　　(8)　日本の認証機関と国際的な認証機関との関係

　日本は主要工業国であり、日本の強制的機関認証の新たな取り組みは、地球規模で認証に顕著な変化が生じていることを示すものである。JABEEは、すでにワシントン協定を通じて認証の国際的な機関に参加している。日本に登場する認証機関は、米国やその他の国の認証機関とこれに類似した関係を築こうとしているのであろうか？

　日本のビジネス・スクールの中には、米国に本拠地を置く認証機関「AACSB」の認証を受けているものもある。日本で、ビジネス・スクールの認証機関は登場するのであろうか？

　もし登場することになると、AACSBとの関係はどうなるのであろうか？もし他の専門分野の認証機関が登場したら、これらの認証機関は、一体どのように、外国の類似の専門分野の認証機関との関係を築いていくのであろうか？

7　要約と結論

　日本の認証制度は、非常に早いペースで変化している。構築されている認証システムは、米国に現れたものに酷似しているが、重要な相違点もみられる。日本の教育機関の認証は、義務的なものである。米国では、機関認証は理論的には任意であるが、本質的には、認証機関の認証と連邦政府の財政支援や専門職の開業認可が連動しているために、義務的なものになっている。日本の大学は、2つかそれ以上の認証機関の中から認証機関を選択することができるようになると思われるが、米国の大学は、その大学のある地域に設置されている認証機関の認証を受けるように認証機関が限定されている。

　法科大学院を除く日本の専門分野の認証の先行きは、非常に不透明である。工学の分野は、充分に発達しており、国際的にも尊敬を受けている。その他の分野で認証機関を立ち上げる仕事は、緒に就いたばかりである。

　日本は、その強制的に認証制度を実施するという重要な難問に直面している。最も重要な難問は、有効で信頼できる報告書の作成のために現地調査をおこなったり、有効で信頼できる認証の決定を下すために評価委員会の委員として奉仕する大学教授や行政官やその他の者を選別して、研修をおこなうことであろう。

　日本は、高等教育の質の保証過程に急激な変化がみられる転換期にあるが、非常に考慮された認証システムの開発に成功することは、疑う余地はないであろう。製造業に関して非常に高度の品質管理を達成した経験は、今や伝説化されている。高等教育の認証についても、これと同様に成功すると信じるに足る理由は十分にある。

8 認証に関する有益なウェッブサイト

以下は、認証関連の有益なウェッブサイトである。米国と海外のウェッブサイトは英語版である。ここで取り上げる日本のウェッブサイトは主に英語版であるが、多くは日本語版のアドレスにリンクしていて、内容の方はさらに充実している。

(1) 米国の有益な認証関連ウェッブサイト

① 高等教育認証評議会（CHEA）: http://www.chea.org.
このウェッブサイトは、CHEAの認証基準やプロセスを含む様々な認証の問題に関する情報を提供し、米国のほとんどの認証機関と高等教育機関のアドレスにリンクしている。また、認証の主題に関するCHEAの論文にもアクセスできる。

② 専門・専門職認証連盟（ASPA）: http://www.aspa-usa.org.
このウェッブサイトは、ASPAのすべての会員が遵守しなければならないCode of Good Practiceを掲載している。また、このサイトは、地域型、全国型、専門型の認証機関のアドレスにリンクしている。

③ 米国教育省: www.ed.gov/admins/finaid/accred/index.html.
このウェッブサイトは、認証機関を認定する教育省の基準に関する情報を提供している。

④ 全米公共問題・行政大学院連盟・専門家評価認証委員会（COPRA）: http://www.naspaa.org.
このウェッブサイトは、全米公共問題・行政大学院連盟(NASPAA)のCOPRAの行政学修士号プログラムの認証基準と認証過程に関する情報を提供し

ている。

(2) 海外の有益な認証関連ウェッブサイト

① ワシントン協定：http://www.washingtonaccord.org.
このウェッブサイトは、工学の教育プログラムに関する認証機関相互の国際協力に関する情報を提供している。
② 国際教育品質保証センター：www.cqaie.org.
このサイトは、世界中の多様な認証に関する情報を提供している。
③ 高等教育品質保証機関国際ネットワーク：www.inqaahe.org.
このサイトも、世界中の多様な認証に関する情報を提供している。

(3) 日本の有益なウェッブサイト

① 大学基準協会（財団法人）：www.juaa.or.jp/english.
このウェッブサイトは、日本の最初の認証評価機関について詳細な情報を提供している。
② 大学評価・学位授与機構（独立行政法人）：www.niad.ac.jp/index_e.html.
このウェッブサイトは、日本の国立大学の認証評価に責任を負う組織に関する情報を提供している。
③ 日本技術者教育認定機構（JABEE、非政府団体）：www.jabee.org/English.
このウェッブサイトは、最も高度に発展した日本の専門分野の認証機関に関する情報を提供している。
④ 文部科学省：www.mext.go.jp/english/org/f_formal_22.htm.
このウェッブサイトは、日本の文部科学省に関する膨大な情報を提供している。
⑤ 国立大学協会（社団法人）：
www.kokudaikyo.gr.jp/kanko/txt/h14_5en1.html.

このウェブサイトは、日本の国立大学に関する情報を提供し、すべての国立大学のアドレスにリンクしている。

⑥　日本私立大学連盟（社団法人）：

www.shidairen.or.jp/english/chart/chart.html.

このウェブサイトは、私立大学連盟の組織に関する情報を提供し、加盟校のアドレスにリンクしている。

ワーナー（David J. Werner）教授の略歴

　デビッド・ワーナー教授は、ノース・ウェスタン大学で修士号、PH.D.（生産工学・経営科学）を取得後、南イリノイ大学（Edwardsville）ビジネス・スクールの経営科学助教授を経て、1974年に経営情報システム管理の教授に就任している。　ワーナー教授は、大学の行政経験が豊富で、同大学ビジネス・スクールの院長（1975-1987年）と同大学の副学長（1987-1997年）の要職を歴任後、1997年に学長に就任している。そして、学長を退任した2004年以降、同大学の名誉学長、研究教授として幅広く活躍している。

　ワーナー教授は、こうした大学およびビジネス・スクールの学長・院長としての貴重な経験をもとに、イリノイ州の経済学教育評議会の理事をはじめ、各種連盟の理事を歴任し、また、「米国歯科連盟」認証委員会や「米国心理学連盟」認証委員会のパブリック委員をはじめ、専門分野・専門職の教育プログラムの認証機関の理事として、米国の高等教育や専門教育の認証評価機関の活動に従事してきている。

4 解説「日本の認証評価制度とその特質」

— 米国のアクレディテーション・システムとの比較を兼ねて —

早田　幸政
（金沢大学　大学教育開発・支援センター教授）

1　はじめに

　2002（平14）年11月の学校教育法の改正に伴い、わが国高等教育界に「認証評価」制度が導入され、2004（平16）年4月より同制度が本格実施されていった。認証評価とは、いわゆる大学第三者評価の一範疇をなすもので、文部科学大臣が「認証」した評価機関が行う大学評価のことを指している。後述の如く、同制度は、高等教育の質を保証する装置として十全に機能してきたアメリカのアクレディテーション・システムと同システムを担う評価機関を政府が「認証」する仕組みにその範が求められるもので、それらの日本型改良版とでも呼べるものである。
　本稿は、まず、アメリカの高等教育界に制度的に根付いているアクレディテーションと同システム全体の系統的運用を確保する上で有効に機能しているアメリカ固有の「認証」制度を概観した上で、わが国に新たに導入された

認証評価制度について解説を加えることとする。そして最後に、上述のアメリカの高等教育質保証システムとの比較の中で、わが国の認証評価制度の特質と課題について省察を行うこととする。

2　米国におけるアクレディテーションと「認証」にかかるシステム

（1）　アクレディテーション・システム

　アメリカでは、自立的な大学団体もしくは専門職を基礎とする高等教育評価団体が自らの定める基準に基づいて、大学を含む個別高等教育機関や教育プログラムを評価し合否判定を行うことを通して、その質の維持・向上を図ることを内容とする「アクレディテーション」の仕組みが発達している。アクレディテーションは、非政府組織によるピア・レビューとして行われている点に大きな特徴があり、そのプロセスは、それぞれの高等教育機関・教育プログラムが行う「自己評価（Self－Study）」及び評価チームの訪問を通じて行われる「現地調査（On－Site Review）」の二種の営為を通じて運用される。またそこでは、アクレディテーション団体の決定に対する「反論機会(Opportunity to Respond)」が必ず設定されている。

　アクレディテーションには二つの種類がある。そのうちの一つが、高等教育機関を一単位として行う教育機関別アクレディテーションであり、他の一つが、教育プログラム単位で行う専門分野別アクレディテーションである。このうち、教育機関別アクレディテーション団体の代表格として挙げられるのが、北中部地区基準協会（The higher Learning Commission / North Central Association of Colleges and Schools）、ニューイングランド地区基準協会（Commission on Institutions of Higher Education / New England Association of Schools and Colleges）、

西部地区基準協会（Western Association of Schools and Colleges—Accrediting Commission for Senior Colleges and Universities）、中部諸州地区基準協会（Middle States Association of Colleges & Schools Commission on HE）、南部地区基準協会（Southern Association of Colleges and Schools）、北西部地区基準協会（Northwest Commission on Colleges and Universities）という6つの地区基準協会である。一方、専門分野別アクレディテーション団体としてわが国に名の知られるのは、全米法曹協会（American Bar Association）、技術者養成プログラム認定機構（Accreditation Board for Engineering and Technology）、全米薬学協議会（American Council on Pharmaceutical Education）などである。ちなみに、全米公共問題・行政大学院連盟（National Association of Schools of Public Affaires and Administration）も、この専門分野別アクレディテーション団体の範疇に区分けされる。

　ところで、評価機関であるアクレディテーション団体も、活動を継続的に行っていく条件として、定期的に外部評価を受け適格認定を得ることが必要とされている。この外部評価・適格認定が「認証（recognition）」と呼ばれる。認証活動は、連邦教育省（U.S.Department of Education、以下、USDEと略記）と全米のアクレディテーション団体を中心的構成メンバーとする非政府組織の「高等教育アクレディテーション協議会（Council for Higher Education Accreditation,以下、CHEAと略記）」の二つの組織によって担われている。

　アクレディテーション団体は、それぞれ異なる理由に拠って、USDEもしくはCHEA（もしくはその双方）の認証を得ている。連邦高等教育法（Higher Education Act,HEA）タイトルⅣに基礎づけられた連邦政府・学生奨学金の受給資格に直結するアクレディテーションを掌る団体にとって、USDEからの認証が不可欠である。すなわち、USDEによって認証されているアクレディテーション団体からアクレディットされた高等教育機関・教育プログラムの在籍学生に対してのみ、連邦政府・学生奨学金の受給資格が認められているのである。一方、アメリカ高等教育界におけるアクレディテーション団体としての「市民権」を公的に獲得しその地位をゆるぎないものとする上で、CHEAの認証が有効に機能するものとされている。

教育機関別アクレディテーション団体では、上述の6つの地区基準協会のいずれもが、USDEの認証を得ている。専門分野別アクレディテーション団体に目を転じると、傾向的にみて、医・歯学系、看護学系、公衆衛生・医療行政・カウンセラー養成系、教員養成系のアクレディテーション団体の多くがUSDEの認証を得ている。上に記した全米法曹協会も、USDEにより認証されている。
　そこで次に、全米のアクレディテーション団体を対象に行われるUSDEの認証システムの概要を見ていくこととする。

（2）　USDEの認証システムと認証基準

　USDEが掌るアクレディテーション団体に対する認証の最終権限は、教育長官に帰属しているが、認証の直接的な実施主体は、USDEの「中等後教育局（Office of Postsecondary Education）」に置かれた「アクレディテーション機関評価課（Accrediting Agency Evaluation Unit）」である。同課に所属する担当事務官と上席事務官（senior Department official）が、「教育長官認証基準（Criteria for Secretarial Recognition）」（以下、「認証基準」と略記）に照らして、認証申請を行ったアクレディテーション団体に対する認証の可否に関する分析・評価を行うとともに、認証プロセスの進行を掌理する。
　認証プロセスは、次のような手続として進められる。第1段階として、アクレディテーション団体からの認証申請と自己評価報告書の提出を受けて、USDEの担当事務官が、書面審査を行う。審査の過程で、パブリック・コメントを募ったり、同団体がすでにアクレディットしている高等教育機関の（抜き打ち調査を含めた）実地調査を実施する。第2段階として、USDE内部に設置された審議会（national advisory committee）が、書面審査や社会から寄せられた意見についての検討を行い、その結果を教育長官に答申する。第3段階として、教育長官が当該アクレディテーション団体に対し、認証の可否に関する所要の決定を下す。その決定に不服があれば、異議申立を行うことが

出来る（異議申立に対する最終判断も、教育長官が行う）。

「認証」の有効期間は、5年である。従って、「認証評価」機関としての地位の継続を希望するアクレディテーション団体は、5年周期で、USDEの「認証」を受けることが必要である。

この認証基準については、1994年4月のTitle 34 of the Code of Federal Regulations 34 CFRにおけるPart 602 Secretary's Recognition of Accrediting Agencies Subpart Bで詳細に定められている。次に、認証基準のうち重要と思われる部分を、事項毎に列記する。

［USDEの認証を受ける上で必要な資格最低要件］
・ アクレディテーションを通じた質保証の活動を、2年以上に亘って行ってきたこと。
・ その活動に対し、高等教育機関、専門職団体などの間で、一定の信頼をかち得ていること。

［組織上・管理運営上の要件］
・ 「アクレディテーション」の実施を主目的とした自立的な会員制組織であること。
・ 他の組織や団体の影響を排除し、分離・独立して活動できること。
・ 管理運営上、財務上の責任能力を有していること。

［評価基準の策定と適用のあり方に関わる要件］
・ 各アクレディテーション団体の評価基準中に、「教育目標の達成状況」、「カリキュラム」、「教員組織」、「施設・設備、機器・備品」、「財務力・管理能力」、「学生支援サービス」、「学生募集」、「教育プログラムの修業年限・学位の授与」、「学生からの苦情」、「法が定める個別高等教育機関の責務の履行状況」に関する基本事項が盛り込まれていること。
・ 教育目標とその達成状況、学位授与要件の適切性を評価し得ているこ

と。
- アクレディテーション・プロセスに、「自己評価」、「現地調査」、「反論機会」が組み込まれていること。
- アクレディテーション団体自身の手で分析・評価を行い、評価結果を各高等教育機関等にフィードバックしていること。
- 評価基準を、矛盾なく統一的に運用していること。
- アクレディテーションの有効期間中も、各高等教育機関等へのモニタリングを行っていること。
- 評価基準を充足し得ていない高等教育機関等に対し、厳とした姿勢で「不利な決定」を行っていること。
- 関係者の意見を聴取しながら、評価基準の見直しを不断に行っていること。

[確立すべき「方針と手続規範」に関わる要件]
- アクレディテーションの地位に変動をもたらすおそれのある「大幅な変更（Substantive Change）」を行った高等教育機関等に対し、所要の対応をする体制が整えられていること。
- 当該アクレディテーション団体の組織・活動の基本事項が開示されていること。
- 個別高等教育機関に対する学内外からの苦情等を受入れ処理する体制が整備されていること。
- アクレディテーション・プロセスにおいて、「適正手続（Due Process）」の要請が貫徹されていること。
- 個別高等教育機関等に対し、アクレディテーションの地位の付与・更新の決定を行った場合、逆に、「不利な決定」を下した場合、教育長官・州の資格認定機関・他のアクレディテーション団体に対し、速やかにその旨を通告するとともに、社会にもこのことを公表すること。
- すでにアクレディットしている個別高等教育機関等のうち、法の定め

る責務を履行していないと信ずるに足る理由を把握した当該高等教育機関名等を教育長官に報告できる体制にあること。
- 州法に違反しもしくは他のアクレディテーション団体によりアクレディットの拒絶・取消しの処分がなされた(その可能性が高い場合を含む)高等教育機関等を、アクレディテーションの対象から除外する体制が整えられていること。
- 認証済みの他のアクレディテーション団体と情報(「不利な決定」についての情報を含む)を共有する体制が整えられていること。

(3) USDEの認証システムの意義

　アメリカの高等教育界に定着している「アクレディテーション」とは、高等教育機関等の設置認可が比較的緩やかであるという制度条件を基礎に成立・発達した自立的な評価システムで、そうした自主・自立のシステムである以上、評価が統制手段として用いられることはないと一般に説かれてきた。
　しかし、それは一面的な見方にしかすぎない。レーガン政権以降の「小さな政府(＝効率的な政府)」実現の一環として、高等教育分野で資源の効果的配分を行いその国際的競争力を高めるべく、国内的競争環境醸成の統治体制の中に、このアクレディテーション・システムもまた組み込まれてきた。その体制に同システムを組み込むための中核的な統治手段こそが、USDEの「認証」であったと考える。
　このUSDE認証システムの重要な特徴点・意義として、次の諸点が特に強調される必要がある。
　まず第一は、アクレディテーション団体の活動において、個別高等教育機関の法令(州法を含む)遵守の状況を監視するよう求めているという点である。第二は、各アクレディテーション団体が自立的に定立すべきはずの評価基準に盛り込むべき領域・分野がUSDEにより予め指定されているという点である(そこでは、とりわけ、「教育目標の達成状況」の評価が重視されて

いる)。第三は、アクレディテーションの可否等の決定において、個別高等教育機関に対し「不利な決定」を下すことを躊躇してはならないとされている点である。第四は、他のアクレディテーション団体から「不利な決定」が下された高等教育機関等について、当該団体に対し、その高等教育機関等の保有するアクレディテーションの地位の妥当性について見直すよう義務づけるなど、USDE 認証システムにあっては、アメリカ国内のアクレディテーションにおける評価の水準・レベルの一元化とアクレディテーション・システム全体における運用の整序化・統一化が指向されている点である。第五は、アクレディテーション団体には、一旦アクレディットした高等教育機関への継続的なモニタリングの実施が義務づけられている点である。第六は、認証申請はアクレディテーション団体の発意に委ねられ、認証プロセスは自己評価報告書の検証を基に進められるとは言え、同プロセスの進行そのものは、USDE スタッフが掌握している点である。

　連邦政府の競争政策を背景としたUSDE認証システムは、民間団体が担うアクレディテーション活動への「統制」を通じ個別高等教育機関等の法令遵守を確保するとともに、評価基準の厳格適用を各団体に義務づける中で個別高等教育機関等の質保証を図りその競争体質を強化させること、を目指すものであった。そうした意味において、USDE認証システムは、高等教育分野での連邦政府の行財政の効率運用と、ある種のコントロール可能な競争環境の醸成を図るための強力な統治手段であったとも言い得る。

3　日本の認証評価制度

(1)　認証評価制度導入の経緯

　バブルの崩壊後、公財政の窮迫化が深刻さを増し行財政構造改革の必要性

が声高に叫ばれる中で、また少子化が進行していく中で、経常経費を削減する一方で競争的資金を拡充していく必要性や人材育成機能の強化を通じて大学の対社会責任の履行を求める意見が、官邸や財政当局を中心に急速に広まっていった。

　こうした中で、2001（平成13）年12月、規制改革の推進の道筋を示した総合規制改革会議「規制改革の推進に関する第一次答申」が公にされた。そこでは、競争的環境の形成に向け大学設置等に関わる規制を緩和する一方で、大学に対しては定期的に「アクレディテーション」を受け結果を公表することを義務づけるとともに、そこで法令違反等の実体が明らかとなった場合、文部科学大臣が是正措置を講ずること、アクレディテーションを行う機関は、文部科学大臣の認可の下でその活動を開始・存続させることが出来ること、を内容とする制度導入の必要性が提言された。

　この総合規制改革会議第一次答申をベースに検討が重ねられた後、2002年8月、中央教育審議会「大学の質の保証に係る新たなシステムの構築について（答申）」が公表された。同答申は、国の事前規制である設置認可制度を見直すとした上で、「国の関与は謙抑的」としつつ、「設置後も含めて官民のシステム全体で大学の質保証」を行っていくことを、今後の高等教育政策の中心的柱に据えることを表明した。そして、大学の質保証に関しては、国の「認証」を受けたいわゆる認証評価機関が大学を定期的に評価すること、大学がその活動に応じ多元的に評価を受けることができること、を軸に「認証評価」に関わる制度設計を図っていく必要性を提言した。併せて、中央教育審議会「法科大学院の設置基準について（答申）」（2002.8）、同「大学院における高度専門職業人養成について（答申）」（2002.8）も、法科大学院などその修了が国家試験の受験資格とつながる大学院を軸とするいわゆる専門職大学院に対する第三者評価制度・適格認定制度について、その積極導入を促す内容の提言を行った。

　そうした答申の趣旨を具体的に実現すべく2002年11月、学校教育法の改正がなされ、認証評価制度が導入されるとともに、2004年4月から同制度が

始動した。

（2） 認証評価制度の法構造

　わが国全ての国・公・私立大学は、学校教育法に基づき、当該大学の教育研究、組織・運営並びに施設・設備の状況を対象に自己点検・評価を実施しその結果を公表することが義務づけられている（法第69条の3第1項）。自己点検・評価の実施に当っては、学校教育法施行規則により、「適切な項目」を設定し「適当な体制」の下でこれを行うべきこと、が求められている（法施行規則第71条の2）。

　学校教育法に定める「認証評価」とは、文部科学大臣から、法令に依拠した審査の上、認証された評価機関、すなわち「認証評価機関」が行う評価を意味する。以下、認証評価制度の二類型をなす「大学機関別認証評価」、「専門職大学院認証評価」の法構造について見ていく。

　大学は、「当該大学の教育研究の総合的な状況」について、定期的に、認証評価機関による認証評価を受けなければならない（法第69条の3第2項）。ここに言う認証評価が、「大学機関別認証評価」である。一方、専門職大学院を置く大学は、その設置目的に照らし、「当該専門職大学院の教育課程、教員組織、その他教育研究活動の状況」について、定期的に、認証評価機関による認証評価を受けなければならない（法第69条の3第3項）。これが、「専門職大学院認証評価」と呼ばれている。

　認証評価は、認証評価機関が定めた「大学評価基準」に従って行われる（法第69条の3第4項）。

　大学機関別認証評価は、7年（以内）の周期で、専門職大学院認証評価は、5年（以内）の周期で受けることが法定化されている（法施行令第40条）。

　認証評価機関は、認証評価を行ったときは、遅滞なく、その結果を大学に通知するとともに、これを公表し、かつ文部科学大臣に報告しなければならない（法第69条の4第4項）。具体的な公表方法については、刊行物への掲載、

インターネットの利用その他広く周知を図ることができる方法によってこれを行うものとされている（法施行規則第71条の7）。

　認証評価にかかる評価結果において、当該公・私立大学が設備、授業その他の事項において法令違反状態に陥っていると判定された場合、文部科学大臣の判断で、同大臣は当該大学に対し必要な措置をとるよう勧告をすることができる（法第15条第1項）。勧告によってもなおその改善が認められない場合、文部科学大臣は当該大学に対し、変更を命ずることができる（同第2項）。変更命令によってもなお改善が認められない場合、文部科学大臣は当該大学に対し、当該事項に関わる組織の廃止を命ずることができる（同第3項）。文部科学大臣は、勧告若しくは変更命令を行うために必要と認めるとき、当該大学に対し、報告または資料の提出を求めることができる（同第4項）。国立大学（法人）に対しても、上記と類似の措置が講じられる（国立大学法人法第35条による独立行政法人通則法第65条等の準用）。

　ところで、文部科学大臣は、認証評価の公正・適確な実施が確保されないおそれがあると認めるとき、当該認証評価機関に対し、資料や報告の提出を求めることができる（法第69条の5第1項）。文部科学大臣は、当該認証評価機関がその求めに応じず若しくは虚偽の報告や資料の提出をしたとき、または認証要件に適合しなくなったと認めるときその他認証評価の公正かつ適確な実施に著しく支障を及ぼすおそれがあると認めるとき、当該認証評価機関に対して改善を求め、その求めによってもなお改善されない場合には、認証を取り消すことができる（同第2項）。

　文部科学大臣が、a.認証評価機関の認証をするとき、b.認証要件の細目を定めるとき、c.認証評価機関の認証を取り消すとき、には、政令で定める審議会等に諮問することが義務づけられている（法第69条の6）。

　このように、学校教育法及びその関係法令の各規定に依拠して認証評価システムの体系化が図られているが、当該専門職大学院の課程の基礎となる分野について認証評価を行う認証評価機関が存在しない場合その他特別の事由がある場合、以下のように対処するものとされている。

その第一は、専門職大学院を置く大学が、外国に主たる事務所を有する法人その他の団体であって、当該専門職大学院の課程の基礎となる分野について評価を行うもののうち、適正な評価を行うものと国際的に認められたものとして文部科学大臣が指定した団体から、当該専門職大学院の教育課程、教員組織その他教育研究活動の状況について定期的に評価を受け、その結果を公表し文部科学大臣にも報告しなければならないとするもの（法施行規則第71条の3第1号）であり、その第二は、専門職大学院を置く大学が、学校教育法第69条の3第1項に規定する自己点検・評価の結果のうち、当該専門職大学院に関する部分について、当該大学の職員以外の者による検証を定期的に受けた上で、その結果を公表し文部科学大臣にも報告しなければならないとするもの（同第2号）である。

（3） 認証評価機関となるための認証要件とその取消し事由

学校教育法は、「認証評価機関になろうとする者は、文部科学大臣の定めるところにより、申請により、文部科学大臣の認証を受ける」ことを義務づけている（法第69条の4第1項）。認証評価機関として必要な要件を備えているかどうかを文部科学大臣が確認するための基準が、ここに言う認証基準である。認証基準の基本骨子として同法は、a．大学評価基準・評価方法が認証評価を適確に行うに足るものであること、b．認証評価の公正かつ適確な実施を確保するための体制が整備されていること、c．認証評価の結果公表の前に、大学に対し意見申立の機会を付与していること、d．認証評価を適確かつ円滑に行うに必要な経理的基礎を有する法人（任意団体を含む）であること、e．認証を取り消され、その取り消しの日から二年を経過しない法人でないこと、f．その他認証評価の公正かつ適確な実施に支障を及ぼすおそれがないこと、を定めているほか、必要な細目は、文部科学大臣がこれを定めるものとされている（法第69条の4第2、第3項）。

評価機関を認証するための基準にかかる上記基本骨子を定めた法律規定を

受け、認証要件の細目を示したのが、「学校教育法第69条の4第2項に規定する基準を適用するに際して必要な細目を定める省令」(2004.3) である。同省令を基に、「認証評価」機関となるための個別具体の認証要件を以下に掲記する。

a. 大学評価基準が、大学設置基準、専門職大学院設置基準、文部科学省告示第53号などの諸基準等に適合していること（省令第1条第1項1号）。
b. 大学評価基準において、特色ある教育研究の進展に資する観点から評価項目が定められていること（同2号）。
c. 大学評価基準の設定・変更に当り、その過程の公正性・透明性を確保するため、その案の公表その他必要な措置を講じていること（同3号）。
d. 評価方法において、大学による自己点検・評価の結果分析と実地調査のプロセスが含まれていること（同4号）。
e. 大学機関別認証評価機関の大学評価基準には、「教育研究上の基本組織」、「教員組織」、「教育課程」、「施設・設備」、「事務組織」、「財務」に関する諸事項及びその他教育研究活動等に関する事項について（省令第1条第2項）、専門職大学院認証評価機関の大学評価基準には、「教員組織」、「教育課程」、「施設・設備」、に関する諸事項及びその他教育研究活動に関する事項について（省令第1条第3項）、それぞれ定めを置いていること。
f. 大学教員及びそれ以外の者であって大学の教育研究活動等に関し識見を有する者が、認証評価業務に従事していること（省令第2条1号）。専門職大学院認証評価機関の場合、上記の者に加え、当該専門職大学院課程の基礎をなす分野の実務経験者が認証評価業務に従事していること（省令第2条1号）。
g. 大学教員が、その所属の大学を認証評価する業務に従事しないような措置を講じていること（同2号）。
h. 認証評価業務に従事する者に対し、研修等を行っていること（同3号）。
i. 一の評価機関において、大学機関別認証評価業務を、専門職大学院認証評価業務から切り離して実施する体制を整備していること（同4号）。

j. 一の評価機関において、大学機関別認証評価業務にかかる経理を他の業務の経理から区分するとともに、専門職大学院認証評価にかかる経理とも区分していること（同5号）。
k. 「名称・事務所の所在地」、「役員氏名」、「評価対象」、「大学評価基準・評価方法」、「評価の実施体制」、「評価結果の公表法」、「評価の周期」、「評価手数料額」を公表していること（省令第3条1号）。
l. 大学から認証評価申請がなされた場合、正当な理由がある場合を除き、遅滞なく認証評価を行うこととしていること（同2号）。
m. 大学に対する教育研究活動等の評価実績があることその他認証評価を公正かつ適確に実施することが見込まれること（同3号）。
n. 専門職認証評価機関については、認証評価後の専門職大学院が教育課程や教員組織に「重要な変更」を行った場合、変更事項を把握し、必要に応じすでに公表している評価結果に当該事項を付記する等の措置を講ずる体制が整えられていること（同令第3条第2項）。

（4） 認証評価制度の趣旨・目的

　認証評価制度は、上記のような法構造をもつものであるが、行政主導の許認可行政に軌道修正を加えるような形で、こうした系統的な事後評価システムが高等教育界に導入された趣旨・目的は、次の点に求められよう。
　その第一は、規制改革、行財政改革の政治スローガン「事前規制型から事後チェック型への体制移行」を、高等教育分野で具現化することであった。すなわち、文部科学省の認可行政を緩やかにする代替措置として、認証評価機関に対し、各大学での法令違反状況の有無のチェックにかかる「業務委託」を行うことを以って、教育研究等の質保証の確保が目指されたのである。
　第二点は、国・公・私立大学に横断的な「認証評価」という文部科学省の監理下にある評価システムを導入することにより、高等教育界への競争的環境の醸成を政策的に行っていくことが指向されている。換言すれば、文部科

学省による認証評価機関への直接統制と政策誘導を通じ、間接的に、大学間競争を一層熾烈化させることにその大きな狙いがある。さらに付言すれば、大学機関別認証評価、専門職大学院認証評価の双方の領域において、複数の認証評価機関の存在を制度的に認めた（いわゆる「多元的評価システム」の制度化）ことから、そうした評価機関間の競合と競争の中で、各評価機関の評価基準や評価方法のレベルに応じ、評価を受けた大学・教育プログラムに対する一種の「格付け」を指向する潜在的意図も、そこから窺いとることが出来る。

　第三点として、大学に対する認証評価の義務付けを背景に、「評価結果の公表」を通じ、社会に対し大学にかかる諸情報を公開し、以って、消費者保護の貫徹を図ること、にある。

　第四点として、消費者に評価情報を提供することを通じ、評価基準を充たしていない教育研究条件の劣悪な大学の「市場からの退場」を促し、以って公的資金投入上の無駄を省こうとする狙いも存する。換言すれば上記第三点と相俟って、国・公・私立のいずれを問わず、程度の差こそあれ、国民の税金によって支えられた公的資金が大学に投入されている以上、それがどの程度、効果的、効率的に活用されているかを、認証評価を通じて国民に明らかにする責務履行の必要性の観点から、同制度の必要性、有効性が強調されることになる。

　第五点は、わが国大学の国際的競争力を高め外国の大学と伍して教育研究活動を展開していく上で、国際的通用力を持つ大学質保証システム構築の必要性が喫緊の政策課題となっており、質保証にかかる制度をアメリカのアクレディテーションに近似のものとさせることでそうした課題を克服しようとしたということである。わが国認証評価に関わる制度設計が、WTO自由貿易交渉に伴う「国境を超えた高等教育サービスの自由化問題」の影響の下、当時、そうした高等教育サービス自由化に対応し、グローバルに通用する自前の評価システム構築が切迫した政策課題に対処しようとするものであった点にも留意する必要がある。

4　おわりに　―高等教育のグローバル化と質保証問題―

　昨今の官邸主導で進められている「構造改革」は、「官」・「民」が対等な立場に立つことを前提に、両者の協働と役割分担を「民」重視の方向に移行させること、政府自らの手で旧来の需給調整機能を積極排除するとともに、競争促進的な条件整備を図ること、などが経済再生と社会の活性化をもたらす所以であるとする趣旨で貫かれている。

　そうした現下の政権の政策スローガンは、大学評価の重要度が今後一層高まっていくことを予兆させている。新たに導入された認証評価制度は、画一基準や硬直的認可手続に替わるものとして、質保証システムを「国法」を通じ制度化した点にその大きな意義がある。と同時に、第三者による大学評価における「民」の組織が果たす役割を、「認証」という行政的手法を用い「官」のそれと同次元において保障しようとした点にも意義を認めることができる。

　但し、先にも指摘したように、わが国認証評価制度は、大学機関別認証評価、専門職大学院認証評価の双方において、「官」、「民」入り乱れての複数の評価機関が競争・競合の関係に立って作動するよう制度設計されているが故に、個別の大学・教育プログラムにおける質保証の水準に対し国内外の信頼を揺るがしかねない事態に横着する危険をはらんでいることも併せ指摘しておかなければならない。

　ところで今日、eラーニングの発達などと相俟って、高等教育が国境を越えて自由に提供・消費される時代に入ろうとしている。この分野で優位性を保持しているアメリカは、WTO（世界貿易機関）の枠組みの中で、「高等教育サービス」を自由貿易の対象と捉え、各国の行政上の障壁の除去を多国間協定で約束させることを目指している。

　このように国境を越えた人的サービスの流通の一層の活発化に向け、各国

の行政上の障壁撤廃が求められることに伴い、そうしたサービスやこれを基礎づけている各国高等教育の質保証を国際的枠組みの中で行う必要性も急速に高まってきている。世界の高等教育質保証機関の国際ネットワークであるINQAAHE（International Network for Quality Assurance Agencies in Higher Education）も、各国質保証機関を「評価」し「相互認証」仕合う仕組みである"Q.A.Quality Label"のシステム形成に向け検討を進めている。

わが国も、このような高等教育のグローバル化とそれに伴う質保証の国際的システム化の動きへの対応が強く求められている。文教当局がその対処方策を策定するにあたり、WTOサービス貿易交渉における高等教育サービスの扱いについて強行姿勢を示しているアメリカの影響を軽視することはできない。

これまで日米間で行われてきた自由貿易交渉の中で、アメリカは一貫して、自由貿易と市場開放の制約原因となっているわが国の経済システムや行政システムを問題視してきた。そうした主張の底意に、アメリカ型システムに順応できるシステムをわが国の行政・経済・社会のあらゆる分野に新たに構築することを求める意図のあったことは容易に推察できる。

しかも、政治・安全保障の分野において以前にも増して緊密さを深めている現下の日米関係の中で、アメリカがわが国に、同国の高等教育質保証システムや競争ルールの受容を求め続けることは当然予想されるところである。分野毎に区々に異なるように見える基準やルールを相手国に受容させることによって、「自然」のうちにその国の経済・社会構造全体をアメリカのそれに同化させるという同国の「ソフトパワー」戦略が、今まさにわが国高等教育分野を席捲しているのである。

新たに導入された認証評価制度が、アメリカのアクレディテーション・システム及びUSDE認証システムをモデルとしていることについて、それが日本の「文化風土になじまない」などの理由で異を唱えるつもりは毛頭ない。しかし、わが国高等教育へ海外から参入の兆候が見え始め、グローバル市場の中で、各大学が一層厳しい競争的環境に置かれようとする状況下にあって、

日本の大学教育の高度で個性ある発展に資するとともに国際的な質保証の要請に応え得るような大学評価のあり方について、政策面から制度の細部の再検討を行うことも必要である。
　その検討に当っては、第一に、大学評価の形態に関し、政府から一定の独立性を保った民営組織による大学評価の方式が世界の趨勢となる兆しが見えていること、第二に、わが国大学の質保証に対する各国の信頼を保持しその国際的通用力を確保させていく上で、認証評価のタイプを適格認定に一元化するとともにその効力を有期限とすること、第三に、第二と同様の視点に立って、大学機関別認証評価と個別専門分野の教育プログラム評価における各々の質保証のミニマムな水準を内国的に一元化しこれを認証評価システム全体の中で系統的に運用し得るような仕組みに現行制度を改めること、などを考慮することが重要と考える。第三の問題について付言すれば、現行のわが国独自の「多元的評価システム」の運用次第で、質保証の水準が多岐に分散することにより、大学の質並びに大学評価の通用力に対する国際的信頼が損なわれ質保証システムに混乱が来たされ、結果として日本の高等教育の個性ある発展が阻害されることが危惧される。
　中・長期を展望した政策的な情勢分析の結果として、高等教育のグローバル化がアメリカ主導で進展し、同国の高等教育質保証の枠組みが、グローバル・スタンダードとしてゆるぎない地位を確立するとの結論に到達することもありえよう。そうした確固とした情勢分析を基礎に、認証評価制度にかかる再検討の帰結として、現行制度を抜本的に見直し、アメリカ型の高等教育質保証システムにより近い形へと転換させるという選択肢も視野に入れておく必要があるものと考える。
　最後に、質保証の国際的通用力の継続確保を図るためには、認証評価機関に対して行う適格性審査を「認証」申請時の1回のみとしている現行制度を早急に改め、USDE認証システムの如く、認証の効力を有期限とするとともにその更新の都度、適格性審査を行うことが必要不可欠である。2005年1月に公表された中央教育審議会「我が国の高等教育の将来像（答申）」は、高等

教育に対する評価の質を向上させる手だてとして、「評価方法や評価基準等の不断の見直しと改善、評価する側の質の高さや適正さを担保するための仕組みを整えること等が、今後の課題」である旨の提言を行った。同提言が、アメリカの制度に見られるような、認証評価機関に対する定期的な資格更新審査制度の構築の主張を含意するものであれば卓見である。

「地域ガバナンスシステム・シリーズ」発行にあたって

日本は明治維新以来百余年にわたり、西欧文明の導入による近代化を目指して国家形成を進めてきました。しかし今日、近代化の強力な推進装置であった中央集権体制と官僚機構はその歴史的使命を終え、日本は新たな歴史の段階に入りつつあります。

時あたかも、国と地方自治体との間の補完性を明確にし、地域社会の自己決定と自律を基礎とする地方分権一括法が世紀の変わり目の二〇〇〇年に施行されて、中央集権と官主導に代わって分権と官民協働が日本社会の基本構造になるべきことが明示されました。日本は今、新たな国家像に基づく社会の根本的な構造改革を進める時代に入ったのです。

しかしながら、百年余にわたって強力なシステムとして存在してきたガバメント（政府）に依存した社会運営を、主権者である市民と政府と企業との協働を基礎とするガバナンス（協治）による社会運営に転換させることは容易に達成できることではありません。特に国の一元的支配と行政主導の地域づくりによって二重に官依存を深めてきた地域社会においては、各部門の閉鎖性を解きほぐし協働型の地域社会システムを主体的に創造し支える地域公共人材の育成や地域社会に根ざした政策形成のための、新たなシステムの構築が決定的に遅れていることに私たちは深い危惧を抱いています。

本ブックレット・シリーズは、ガバナンス（協治）を基本とする参加・分権型地域社会の創出に寄与し得る制度を理念ならびに実践の両面から探求し確立するために、地域社会に関心を持つ幅広い読者に向けて、様々な関連情報を発信する場を提供することを目的として刊行するものです。

二〇〇五年三月

龍谷大学　地域人材・公共政策開発システム
オープン・リサーチ・センターセンター長　富野　暉一郎

【編著者・執筆者紹介】

坂本　　勝（さかもと・まさる）
　関西学院大学法学研究科修士課程修了。龍谷大学法学部教授（行政学）。近畿大学教授を経て、1992年より現職。マックスウェル・スクール、ロンドン大学SOAS客員研究員。
　［主な著書、論文、共訳書］
　『公務員制度の研究』（法律文化社、近刊）、「国家公務員制度」『講座行政学2・制度と構造』（有斐閣、1994年）、「Public Administration in Japan」『Handbook of Comparative and Development Public Administration, Second Edition』（Marcel Dekker,2001年）、「Crisis Management in Japan」『Handbook of Crisis and Emergency Management』（Marcel Dekker,2001年）、「イギリス公務員制度の変容」(1)(2)『龍谷法学』(2003年)、共訳書に、『戦後地方行財政資料別巻2・占領軍地方行政資料』（勁草書房、1988年）、W.ハンプトン『地方自治と都市政治』（敬文堂、1996年）、他。

早田　幸政（はやた・ゆきまさ）
　中央大学法学部法律学科卒業、同大学院法学研究科博士（前期）課程修了。地方自治総合研究所常任研究員を経て、1985年、財団法人大学基準協会事務局入局。2001年より、大学評価・研究部部長。2003年より、金沢大学大学教育開発・支援センター教授。2004年より、同センター副センター長。
　大学評価・学位授与機構「試行的評価に関する検証委員会」委員（2005年3月まで）、日弁連法務研究財団「評価委員会」幹事（現在）、短期大学基準協会「調査研究委員会」委員（現在）、大学設置・学校法人審議会（大学設置分科会―年次計画履行状況等調査委員会―）専門委員（現在）。
　［主な著書、編著書、訳書］
　清成忠男監修・早田幸政編『国立大学法人化の衝撃と私大の挑戦』（2005年、エイデル研究所）、大南正瑛・清水一彦・早田幸政編著『〈文献選集〉大学評価』（2002年、エイデル研究所）、早田幸政『大学評価システムと自己点検・評価―法制度的視点から―』（1997年、エイデル研究所）、早田幸政訳『アメリカ北中部地区基準協会　大学・カレッジ評価ハンドブック』（1995年、紀伊國屋書店）

地域ガバナンスシステム・シリーズ　No．2
公共政策教育と認証評価システム　―日米の現状と課題―

２００５年８月３０日　初版　　定価（本体１，１００円＋税）

企　画	龍谷大学地域人材・公共政策開発システム オープン・リサーチ・センター（ＬＯＲＣ） http://lorc.ryukoku.ac.jp
編著者	坂本　勝
発行人	武内　英晴
発行所	公人の友社 〒112-0002　東京都文京区小石川５－２６－８ ＴＥＬ　０３－３８１１－５７０１ ＦＡＸ　０３－３８１１－５７９５ Ｅメール　koujin@alpha.ocn.ne.jp http://www.e-asu.com/koujin/

No.18 地方分権と補助金改革
高寄昇三 1,200円

No.19 分権化時代の広域行政
山梨学院大学行政研究センター 1,200円

No.20 あなたのまちの学級編成と地方分権
田嶋義介 1,200円

No.21 自治体も倒産する
加藤良重 1,000円

No.22 ボランティア活動の進展と自治体の役割
山梨学院大学行政研究センター 1,200円

No.23 新版・2時間で学べる[介護保険]
加藤良重 800円

No.24 男女平等社会の実現と自治体の役割
山梨学院大学行政研究センター 1,200円

No.25 市民がつくる東京の環境・公害条例
市民案をつくる会 1,000円

No.26 東京都の「外形標準課税」はなぜ正当なのか
青木宗明・神田誠司 1,000円

No.27 少子高齢化社会における福祉のあり方
山梨学院大学行政研究センター 1,100円

No.28 財政再建団体
橋本行史 1,000円

No.29 交付税の解体と再編成
高寄昇三 1,000円

No.30 町村議会の活性化
松下圭一 1,200円

No.31 地方分権と法定外税
外川伸一 800円

No.32 東京都銀行税判決と課税自主権
松下圭一 900円

No.33 都市型社会と防衛論争
山本清 1,000円

No.34 中心市街地の活性化に向けて
星野芳昭 1,000円

No.35 自治体企業会計導入の戦略
高寄昇三 1,100円

No.36 行政基本条例の理論と実際
神原勝・佐藤克廣・辻道雅宣 1,200円

No.37 市民文化と自治体文化戦略
松下圭一 800円

No.38 まちづくりの新たな潮流
山梨学院大学行政研究センター 1,200円

No.39 ディスカッション・三重の改革
中村征之・大森彌 1,200円

No.40 政務調査費
宮沢昭夫 800円

朝日カルチャーセンター
地方自治講座ブックレット

No.1 自治体経営と政策評価
山本清 1,000円

No.2 ガバメント・ガバナンスと行政評価システム
星野芳昭 1,000円

政策・法務基礎シリーズ
——東京都市町村職員研修所編

No.1 これだけは知っておきたい自治立法の基礎 600円

No.2 これだけは知っておきたい政策法務の基礎 800円

No.4 政策法務は地方自治の柱づくり
辻山幸宣 1,000円

No.5 政策法務がゆく
北村喜宣 1,000円

No.76 市町村合併をめぐる状況分析
小西砂千夫 800円

No.78 ポスト公共事業社会と自治体政策
五十嵐敬喜 800円

No.80 自治体人事政策の改革
森啓 800円

《平成14年度》

No.82 地域通貨と地域自治
西部忠 900円

No.83 北海道経済の戦略と戦術
宮脇淳 800円

No.84 北海道行政基本条例論
神原勝 1,100円

No.87 北海道おこしを考える視点
矢作弘 700円

No.90 「協働」の思想と体制
森啓 800円

No.91 協働のまちづくり
三鷹市の様々な取組みから
秋元政三 700円

《平成15年度》

No.92 シビル・ミニマム再考
ベンチマークとマニフェスト
松下圭一 900円

No.93 市町村合併の財政論
高木健二 800円

No.95 市町村行政改革の方向性
～ガバナンスとNPMのあいだ
佐藤克廣 800円

No.96 創造都市と日本社会の再生
佐々木雅幸 800円

No.97 地方政治の活性化と地域政策
山口二郎 800円

No.98 多治見市の政策策定と政策実行
西寺雅也 800円

No.99 自治体の政策形成力
村瀬誠 971円

No.104 自治体基本条例の理論と方法
神原勝 1,100円

《平成16年度》

No.100 自治体再構築の市民戦略
松下圭一 900円

「地方自治ジャーナル」ブックレット

No.101 維持可能な社会と自治
～『公害』から『地球環境』へ
宮本憲一 900円

No.102 道州制の論点と北海道
佐藤克廣 1,000円

No.103 自治体職員世直し志士論
村瀬誠 971円

No.104 働き方で地域を変える
～フィンランド福祉国家の取り組み
山田眞知子 800円

No.3 使い捨ての熱帯林
熱帯雨林保護法律家リーグ 971円

No.4 自治体職員世直し志士論
村瀬誠 971円

No.5 行政と企業は文化支援で何ができるか
日本文化行政研究会 1,166円

No.7 パブリックアート入門
竹田直樹 1,166円

No.8 市民的公共と自治
今井照 1,166円

No.9 ボランティアを始める前に
佐野章二 777円

No.10 自治体職員の能力
自治体職員能力研究会 971円

No.11 パブリックアートは幸せか
山岡義典 1,166円

No.12 市民がになう自治体公務
パートタイム公務員論研究会 1,359円

No.13 行政改革を考える
山梨学院大学行政研究センター 1,166円

No.14 上流文化圏からの挑戦
山梨学院大学行政研究センター 1,166円

No.15 市民自治と直接民主制
高寄昇三 951円

No.16 議会と議員立法
上田章・五十嵐敬喜 1,600円

No.17 分権段階の自治体と政策法務
松下圭一他 1,456円

No.31 地域の産業をどう育てるか 金井一頼 600円
No.32 金融改革と地方自治体 宮脇淳 600円
No.33 農業を基軸としたまちづくり 小林康雄 800円
No.34 ローカルデモクラシーの統治能力 山口二郎 400円
No.35 98サマーセミナーから「変革の時」の自治を考える 神原昭子・磯田憲一・大和田建太郎 600円
No.36 地方自治のシステム改革 辻山幸宣 400円
No.39 市民的自治思想の基礎 今井弘道 500円
No.41 少子高齢社会と自治体の福祉法務 加藤良重 400円

《平成11年度》
No.42 改革の主体は現場にあり 山田孝夫 900円
No.43 自治と分権の政治学 鳴海正泰 1,100円
No.44 公共政策と住民参加 宮本憲一 1,100円
No.45 農業を基軸としたまちづくり 小林康雄 800円
No.46 これからの北海道農業とまちづくり 篠田久雄 800円
No.47 自治の中に自治を求めて 佐藤守 1,000円
No.48 介護保険は何を変えるのか 池田省三 1,100円
No.49 介護保険と広域連合 大西幸雄 1,000円
No.50 自治体職員の政策水準 森啓 1,100円
No.51 分権型社会と条例づくり 篠原一 1,000円
No.52 自治体における政策評価の課題 佐藤克廣 1,000円
No.53 小さな町の議員と自治体 見野全 700円
No.55 改正地方自治法とアカウンタビリティ 鈴木庸夫 1,200円

《平成12年度》
No.56 財政運営と公会計制度 宮脇淳 1,100円
No.57 自治体職員の意識改革を如何にして進めるか 林嘉男 1,000円
No.59 環境自治体とISO 畠山武道 700円
No.60 転型期自治体の発想と手法 松下圭一 900円
No.61 分権の可能性 スコットランドと北海道 山口二郎 600円
No.62 機能重視型政策の分析過程と財務情報 宮脇淳 800円
No.63 自治体の広域連携 佐藤克廣 900円
No.64 分権時代における地域経営 見野全 700円
No.65 分権は市民への権限委譲 上原公子 1,000円

《平成13年度》
No.66 自治体学のすすめ 田村明 900円
No.67 市民・行政・議会のパートナーシップを目指して 松山哲男 700円
No.69 新地方自治法と自治体の自立 井川博 900円
No.70 分権型社会の地方財政 神野直彦 1,000円
No.71 自然と共生した町づくり 宮崎県・綾町 700円
No.72 情報共有と自治体改革 ニセコ町からの報告 片山健也 1,000円
No.73 地域民主主義の活性化と自治体改革 山口二郎 600円
No.74 分権は市民への権限委譲 上原公子 1,000円
No.75 今、なぜ合併か 瀬戸亀男 800円

公人の友社のブックレット一覧
（05.8.20現在）

地域ガバナンスシステム・シリーズ
（龍谷大学地域人材・公共政策開発システム オープン・リサーチ・センター企画）

No.1 地域人材を育てる 自治体研修改革
土山希美枝　900円

No.2 公共政策教育と認証評価システム―日米の現状と課題―
坂本勝 編著　1,100円

No.3 暮らしに根ざしたまちづくりへのアプローチ
野呂昭彦／逢坂誠二／関原剛／吉本哲郎／白石克孝／堀尾正靱
【刊行予定】

No.4 ローカル・コンパクト（地域協約）とは何か？（仮）
【刊行予定】

TAJIMI CITY ブックレット

No.5 英国における地域戦略パートナーシップへの挑戦（仮）
【刊行予定】

No.8 持続可能な地域社会のデザイン
植田和弘　1,000円

「地方自治土曜講座」ブックレット

《平成7年度》

No.1 現代自治の条件と課題
神原勝　900円

No.2 自治体の政策研究
森啓　600円

No.4 構造改革時代の手続的公正と第2次分権改革―手続的公正の心理学から
鈴木庸夫　1,000円

No.5 成熟型社会の地方自治像
間島正秀　500円

《平成8年度》

No.2 転型期の自治体計画づくり
松下圭一　1,000円

No.3 これからの行政活動と財政
西尾勝　1,000円

No.5 自治基本条例はなぜ必要か
辻山幸宣　1,000円

No.6 自治のかたち法務のすがた―政策法務の構造と考え方
天野巡一　1,100円

No.7 自治体再構築における行政組織と職員の将来像
今井照　1,100円

No.9 まちづくり・国づくり
五十嵐広三・西尾六七　500円

No.10 自治体デモクラシーと政策形成
山口二郎　500円

No.12 池田サマーセミナーから 内発的発展による地域産業の振興
間島正秀・福士明・田口晃　500円

《平成9年度》

No.14 まちづくりの現場から
斎藤外一・宮嶋望　500円

No.17 市民自治の制度開発
神原勝　500円

No.18 行政の文化化
森啓　600円

No.21 分権時代の自治体経営
北良治・佐藤克廣・大久保尚孝　600円

No.22 地方分権推進委員会勧告とこれからの地方自治
西尾勝　500円

No.25 自治体の施策原価と事業別予算
小口進一　600円

《平成10年度》

No.28 議会改革とまちづくり
森啓　400円

No.30 内発的発展による地域産業の振興
保母武彦　600円

JR新宿駅13, 14番線プラットフォーム。二本の列車が同時に発着することが頻繁に起こり，それぞれの番線に向けたアナウンスや発車合図などが重なりあう状況が生じる。

口絵1　図1.9に示した「音の洪水」の収録地点の様子

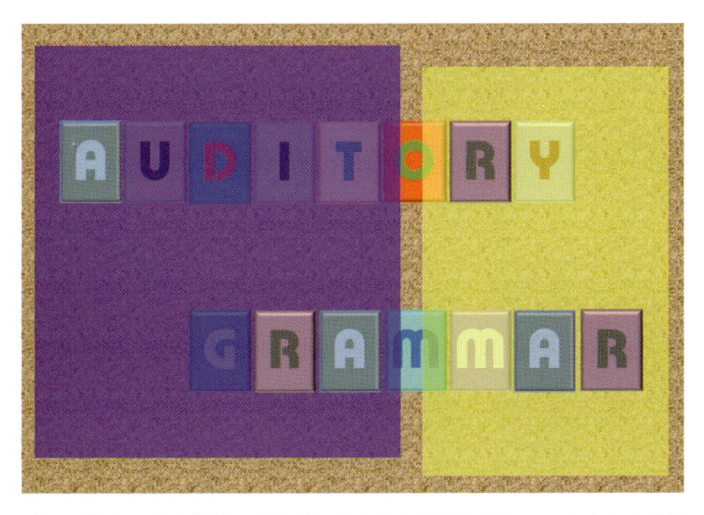

3枚の「A」の文字板は，それぞれそこから網膜に同じスペクトルの光が到達するように作成されている。しかし，半透明な色ガラス板が重なっているように見えるため，色の補正が行われ，文字板の色が異なっているように認識される。3枚の「R」の文字板についても同様である。

口絵2　（図1.12）　透明視による色の錯覚

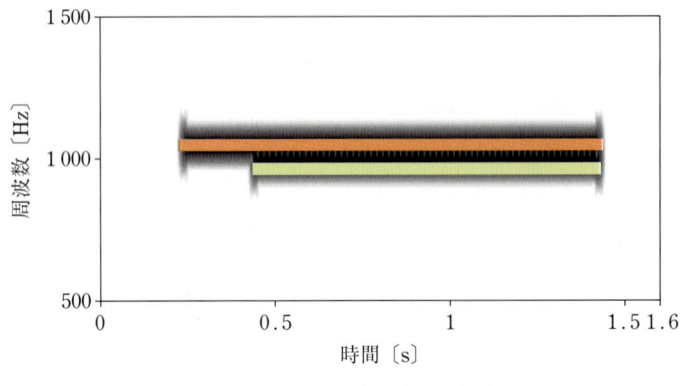

(a) 音刺激に忠実な知覚

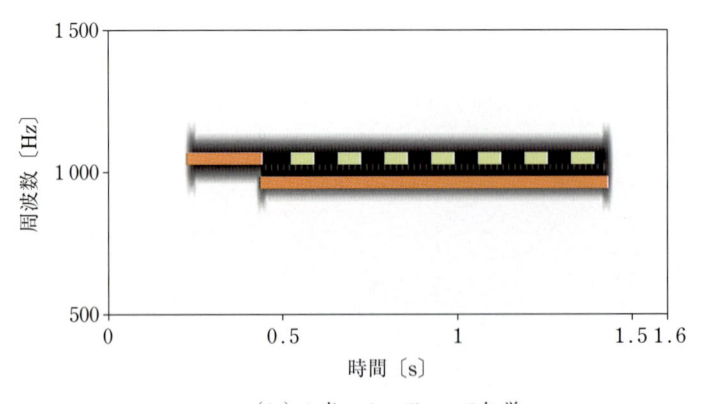

(b) 2音のメロディーの知覚

（a）では，1 047 Hz の C 音に続いて 988 Hz の B 音が聞こえ，半音の音程で二つの音が混じり合って聞こえ続ける。（b）では，「CB—」というメロディーが聞こえ，B 音には音の粗さが知覚される。

口絵3 0.2 s ずれて始まる半音を隔てた二つの純音の知覚内容

日本音響学会 編
The Acoustical Society of Japan

音響サイエンスシリーズ **8**

聴覚の文法

中島祥好　　佐々木隆之
上田和夫　　G. B. レメイン
共著

コロナ社

音響サイエンスシリーズ編集委員会

編集委員長
九州大学
工学博士　岩宮眞一郎

編集委員

明治大学		日本電信電話株式会社
博士(工学)　上野佳奈子		博士(芸術工学)　岡本　学
九州大学		金沢工業大学
博士(芸術工学)　鏑木時彦		博士(工学)　土田義郎
九州大学		東京工業大学
博士(芸術工学)　中島祥好		博士(工学)　中村健太郎
九州大学		金沢工業大学
Ph.D.　森　周司		博士(芸術工学)　山田真司

(五十音順)

(2010年4月現在)

刊行のことば

　われわれは，音からさまざまな情報を読み取っている。言葉の意味を理解し，音楽の美しさを感じることもできる。音は環境の構成要素でもある。自然を感じる音や日常を彩る音もあれば，危険を知らせてくれる音も存在する。ときには，音や音楽を聴いて，情動や感情が想起することも経験する。騒音のように生活を脅かす音もある。人間が築いてきた文化を象徴する音も多数存在する。

　音響学は，音楽再生の技術を生みかつ進化を続け，新しい音楽文化を生み出した。楽器の奏でる繊細な音色や，コンサートホールで聴く豊かな演奏音を支えているのも，音響学である。一方で，技術の発達がもたらした騒音問題に対処するのも，音響学の仕事である。

　さらに，コミュニケーションのツールとして発展してきた電話や携帯電話の通信においても音響学の成果が生かされている。高齢化社会を迎え，聴力が衰えた老人のコミュニケーションの支援をしている補聴器も，音響学の最新の成果である。視覚障害者に，適切な音響情報を提供するさまざまな試みにも，音響学が貢献している。コンピュータやロボットがしゃべったり，言葉を理解したりできるのも，音響学のおかげである。

　聞こえない音ではあるが，医療の分野や計測などに幅広く応用されている超音波を用いた数々の技術も，音響学に支えられている。魚群探査や潜水艦に用いられるソーナなど，水中の音を対象とする音響学もある。

　現在の音響学は，音の物理的な側面だけではなく，生理・心理的側面，文化・社会的側面を包含し，極めて学際的な様相を呈している。音響学が関連する技術分野も多岐にわたる。従来の学問分野に準拠した枠組みでは，十分な理解が困難であろう。音響学は日々進化を続け，変貌をとげている。最先端の部

分では，どうしても親しみやすい解説書が不足がちだ。さらに，基盤的な部分でも，従来の書籍で十分に語り尽くせなかった部分もある。

　音響サイエンスシリーズは，現代の音響学の先端的，学際的，基盤的な学術的話題を，広く伝えるために企画された。今後は，年に数点の出版を継続していく予定である。音響学に関わる，数々の今日的トピックを，次々と取り上げていきたい。

　本シリーズでは，音が織りなす多彩な姿を，音響学を専門とする研究者や技術者以外の方々にもわかりやすく，かつ多角的に解説していく。いずれの巻においても，当該分野を代表する研究者が執筆を担当する。テーマによっては，音響学の立場を中心に据えつつも，音響学を超えた分野のトピックにも切り込んだ解説を織り込む方針である。音響学を専門とする研究者，技術者，大学で音響を専攻する学生にとっても，格好の参考書になるはずである。

　本シリーズを通して，音響学の多様な展開，音響技術の最先端の動向，音響学の身近な部分を知っていただき，音響学の面白さに触れていただければと思う。また，読者の皆様に，音響学のさまざまな分野，多角的な展開，多彩なアイデアを知っていただき，新鮮な感動をお届けできるものと確信している。

　音響学の面白さをプロモーションするために，音響学関係の書物として，最高のシリーズとして展開し，皆様に愛される，音響サイエンスシリーズでありたい。

2010 年 3 月

音響サイエンスシリーズ編集委員会
編集委員長　岩宮眞一郎

まえがき

　人がしゃべっている様子を録音して，文章に書き起こそうとすると，文法的におかしいのではないかと思われるところがたくさん見つかり，「よく，これでコミュニケーションが成り立っているものだ」と驚くことがある。ところが，ふだんの生活においては，とくにそのことによる不都合を感じていない。文法的におかしいところがあっても，それを文法の枠組みに当てはめて聴き取るためにこのようなことが可能になるのであろう。ただし，ここでいう文法は，必ずしも中学や高校で教えられる「正しい」文法である必要はなく，自分の属する社会集団における「暗黙の了解事項」とでもいうべきものである。

　ヒトはしゃべる動物であり，しゃべるという行いは，聴覚に支えられている。世界には数千を超える言語があるとされ，知られている言語のすべてが決して単純ではない文法を有している。そして，通常の環境に育つ乳幼児は，どのような言語環境に置かれていても，言葉を聞き，話すようになる。このことのために，特別な教育方法や，教育機関は必要ではない。あまねく人類が有する文法というものは，聴覚系の働きに多くを負っているであろう。そうであるならば，聴覚系の働きそのものに文法の「核」といえるものが潜んでいるのではないか。これがわれわれの仮説であり，これを「聴覚の文法」理論と名付ける。

　言語音声の知覚について考える場合に，言語音声は他の音とは違う，特別なものであり，その知覚においても特別な仕組みが使われる，との有力な考え方がある。われわれはそのような考え方はとらず，聴覚はコミュニケーションの基盤として進化した面を色濃く有しており，ヒトが言語音以外の音を聴く場合にも，言語音声を聴くときと同じような文法による制約が生じていると考える。ただし，この二つの立場は相容れないものではない。言語以外の音と言語

音声との知覚について考えるときに，その二つの相違点に注目する研究姿勢と，共通点に注目する研究姿勢とがあり，その両方を組み合わせることにより，初めて聴覚や言語音声に関して包括的な理解が得られるものと考える。

本書で紹介する理論は，かなりの部分がわれわれ自身の研究成果によるものであり，見方が一方的なものになりがちなことを恐れるが，少なくとも国際雑誌や国際学会において一定の評価を得たことがらを中心にして議論を進めることによって，そのような危険を極力避けたつもりである。とはいっても，聴覚の文法理論は，「理論」と名付けるには，あまりにも原始的であることを認めざるを得ない。それではなぜ，本書のようなものを執筆するのかと問われるであろうが，それに対する答ははっきりしており，本書を現時点における聴覚研究のある特定の観点からのまとめであると考え，そこから新たな研究を始めていただくことによって，これまでにはなかった多くの知見が得られると信じるからである。このような点において，本書の特徴は明確であると自負している。一方で，考えの至らないところも多々あると思われるので，読者諸賢の率直なご助言，ご意見をいただければ幸いである。

本書には多くの音の例や聴覚デモンストレーションが紹介されているが，これらのすべては，自分たちが合成し，あるいは録音したものであり，著者全員で何度も試聴を重ね，あるいは他の研究者に試聴をお願いし，確かに論旨に沿ったものであることを確認している。作成したすべての音源は，付録CD-ROMに収録されている（本文中または図説中に◉で示す）。

本書は4人の共著になるものであるが，一人ひとりの著者の執筆範囲がとくに分かれているわけではなく，始めから終わりまでを全員で執筆しており，文体も統一している。日頃からの協力関係がこのような形で実を結ぶことは大いに喜びとするところである。このようなことは，多くの方々のご協力がなくてはありえなかったことであり，とくにコロナ社の皆様には，いかにも「文学部」のペースで仕事を進めるわれわれの仕事ぶりに忍耐強くお付き合いいただき，感謝の念に堪えない。また，日本音響学会音響サイエンスシリーズ編集委員会の方々にはお世話になり，とりわけ，本書の枠組みを決めるにあたって

は，岩宮眞一郎委員長（出版企画当時）にさまざまなご助言をいただいた．全体の仕上げに際しては，平原達也委員長（現在）をはじめとする委員の方々から励ましとご助言をいただいた．また，本書に引用させていただいたわれわれの研究の共同研究者諸氏には，学問の面白さを共に体験させていただくなど，本書を執筆するうえでのエネルギーをいただいたと考えている．とりわけ，長年の共同研究者であるライデン大学の Gert ten Hoopen 先生には，折に触れて討論の相手になっていただき，また激励していただいた．

さらに，本書の草稿を全体にわたって点検し，詳細なご助言をくださった北陸先端科学技術大学院大学の宮内良太先生，九州大学大学院芸術工学研究院応用知覚科学研究センターの黒田沙恵事務補佐員に多大なる謝意を表したい．また九州大学大学院芸術工学研究院デザイン人間科学部門/応用知覚科学研究センターの伊藤裕之先生からは，視覚に関する内容について貴重なご意見をいただき，ありがたく思っている．

本書の執筆はそれ自体が大きな事業でありながら，その内容が実社会とは長らく無縁であったため，2002～2013 年度にかけて日本学術振興会の科学研究費補助金をいただくことがなければ，実現しえなかったと考える（課題番号：14101001，19103003，20330152，20653054，23653227，25242002）．大型研究費の中間評価，事後評価において，「研究計画の全体を通して結局何ができたのか？」という趣旨の辛口のコメントをいただくこともあったが，本書をもって遅ればせながら貴重なお金を使わせていただいたことに対する説明とさせていただきたい．

われわれの研究を長年にわたって見守ってくださった寺西立年先生が，本書の草稿が完成する頃に他界されたことは返すがえすも残念である．本書において先生の日頃のお考えを適宜，紹介することにより，われわれなりの追善とさせていただく．

季節はずれの残暑の福岡にて，2013 年 10 月

中島祥好　佐々木隆之　上田和夫　G. B. レメイン

目次

第1章 音の世界を組み立てる：聴覚体制化

- 1.1 聴覚と視覚 …………………………………………………… 1
- 1.2 知覚系による世界の構築 …………………………………… 4
- 1.3 聴覚情景分析 ………………………………………………… 6
  - 1.3.1 音事象と音脈 …………………………………………… 6
  - 1.3.2 聴覚情景分析とは何か ………………………………… 11
  - 1.3.3 同時的体制化と継時的体制化 ………………………… 15
  - 1.3.4 音の透明性 ……………………………………………… 18
- 1.4 聴覚とゲシタルト原理 ……………………………………… 23
  - 1.4.1 歴史的概観 ……………………………………………… 23
  - 1.4.2 ゲシタルト原理と心理物理同型説 …………………… 28
  - 1.4.3 聴覚におけるゲシタルト原理 ………………………… 32
- 1.5 聴覚コミュニケーション …………………………………… 47
  - 1.5.1 音声コミュニケーションの基本的枠組み …………… 48
  - 1.5.2 言語の線条性と二重性 ………………………………… 50
  - 1.5.3 音素知覚 ………………………………………………… 52
  - 1.5.4 音楽とコミュニケーション …………………………… 53

第2章 音の世界を作り出す：錯聴

- 2.1 錯覚研究の意義 ……………………………………………… 60
- 2.2 錯聴研究の歴史 ……………………………………………… 62
- 2.3 知覚の多義性と音脈 ………………………………………… 64
- 2.4 時間誘導 ……………………………………………………… 69
  - 2.4.1 連続聴効果 ……………………………………………… 70
  - 2.4.2 音素復元 ………………………………………………… 71
  - 2.4.3 楽音復元 ………………………………………………… 73
- 2.5 時間に関する錯聴 …………………………………………… 75
  - 2.5.1 充実時間錯覚 …………………………………………… 75

2.5.2　時間縮小錯覚 ………………………………………… 77
　　　2.5.3　時間伸長錯覚 ………………………………………… 78
2.6　音脈と聴覚の時間分解能，記憶モデルとの関係 …………… 80
2.7　空隙転移錯覚 ……………………………………………………… 83
　　　2.7.1　交差する周波数変化音の聞こえ ……………………… 83
　　　2.7.2　空隙転移錯覚と空隙の単一帰属化 …………………… 87
2.8　分離音現象 ………………………………………………………… 92
　　　2.8.1　空隙転移錯覚から論理的に予測される錯覚現象 …… 92
　　　2.8.2　分離音現象によって生じる音節 ……………………… 93
2.9　音の世界を組み立て，作り出すことの必然性 ……………… 94

第3章　音の世界を組み立て，作り出す仕組み：聴覚の文法

3.1　音脈，音事象，音要素 …………………………………………… 96
3.2　簡 単 な 文 法 ……………………………………………………… 99
3.3　聴覚の文法の適用例 ……………………………………………… 101
　　　3.3.1　日 常 の 音 ………………………………………… 102
　　　3.3.2　空隙転移錯覚 ……………………………………… 103
　　　3.3.3　分 離 音 現 象 ……………………………………… 108
　　　3.3.4　時間伸長錯覚と終端音現象 ……………………… 109
　　　3.3.5　重なり合う二つの純音 …………………………… 112
　　　3.3.6　メロディーにおける音の重なり ………………… 113
　　　3.3.7　空隙のメロディー ………………………………… 116
　　　3.3.8　連 続 聴 効 果 …………………………………… 117
3.4　聴覚の文法と心理物理同型説 …………………………………… 119

第4章　聴覚の文法の展開

4.1　聴覚の文法の意義 ………………………………………………… 122
4.2　音声と聴覚の文法 ………………………………………………… 123
4.3　音楽と聴覚の文法 ………………………………………………… 129
4.4　脳科学と聴覚の文法 ……………………………………………… 134
4.5　結びに代えて：聴覚の文法から知覚心理学の再構築へ …… 139

文　　　　献 ……………………………………………………………… 143

索　　　　引 ……………………………………………………………… 157

付録 CD-ROM について

1. はじめに

付録 CD-ROM には「聴覚の文法」で紹介されたデモンストレーションのファイルが収められています。本書の図と見比べながら，デモンストレーションを聴いていただくことにより，本書の内容に対する理解を深めていただけます。

Mac OS X もしくは Microsoft Windows で動作するコンピューターに搭載されたブラウザー・ソフトウエアを使用して，画面上で本書の図の番号および簡単な説明を見ながら，聴きたいデモンストレーションを選んで聴くことができます。

2. 使い方

CD-ROM をコンピューターにセットします。ファイルが自動的に開かない場合は，AG_demo_cdrom という CD-ROM のアイコンをダブルクリックして開きます。Site Folder の中の，home(.html) というファイルをダブルクリックすると，ブラウザーが開き，使い方の説明を含むページを見ることができます。ブラウザーが開かないときは，適当なブラウザーを立ち上げてから，CD-ROM の home(.html) を読み込むようにしてください。

3. 再生時の音量に関する注意

音量を上げすぎると耳や再生装置に悪影響を与える恐れがあります。最初は音量を控えめに設定し，試し聞きをしながら徐々に適切な音量に調節してください。

4. 再生装置に関する注意

音の再生には十分に優れた特性を持つ再生装置をお使いください。とくにノートパソコンの内蔵スピーカーや，ディスプレイ内蔵のスピーカーでは，再生可能な周波数範囲が不足していることが多く（低い周波数の音が十分に再生されない場合がある），デモンストレーションの一部が聴き取れない場合があります。図 1.13 および図 1.19 のデモンストレーション再生には，ステレオ用のヘッドフォンまたはイヤフォンをお使いになることをお勧めいたします。

5. 著作権に関する注意

本 CD-ROM に収録された内容すべての著作権は日本音響学会および著者に帰属し，著作権法によって保護され，その利用は個人の範囲に限られます。ネットワークへアップロードすることや他人への譲渡，販売，コピー，改変などを行うことは一切禁じます。

6. 収録内容を使用した結果に関する責任

本 CD-ROM に収録された内容を使用した結果に対して，コロナ社および制作者は一切の責任を負いません。

知覚的体制化と聴覚コミュニケーションは，猫にとって重要である。老猫はアリストテレス（1968）の一節を意識しているにちがいない〔背景のブロックは Roberts (1963) による。イラスト作製：黄川田有華〕。

第1章
音の世界を組み立てる：聴覚体制化

1.1 聴 覚 と 視 覚

　聴覚（audition）の重要性については，その**進化**（evolution）の歴史をみれば誰しも納得がいくのではなかろうか（倉谷, 1997; 岩堀, 2011）。水中に棲む魚類の段階では，平衡感覚，振動感覚および聴覚が互いに分かちがたい関係にあったのに対して，両生類が現れるやいなや空気を伝わる疎密波である音を聴くための専用の仕組みである聴覚器官が生じたということが，化石の調査からわかる。この時点で，ヒトの聴覚に直接つながる感覚が生じたといってよい。進化の歴史においては捕食，摂食の際に顎を支えていた骨が，両生類においては音を聴くことに素早く転用されており，よりよく音を聴くことに大きな利点のあったことが想像される。聴覚により，**視覚**（vision）ではとらえることのできない方向や場所から情報を得ることができるということは，かなり重要であったに違いない。哺乳類が現れたときには，嗅覚器官と並んで聴覚器官が格段に精巧なものとなり，音を集めるための耳介が生じ，大形の爬虫類を避ける夜行性の生活において変化や危険を察知するための能力が向上したものと推測されている。ヒトが登場してから後の時期には，話し言葉の複雑なパターンを一瞬で聴き取るような能力が生じたはずである。ヒトの聴覚は，まず何よりも言葉を解するための感覚であり，ヒトと他の動物との違いを決定付けるものである。

　寺西（1984）は，視覚の世界と聴覚の世界の違いが，それぞれの世界におけ

る**情報源**（source of information）と**刺激**（stimulus）の**エネルギー源**（source of energy）の位置関係の違いによると指摘した（**図1.1**）。寺西は，刺激のエネルギー源を，その発生源である1次光源あるいは1次音源と，それらが別の物体に当たって反射されることによって生じる2次光源あるいは2次音源の2段階に区別し，情報源がどちらの段階のエネルギー源に影響を及ぼし，情報を伝えるのかを考えた。図中の点線で囲まれた部分，すなわち情報源とエネルギー源とが結び付いたものは，感覚受容器からは離れており，心理学で**遠刺激**（distal stimulus）と呼ばれるものに相当する。図中の（刺激）と添え書きされた矢印は感覚受容器に直接作用を及ぼすエネルギーであり，心理学でいうところの**近刺激**（proximal stimulus）に近いものである。感覚受容器に到達する近刺激に含まれる情報から，遠刺激の様子を再構成することが知覚系の役割である。

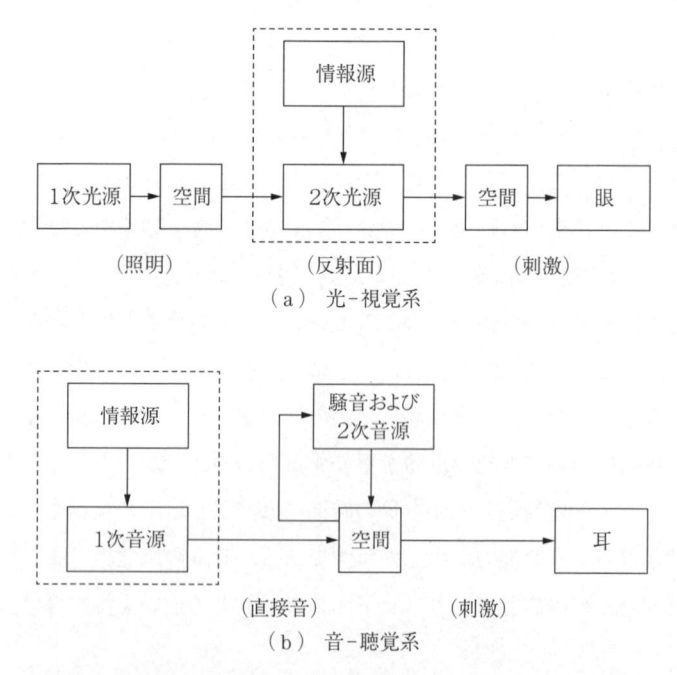

(a) 光-視覚系

(b) 音-聴覚系

図1.1 視覚系と聴覚系における情報源と刺激のエネルギー源との位置関係の違いを示す寺西（1984）の図式

視覚刺激におけるエネルギー源は、ほとんどの場合、視覚の対象そのものではなく、別のところにある光源であり、物体は光源からの光を反射し、あるいは吸収することによって、その物体に関する情報をヒトに伝えることになる〔図（a）〕。しかし、聴覚の場合には、物体や空気が音源となって、それ自体に関する情報を送り出すことが多い〔図（b）左端の情報源と1次音源〕。近づいてくる車のエンジン音や、話している人の音声がこれにあたる。さらに、1次音源から到達した音を反射（および吸収）することによって、反射した物体に関する情報が伝えられることもある。例えば、音の反射する様子から部屋の広さなど周囲の状況を認識する場合がこれにあたる（Rosenblum, 2010）。ヒト以外の種では、コウモリのような夜行性の動物が、自分が出す声の反射を手がかりに獲物をとらえたり障害物をよけたりする場合がある（力丸, 1994; 岩堀, 2011; Schnupp et al., 2011）。この場合、空間と空間内の物体、すなわち図（b）の2次音源と空間を、第二の情報源と考えることができる。

　このように、視覚的な情報は、光さえ当たれば静止しているものからも得られるのに対して、聴覚的な情報は、まず、何かが動いて音を出さなければ得られない。聴覚は基本的に何物かの動きをとらえる感覚である。日常生活では、まず音を聴くことによって何かの動きや変化に気付き、それから目で見ることによってどのような状況であるかを確かめるということが、よくある（Driver and Spence, 1998）。

　寺西（1984）はさらに、「一般に視覚情報は2次光源の位置で空間的な配列という形をとって与えられ、時間に無関係に存在する**対象**（object）という形をとる。それに対して聴覚情報は、1次音源の位置で音源操作の時間順序という形によって与えられ、**事象**（event）の性格をもつ。したがって、**視覚世界**（visual world）は空間的となり、**聴覚世界**（auditory world）は時間的なものとなる。」と述べている（引用部分における太字と英語表記は、本書の著者による）。「聴覚系は事象をとらえる仕組みである。」ということに関しては、現今においては、主として音声知覚の面から同趣旨のことが述べられている（Rosenblum, 2004）。

なお，ここで述べられている視覚世界と聴覚世界との違いは，視覚と聴覚との両方から十分に周囲の状況に関する情報が得られるときに，それぞれの感覚についてまとめ上げた世界を想定してのものである．1.3.1項や1.4.3項に述べるように，ある感覚から得られる情報が乏しくなった場合には，触覚なども含む別の感覚を用いて，欠落した情報を補おうとするのが脳の注目すべき特徴であり，周囲の状況が明らかにさえなれば，それがどの感覚から得られた情報を用いて構築された世界なのかということは，あまり区別しなくてもよいようである（Rosenblum, 2010）．

1.2 知覚系による世界の構築

視覚世界において，物体の色の明るさは網膜に到達した光の強さで単純に決まるのではなく，その物体を取り囲むものによって変化する（乾, 1993）．すなわち，明るいものに囲まれた灰色の物体は黒っぽく見え，暗いものに囲まれた同じ物体は白っぽく見える．このような知覚現象を**対比**（contrast）と呼ぶ（Laming, 1997）．この場合，物理的に囲まれていることよりも，囲まれていると知覚されることが重要である．網膜には同じ光が到達する場合であっても，知覚される物体の明るさが大幅に変わる例がGilchrist（1977）によって報告されている（**図1.2**）．

聴覚世界においては，多くの場合，1次音源から直接到達する音と，2次音源から多少の時間遅れを伴って到達する音とが重なり合った状態で耳に届く．重なり合った音のなかから，1次音源に関する情報と，1次音源と2次音源とを合わせたときに得られる周囲の状況に関する情報とを聴覚は拾い出すことになる．重なり合った音から，どのようにしてまとまりのある聴覚世界を構築するのかということが，1.3節で取り上げる主題である．

聴覚は動きあるいは事象をとらえる感覚であり，言葉や音楽などの聴覚コミュニケーションにおいても，動き，および**動きの時間パターン**（temporal pattern of motion）をとらえることは重要である．時間パターンをとらえるに

1.2 知覚系による世界の構築　5

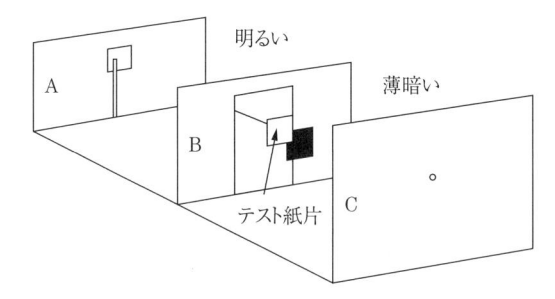

白い紙がAの平面に，別の白い紙，すなわちテスト紙片と黒い紙とがBの平面に配置される。実験参加者からは見えない位置に照明が取り付けられ，奥の部屋は明るく，手前の部屋は薄暗くなっている。実験参加者はCのスクリーンに開けられた小さな穴から観察し，テスト紙片の明るさを判断する。

(a) 刺激配置と実験室の見取り図

いずれにもAの平面に貼られたのと同じ白紙を用いている。

(b) 形の異なる2種類のテスト紙片

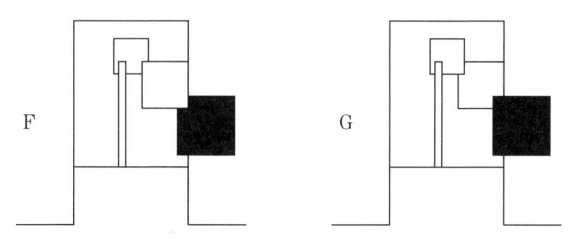

Fのようにテスト紙片Dを用いた条件では，実際の配置と同じく，テスト紙片がBの平面にあるように見え，白色に見える。Gのようにテスト紙片Eを用いた条件では，一種の錯覚により，テスト紙片がAの平面にあるように見え，灰色に見える。

(c) 知覚される奥行きの違いによる明るさの変化

図1.2 物体周辺の知覚のされ方によって，その物体の明るさは変化する〔Gilchrist（1977）および乾（1993）に基づく〕

は，もともとは切れ目のない**時間**（time）を区切り，区切られたものを並べる必要がある。本書は，このような知覚過程について考察するための基本的な枠組みを提供しようとするものである。

1.3 聴覚情景分析

われわれが日常生活において，**音**（sound）と呼んでいるものは，実際には何を指しているのだろうか。われわれは，波の音，風の音，舟のエンジン音，人の足音，人の話し声，自転車のベルなどの音を別々の音として聴き分けることができるし，船のエンジン音が遠ざかり，人の話し声が近づいてくるというような，音と音との関係を把握することができる。このような聴覚世界のなかで，われわれが「これは何々の音だ」と名指すとき，その「何々の音」とは，物理的な個々の周波数成分を意味していない場合が大半である。むしろ，さまざまな周波数成分が重なり合い，入り交じった物理的な音の世界から，同じ音源または音源群から発せられたと解釈できる成分どうしを結び付け，まとめたもの，すなわち，**音脈**（auditory stream）を意味していることが多い。つまり，音脈の形成は，聴覚世界の成立にとって不可欠である。そこで，このような「音脈」と「聴覚世界」とがどのような仕組みで形成されるのかを考えてみよう。

1.3.1 音事象と音脈

ヒトの聴覚系は，耳に入ってきた音の情報を，相当手の込んだやり方で処理している。そして，われわれの体験する音は，割合にはっきりといくつかの単位，まとまりに分かれて，秩序付けられていることが多い。その単位，まとまりがどのようなものであるのかが，聴覚心理学の世界では重視されている。柱時計の時報や，猫の鳴き声などのように1回，2回と数えられるような音の，1回分を**音事象**（auditory event）と呼ぶ。また，ある1匹の動物や，一つの機械から発せられているような，あるいはそのように聞こえる，ひとつながりの

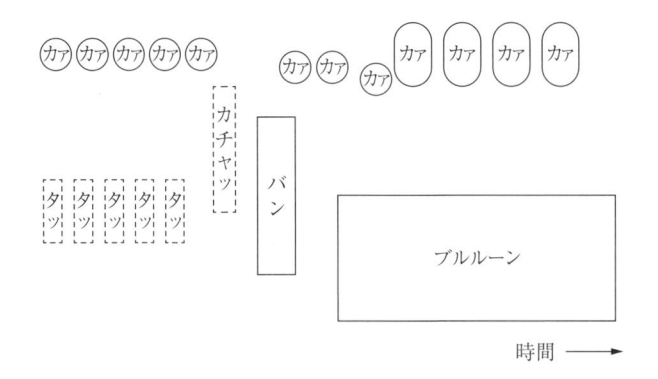

足音，ドアの開閉音，自動車のエンジン音，カラスの鳴き声の
一つひとつが音事象であり，同じ音源から生じたものどうしが
まとまって，四つの音脈を形作る．

図1.3 音事象と音脈の概念図

音を**音脈**と呼ぶ（**図1.3**）．

　日常の体験に照らして，音事象，音脈のような単位を考えることは妥当であるように思われる（Handel, 1989）．この点について知覚実験による実証的な分析を行うことは必ずしも容易ではなく，現場の研究者にとっては腕の見せどころである．Handelは，われわれが明確な始まりと終わりとをもつ音事象で世界が成り立っていると感じるのは，われわれの知覚の働きによるものであるとし，音事象や音脈の知覚の背景にある原理は，感覚の**様相**（modality, 五感のこと）によらず共通であるに違いないと考えた．このような考えを裏付ける有力な証拠として，先天聾者の聴覚皮質が，**手話**（sign language）に応答していることを脳科学的なデータとしてとらえた成果（Nishimura et al., 1999）をはじめとする，脳の**可塑性**（plasticity）に関する一連の研究があげられる〔1.4.3項(6)に後述〕．感覚様相が異なっても，事象の始まりと終わりを決める原理や，事象を体制化する原理が共通していれば，ある失われた様相を本来は担当するはずの脳の領域が別の様相を処理するために使われることも可能であるはずである．手話の例でいえば，音声のなかに音事象と音脈を知覚する原理は，手話のなかに事象と事象から構成される流れを知覚する原理でもある

と考えることができる．本書の題名である「聴覚の文法」は「**音脈形成の文法**」（grammar of auditory stream formation）と言い換えることができ，またさらに，聴覚以外の感覚様相にも共通する「文法」であろう．

聴覚によってとらえられる音のパターンについて考えるとき，**時間**（time）と**周波数**（frequency）の二つの次元が重要である．また，物理量と心理量の区別をする必要がある．音は，物理的には気圧の変化であり，大気圧を0として，音による気圧の時間的な変化（音圧の時間的な変化）を示したものが**時間波形**（waveform）である．時間波形の振幅が大きくなれば，一般に対応する心理量としての**音の大きさ**（loudness）も大きくなる（Plack, 2005）．そして，時間波形のある区間に，どのような周波数の成分が，どれだけの強さで含まれているのかを分解して示したものを，**スペクトル**（spectrum）と呼ぶ．スペクトルの形が変われば，一般に心理量としては**音色**（timbre）が変化する（Lichte, 1941; Berger, 1964; von Bismarck, 1974a,b; Risset and Wessel, 1982）．音色には音の立ち上がりの全体的な形状（Miller and Carterette, 1975; Ueda and Akagi, 1990），周波数成分間の立ち上がり形状の違いや時間的なずれなども影響する（Saldanha and Corso, 1964; Beauchamp, 1966; Strong and Clark, 1967; Gery and Moorer, 1977; Charbonneau, 1979）．聴覚や音声の研究では，スペクトルが時間とともにどのように変化するのかが重要となる．そのために，時間を横軸に，周波数を縦軸にとり，強さを濃淡表示した**スペクトログラム**（spectrogram）がよく用いられる．図1.3の概念図に相当する実例の時間波形とスペクトログラムとを図1.4（🔊）に，また，音脈とスペクトログラムとの大まかな対応を図1.5に示す．

時間の次元は，われわれのすべての経験を結び付け，一人の人間として生きることを可能にする大切なものである．時間の経過や，時間上のパターンであるリズムを，最も鮮明にとらえる感覚は聴覚である．もう一方の次元である周波数の次元は，物理的なものであり，知覚経験に直接対応付けられるものではない．われわれは，時間波形に比較的明確な繰返しのパターン，すなわち**周期**

1.3 聴覚情景分析

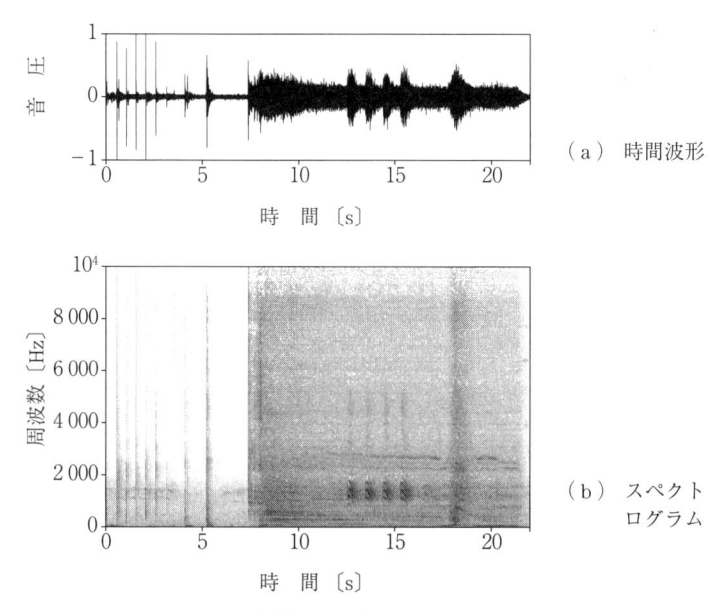

(a) 時間波形

(b) スペクトログラム

足音，ドアの開閉音，自動車のエンジン音，カラスの鳴き声が含まれている。

図 1.4 音事象と音脈の実例

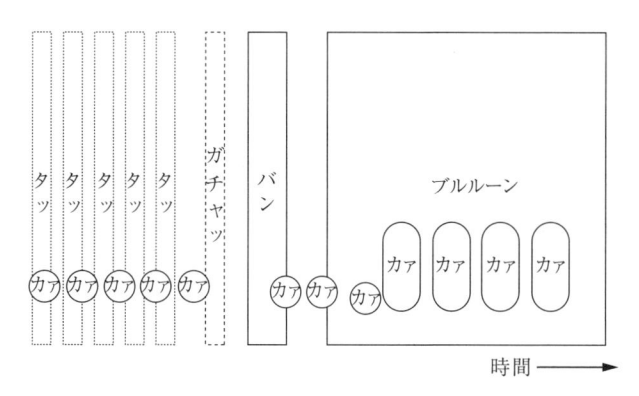

図 1.5 図 1.3 の音脈と図 1.4 のスペクトログラムとの大まかな対応

性（periodicity）のある音に対して（心理量として）**音の高さ**（pitch）を感じたり（de Cheveigné, 2005; Plack, 2005），いくつかの周波数の近辺に音エネルギーが集中しているような音を**母音**（vowel）として聴き取ったり（Raphael et al., 2011）するだけである。周波数のことについて教えてもらわなければ，一生知らずに済ませてしまえる人もいるであろうが，周波数は聴覚体験において重要な役割を果たしている。

　左右，上下，前後の**空間**（space）の次元も聴覚にとって重要な場合がある。スピーカーが一つしかないラジオでも，音楽を楽しむことはできるが，同じ音楽でも，ステレオで聴いたほうがずっと臨場感がある。ステレオ技術によって，何がどこで鳴っているかがよくわかり，音脈や音事象の形成が助けられることがその理由の一つにあげられる。危険や変化の察知に関しては，聴こえた音の方向がすぐにわからなければ生命にかかわることさえある。視覚などと協力して，環境を全体として把握するためにも，音の聴こえてくる方向を，たとえそれがそのときの視野から外れた方向からのものであろうと，聴覚だけで大まかに知ることができるのは重要である。映画のように，大きな撮影セットの一部だけを見せることによって，あたかも小さな部屋のなかで行われた場面をとらえたかのように演出する場合，音の反射する様子も小さな部屋で生じる反射と同じような状態にして録音を行わなければ，その場面を本当らしく見せることはできないといわれている（Rosenblum, 2010）。ヒトは見かけだけではなく，音が空間内で反射する様子（残響の付き方）によっても，その場の状況を把握しているのである。

　知覚のうえで音がはっきりとしたまとまりになり，さらに，まとまりとまとまりとの関係付けがなされることを，**聴覚体制化**（auditory organization）と呼ぶ（Bregman, 1990）。体制化に際しては，近いものどうしがまとまりを形成する**近接の原理**（principle of proximity）や，同時に同じような変化，動きを示すものどうしがまとまりを形成する**共通運命の原理**（principle of common fate）などが働く。これらはいずれも，1.4節に述べる**ゲシタルト原理**（gestalt principles）の例である。

ゲシタルト原理のうち，聴覚に特有のものとして，**倍音関係**（harmonic relationship，周波数が整数倍の関係にあること．調波関係ともいう）に並んだ周波数成分が，ひとまとまりに知覚されやすいという**調波性の原理**（principle of harmonicity）がある．また，聴覚においてとくに重要な原理として，時間的に規則正しく発生する事象が，ひとつながりにまとまって知覚されやすいという，**時間的規則性の原理**（principle of temporal regularity）がある．

1.3.2 聴覚情景分析とは何か

聴覚情景分析（auditory scene analysis）とは，Bregman（1990）が用い始めた用語で，われわれの聴覚系に入力された複雑な信号から，環境中の音の全体的なあり方，すなわち，「聴覚世界」をヒトの脳が構成する過程を表す．言い換えれば，左右の耳に与えられた，限られた音響信号の手がかりから，「どこで，どんな音が，どんな風に，また他の音とはどのように関係しながら鳴っているのか」を脳・神経系が割り出す過程を指すということもできる．われわれは通常，自分たちの聴覚世界を成立させるためにとくに意識を集中させ，努力を払って，やっとのことで成立させる，ということはしない．そのため，聴覚世界をわれわれの脳・神経系が能動的に構成しているという実感をもつことはあまりないであろう．しかし，実は，聴覚情報をもとに，整然とした聴覚世界を成立させるという課題は非常に困難なものであり，聴覚系は，この困難な課題を通常，黙々と，破綻なくこなしているものなのだ，ということをBregmanは強調している．

　Bregmanは，聴覚に課せられた課題がいかに困難なものであるのかということを，次のようなたとえを用いて説明している．ここに，大きな湖があるとしよう．その湖の岸辺にわれわれは立っている．岸辺に細い2本の水路を掘り，そこに湖の水を導き入れる．水路に入ってくる水の動きは，湖水全体で起こったことを反映している．この水路の水の動きを，水路に横渡しにしたハンカチの動きによって観察し，その観察結果のみから湖面で何が起こっているのかを推測する．これはとてつもなく難しい課題であることがわかるだろう．し

かし，水を空気，湖面の波を音によって生じた空気の振動，水路を外耳道，ハンカチを鼓膜だと考えれば，これはわれわれが聴覚を通じて外界の様子を知ろうとしているときの状態に似ている。

このような状態をわれわれの聴覚が外界に対して働くさまであるとするならば，このBregmanのたとえには，いくつかの前提条件が含まれている。まず，岸辺に掘られた水路は，湖面に対して自由に移動することはできず，固定されたままであるから，われわれの聴覚に戻して考えれば，われわれ自身はまったく移動せず，頭を動かすこともせず，ただ耳から入ってくる情報を受動的に受け取るだけの状態になる。また，視覚，触覚，運動感覚など，聴覚以外の感覚からの入力は，考慮されていない。日常生活においては，体全体の動きも，頭部の方向を変えるだけの動きも，いっさい禁じられた状態で，目を閉じ，聴覚だけで外界の様子を知ろうとすることはそれほどないであろう。しかしその一方で，仮にそのような厳しい制約のもとでも，大きな不自由はあるにせよ，知覚される外界がある程度はっきりとした形をとることも事実である。Plack (2005) も指摘しているように，聴覚系末梢は単に入力信号の神経符号化を行うだけではなく，同時に周波数分析も行っているため，その後の処理が格段にやりやすくなっているはずである。

さらに，日頃，われわれは聴覚を通じて多くの情報を得ているにもかかわらず，そのことをそれほど意識していないということもありうる。例えば，機会があれば次のようなことを試してみていただきたい。雨の降る夕暮れ時に，晴れていれば見晴らしのきく，小高いところにある建物の軒先から，町を眺めおろしてみるとしよう。街灯や道路を走る自動車のヘッドライトの明かりなどで，ぼんやりと町の姿が見え，雨が地面や建物に当たる音などが聞こえるはずである。このとき，われわれは，何種類の雨音がどの方向から，あるいはどのあたりから聞こえてくるかということは，それほど意識しない。しかし，目を閉じたとたんに，異なる種類の雨音が，さまざまな方向，距離からそれぞれの時間パターンを伴って聞こえてくること，雨に濡れた路面を自動車が走行するときにタイヤが水をかき分け，はね飛ばすことによって生じる独特の「シャー」

という走行音が，明確な方向感を伴って移動していくことなど，それまで意識に上らなかったことが急に鮮明に意識に現れるようになる。視覚情報を遮断することにより，意識に上る聴覚の世界がそれまでよりも変化に富んだ鮮やかなものになる。

また，「聴覚だけを使って外界の様子を知る」ということのなかには，聴覚刺激の解釈にこれまでに獲得した知識（長期記憶といってもよい）を利用することも，当然含まれている。そして，そのような知識は，胎児期も含めて，長い時間をかけて聴覚のみならず，視覚，触覚，嗅覚，運動感覚など，他の感覚をも総動員して学習され，形作られてきたものである。とくに，**音声言語**（spoken language）に関しては，学習を抜きにして他者との意思疎通を行うことはありえない。

Bregmanは，しかし，この音声言語の学習過程を開始する段階から聴覚情景分析が必要であると主張する。なぜなら，われわれが通常，音声言語の学習を開始するのは，さまざまな生活音と家族（なかでも育児の中心となる母親の話す音声の占める割合が高い）の話し声とが混じり合った，日常の生活環境のなかであり，そのような状況で，一人のヒトが話す音声の成分を正確に体制化し，他の環境音や他の音声との**分凝**（segregation）を確実に行うことができなければ，音声の学習過程を開始することが不可能となるからである。したがって，われわれが音声言語を学習できるという事実から，**音脈分凝**（auditory stream segregation）の仕組みは，われわれの聴覚系に最初から備わっていなければおかしい，とBregmanは主張する。このような仕組みによる分凝を，Bregmanは**一次的分凝**（primary segregation）と呼んだ。そして，さらに特定の音声言語を学習することによって獲得される分凝，およびそれと類似した分凝を**図式に基づく分凝**（schematic segregation）と呼んだ。後者は具体的には，連続的に発話された音声から，単語，音節などの水準で，特定の言語が用いている規則に従って，音声を適切に分節化する機能などを指していると考えることができる。

1. 音の世界を組み立てる：聴覚体制化

一次的分凝は，聴覚系が音パターンのなかに時間的規則性を検知するよりも早い段階で生じていると考えられる．van Noorden（1975）は，二つの音AとBとを，ABA ABA…のように呈示したときに，これらのあいだに音脈分凝が生じることによって，生じないときには聞こえるギャロップのリズム（タタタッタタタッ…）が消失し，等間隔のリズム（タッタッタッタッ…）だけが聞こえるようになるという現象を報告している〔図1.6（◉）〕．これは，単純なリズムの知覚よりも先に，あるいはそれと同時に音脈分凝が生じるか否かが決まる場合のあることを示している．

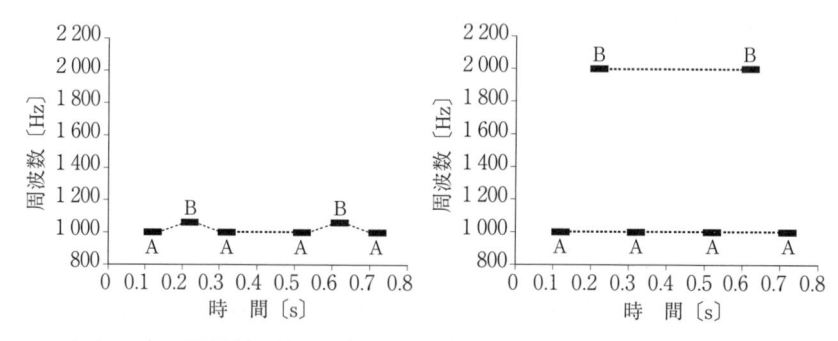

（a）2音の周波数が近接しており，ABA ABAという一つの音脈（ギャロップ）が知覚される

（b）2音の周波数が離れており，AAAAとB Bの二つの音脈（分裂）が知覚される

図中の実線は物理的な刺激を表し，点線は音脈のつながりを説明するためのものである．同じパターンが何度も呈示される．

図1.6 2音の周波数と知覚される音脈〔van Noorden（1975）に基づく〕

このように，生得的な一次的分凝の機能と，学習された図式に基づく分凝の機能とを区別することにより，聴覚情景分析は，基本的であると同時に，学習によって変容しうる聴覚の機能として位置付けられる．ただし，音声の分節化に関しては，学齢期以降は文字表記の影響も考えられるので注意が必要である（Plomp, 2002）．また，一次的分凝に関しても，体制化は完全に自動的に行われるのではなく，選択的注意によって体制化のされ方が変容するともいわれている（Cusack and Carlyon, 2004; Cusack et al., 2004）．

1.3.3　同時的体制化と継時的体制化

　ある家のなかで会話が行われている場面を考えてみよう。夏の盛りなら，蟬の声が続くなかで，自動車の走行騒音や，氷がガラスのコップに当たる音，そうめんを冷やす台所の水音に会話のやり取りの音声が混じっているような状態になる。真冬なら，電線が風を切る音や，焼き芋売りの屋台が出す笛の音，鍋のグツグツ煮える音などが会話の背景には存在するであろう。家のなかでは，これらの音に壁やカーテンなどによる減衰が生じたり，残響が付いたりもする。このように，複数の物体が存在し，いくつかは音源となって音を発し，互いに衝突したり，摩擦し合ったり，あるいは空気の乱流を生み出して音を出している。さらにそれらの音が反射したり共鳴したりしているし，一つの音源から発生した音であっても，複数の周波数成分が含まれている場合のほうが多い。

　実験室でなければ，一つの音源から出た音に，ただ一つの周波数成分しか含まれていないような場合（**純音**，pure tone：図1.6で用いられている音が純音の例である）は，きわめてまれである。むしろ，音声の母音部分や，楽器音の定常部では，**基本周波数**（fundamental frequency）およびその整数倍の周波数，すなわち，調波関係（倍音関係）にある周波数の成分を多数含んだ**調波複合音**（harmonic complex tone）が見られる。また，音声の摩擦子音の部分や，水のザーザー流れる音のように周期のはっきりしない音は**雑音**（noise）と呼ばれる無数の周波数成分を含む音であり，日常生活においてもよく遭遇する。

　現実の音の例として，静かなオフィスで，男性話者がある文章を読み上げた音声を示す〔図1.7（◉）〕。大まかにいって音声とは，周波数帯域が比較的低く，調波複合音と見なすことができる周期的な部分，周波数帯域が比較的高く，雑音と見なすことができる周期の不明確な部分，および空白が組み合わされたものであることがわかる。これをより詳しく見るために，図1.7の冒頭の部分を拡大したものが図1.8（◉）である。雑音のような周期のはっきりしない部分と明確な周期をもつ部分とが並んでいることは図1.8(a)の時間波形を見るとよくわかる。調波複合音は，このスペクトログラム上では，濃淡が縦

（a）時間波形

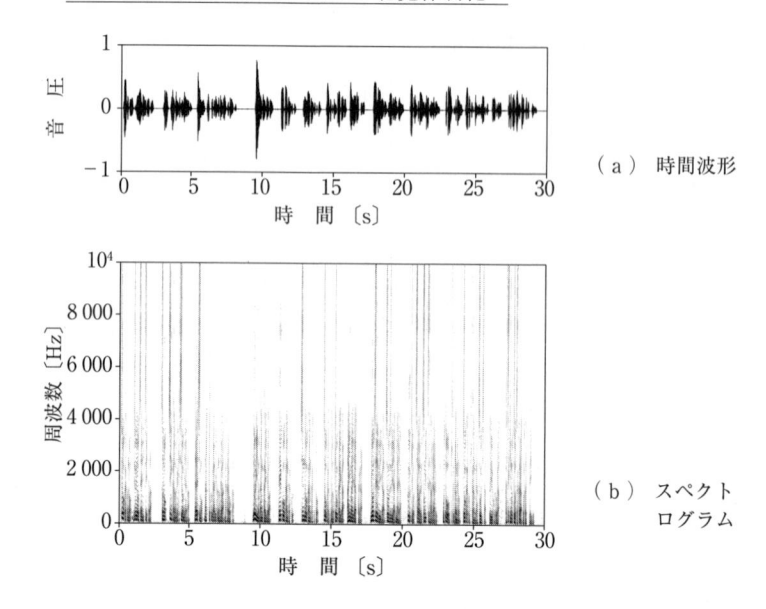

（b）スペクトログラム

本書の第1章の冒頭（草稿）が朗読されている。
図1.7 静かなオフィスで録音された男性話者の音声

方向に周期的に生じた縞模様のように見える〔図1.8(b)〕。横向きの縞の一つひとつが，調波複合音の各周波数成分を表している。また，母音部分には，母音の種類に応じて変化した**声道**（vocal tract，ヒトの発話器官で，声帯よりも上の部分を指す）の共振特性によって決まる，**フォルマント**（formant）と呼ばれるスペクトルの山が見られる。例えば，図1.8の0.2 s付近では，母音「お」のフォルマントが，およそ370，900，2 250，3 130 Hzの4ヵ所に観察される。これらは低いほうから順に，第1フォルマント，第2フォルマントのように番号を付けて呼ばれる。雑音は，スペクトログラム上では，ある周波数範囲にわたって濃い部分が刷毛で塗られたように見える。図1.8の0.04〜0.09 sにかけての刷毛で塗られたような部分は，雑音と見なすことができる。

より複雑な音の例として，東京のJR山手線新宿駅で録音した音を**図1.9**（🅒）に示す（**口絵1**参照）。この例では，複数のプラットフォームで異なるアナウンスが流されるうえ，近年，賑やかになったメロディー付きの発車合

1.3 聴覚情景分析　17

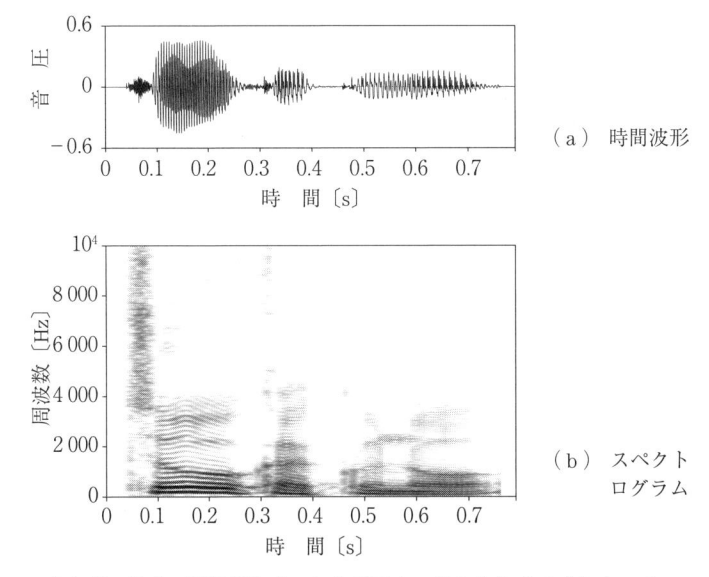

(a) 時間波形

(b) スペクトログラム

音声が，雑音，調波複合音，および空白の組み合わせで成り立っていることがわかる。周波数方向の音の強さの分布（スペクトル）が時間的に変化する様子から，このことを読みとることができる。

図1.8 図1.7の冒頭，「聴覚の」と発話されている部分を拡大した図

図，早口で乗客に注意を促す駅員の拡声音声，録音されたアナウンスの再生音，人びとのざわめき，車両の床下に付けられた冷却ファンの音など，「音の洪水」とでも形容したくなるような状況が示されている。

このような音響的世界を適切にまとめ上げ，秩序のある（複雑ではあっても構造のある）聴覚世界を構成するためには

① 同じ音源から同時に発生した複数の周波数成分音をひとまとめにする**同時的体制化**（simultaneous organization）

② 音が途切れたり，音の高さや音色が変化したとしても，同じ音源から出ている音は一つの流れ（音脈）としてまとめ続ける**継時的体制化**（sequential organization）

という，2段階の働きが必要になる。これらの体制化には，1.4節で述べるゲシタルト原理が関わっている。

(a) 時間波形

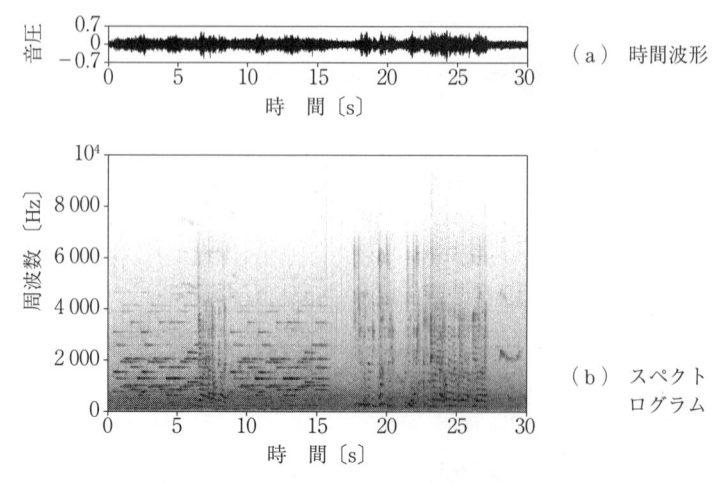

(b) スペクトログラム

2007年4月28日にJR山手線新宿駅で収録された「音の洪水」。停車中の電車の冷却ファンから出る騒音などの，明確な周期をもたない音が全体に分布している。0〜16 s の区間で見られる調波複合音は，残響をたっぷり付けたチャイムのような音色で演奏される，メロディー付きの発車合図である。その上に，列車の発車が間近であることを告げる男性の駅員のアナウンス（「14番線から山手線の発車です」）が重なっている（6.5〜9 s の区間）。17.5〜24 s の区間には，録音された女性の声によるアナウンスが二つ，ほとんど同時に重なっており（「新宿，新宿です。ご乗車ありがとうございます」と「14番線，ドアが閉まります。ご注意ください」），22.5〜27 s の区間には，追い打ちをかけるように男性の駅員による同趣旨のアナウンス（「14番線から山手線の発車です。お乗り換えのお客様，続いてご乗車ください」），28〜30 s の区間にはホイッスルの音，というように，音が間断なく現れる。

図 1.9　ある日の新宿駅における「音の洪水」

1.3.4　音の透明性

情景分析の原語である英語の scene analysis という用語は，もともと，画像のような2次元の視覚情報から，対象物の重なり合った3次元の世界を復元する手法を示す言葉である。Bregman が聴覚情景分析の概念を発表したときに，この言葉を借用したのである。視覚系が行う情景分析は，二つの目に投影された疑似的な2次元の画像から，外界に対応した3次元空間を再構成するための知覚処理であり，聴覚系の行う情景分析は，二つの耳が受け取った音の混合を，外界の音源の振る舞いに対応付ける知覚処理である。感覚器官が受け取る

1.3 聴覚情景分析

限られた情報に基づいて，環境の様子を，知覚内容として的確に再現する過程を示すという点では，聴覚に対しても情景分析という言葉を用いることは，正しいアナロジーである．

初期の視覚情景分析の研究（Roberts, 1963）では，輪郭線の情報から対象の重なりをどのように決定するかが論じられている．例えば，**図1.10**のような図形が描かれているとき，輪郭線には図形の前後の配置による重なりを示すT字形の手がかりが含まれている．5ヵ所あるこの手がかりのなかの一番右にある逆さのTの形では，水平の線分よりも下の領域は，左右に分かれた上の領域よりも手前にあるという決定がなされる．視覚情景分析において，このような重なり関係が，環境を適切に把握するための重要な手がかりとなる．視覚世界では，通常，近い場所にある対象は遠くにある対象を覆い隠す．この遮蔽（occlusion）という現象が，対象の大きさや肌理などとともに，2次元画像から，3次元世界を構築する手がかりとなる．

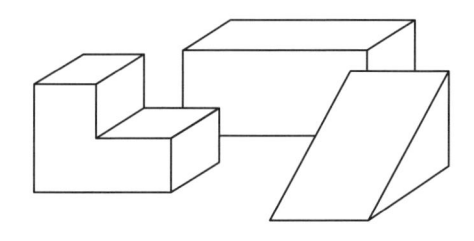

ある物体が，他の物体の一部を遮蔽するとき，二つの物体の縁を表す線が出合う箇所に，両者の前後関係を判定できる，T字形の手がかりが生じる．

図1.10 遮蔽による前後関係の手がかり（Roberts, 1963）

画像に生じる遮蔽に似ているのが，聴覚における**マスキング**（masking）である．どのような音でも，より強い音によって聴覚系のある段階においてかき消される可能性がある．掃除機をかけるとテレビの音が聞こえなくなるように，二つの音が同時に重なってマスキングが生じる現象は，**同時マスキング**（simultaneous masking）と呼ばれる．この場合，かき消す音とかき消される音とが時間的に重なっており，聴覚系末梢においてかき消す音の影響が明確である．同時マスキングが生じるためには，かき消す音とかき消される音とが周波数のうえでも近くになければならない．

われわれの聴覚系は，このように，音がかき消されることがあることから，不都合の生じることがないような仕組みをもつようになった。実際にはかき消されているはずの音が，そのまま鳴っているかのように知覚内容を作り上げるのである。その代表的な例が，2.4節で詳しく説明する**時間誘導**（temporal induction）である。聴覚研究では古くから知られている**カクテルパーティー効果**（cocktail party effect）は，たくさんの話し声がある賑やかな環境でも，対面して会話している相手のメッセージを聴き取ることができるという現象であるが（Cherry, 1953），この場合，音源の定位，注意，視覚効果などと並んで，時間誘導による補完も重要な役割を果たしているはずである。このように，聴覚処理には，マスキングのように不利益をもたらす可能性がある現象を補うような仕組みも備わっている。

聴覚マスキングは，かき消す音とかき消される音とが同時に呈示されない場合にも生じる。このような現象は，**非同時マスキング**（nonsimultaneous masking）と呼ばれ，かき消す音のすぐ後にかき消される音が呈示される**順向マスキング**（forward masking）と，かき消す音のすぐ前にかき消される音が呈示される**逆向マスキング**（backward masking）とがある。マスキングの効果は順向マスキングのほうが大きい。非同時マスキングは，音の輪郭となる開始部や終了部をかき消すことがあるため，音事象や音脈の知覚について考える際に注意が必要である。

最近は，小形で記録容量が限られているにもかかわらず多くの楽曲を保存することができ，どこでも再生して聴取できるポータブル・オーディオ機器が普及している。多くの簡易形の機器においては，同時マスキングおよび非同時マスキングによって聞こえなくなる周波数成分をオーディオの信号から省いてしまうことによって，記録する情報の量を節約している。さらに，量子化（連続的な量の列である信号を跳びとびの数値に単純化すること）によって生じる雑音（一種のひずみ）についても，それがマスキングによって聞こえなくなる程度まで，粗い量子化を許容することによって精度を節約し，記録すべき情報の量を大幅に減らしている（宮坂，2004）。

聴覚マスキングは画像に生じる遮蔽に似た現象であると述べたが，両者には決定的な違いがある。視覚においては，対象から目までのあいだに別の不透明な対象物が存在すれば，光は遮られて目には届かない。しかし，光が遮られるということが，そのことによって遮るものの知覚を生じることもある。オリオン座の馬の首の形をした暗黒星雲は（**図 1.11**），物質が背後からの光を 1 000 年以上前に遮っただけでその形を示している宇宙規模の例である。聴覚においては，音源あるいはそれ以外の物体が，他の音が伝わってくる経路を塞ぐような位置にあっても，他の音を完全に遮るわけではない。目をつむりながら音楽を聴いているときに，音を立てずに人が前に現れた場合，演奏音の伝達はある程度妨げられるが，そのことによって人が現れたと明確に知覚されるわけではない。

同じ星間物質であっても，光の当たる面をこちらから見通せる場合は明るく光って見え，光源が遮られるような配置であれば，真っ暗に見える（http://free-photo.gatag.net/2010/08/27/010000.html による）[†]。

図 1.11 馬の頭のように見える暗黒星雲

　音や，日常的な大きさの物体が，空間的位置関係によって別の音を完全に遮るようなことはない。聴覚に関しては，知覚すべき対象そのものが音源となって音を発することが普通であり，別の音がその対象にぶつかっても，音波は回

---

† 本書に掲載される URL は編集当時のものである。

1. 音の世界を組み立てる：聴覚体制化

折や透過や周辺の物体や壁からの反射によって対象の裏側にまで伝わっていくことが多い．とくに，この対象よりも十分に波長の長い成分は，回折によってこの対象をすり抜けると考えてよく，対象は**透明性**（transparency）を有すると考えることができる（Bregman, 1990）．

視覚の世界においても透明な対象は存在するが，視覚には透明なものを何かを覆うものとして知覚する仕組みが備わっている．床に書き付けた文字などの不透明な対象が半透明の色ガラス板で覆われているときには，色ガラス板が吸収したはずのスペクトル成分を視覚系が補完し，覆われた対象に対する色知覚の補正（色の恒常性の維持）が行われるようである．このことは，その仕組みによって明るさや色の錯覚が生じているのではないかと思われる例から推論されることである（**図1.12，口絵2**参照）．

ところが，聴覚の世界においては「ある音が別の音を覆っている」という知覚内容が生じることはあまりない．多くの場合，入力された音エネルギーが異

3枚の「A」の文字板は，それぞれそこから網膜に同じスペクトルの光が到達するように作成されている．しかし，半透明な色ガラス板が重なっているように見えるため，色の補正が行われ，文字板の色が異なっているように認識される．3枚の「R」の文字板についても同様である．

図1.12　透明視による色の錯覚

なる音にあたかも仕分けされるような形で知覚内容が出来上がる。

聴覚の場合には，周波数の次元が，空間における次元の一つであるかのように考えなければならない。「透明性」のアナロジーを別の道筋で続けるならば，うっすらと発光する半透明の対象が互いにすれ違うような世界が聴覚の世界である。つまり，二つの調波複合音があって，それぞれの基本周波数が互いに異なる変化を示しながら，同時に鳴らされている状態を考えればよい。視覚においては，二つの異なる対象物が網膜の同じ箇所の興奮を引き起こすことはほとんど起こらないが，聴覚においては，二つの異なる音が内耳の同じ箇所の興奮を引き起こすことが頻繁に起こる。

耳には複数の音源が発した音の成分が重なり合って届く。混じり合った成分には，音源ごとにラベルが付いているわけではないため，何らかの原則に従って聴覚系が仕分けをし，音源との適切な対応を作り上げなければならない。そのときに働く聴覚系の仕組みが聴覚情景分析である。同じ音源から時間的に並行して発した成分をまとめ上げる働きが同時的体制化であるが，その手がかりのほとんどは，入力の成分音に含まれている。そのため，聴覚においては，**調波性の原理**や**共通運命の原理**のような成分音のまとめあげに関わるゲシタルト原理が重要な役割を果たすこととなる。

1.4 聴覚とゲシタルト原理

1.4.1 歴史的概観

ヒトの知覚は，聴覚，視覚，味覚などのさまざまな感覚に基づいており，知覚について研究するには，これらの感覚の，相互の関連を知ることが重要である。ところが，知覚心理学の研究は，主に視覚を中心として進められてきた。聴覚の研究は，心理学の本流から少し外れ，むしろ工学の分野と強く結び付いて，独自の発展を遂げた。このような聴覚研究は，精密である反面，ヒトの知覚の本質を理解しようとする態度に乏しいこともあった。20世紀の終わりに近づき，Handel (1989), Bregman (1990) が，聴覚に関する大部の著書を相

次いで出版し，心理学の側から聴覚研究の方向付けを行っている。これらの書物によって行われた軌道修正を受けて，心理学と工学，そして神経生理学が，緊密な協力関係のもとにさらに進展する契機が訪れた。21世紀に入ってからは，心理学，生理学，言語学，工学などの諸分野を必要に応じて参照するという実際的な立場から，優れた教科書および学術書が出版されている（例えば，Plack, 2005, Plomp, 2002 など）。

このように研究の視野が拡がるなかで，20世紀の初めにドイツを最初の活動の地とした心理学者が提唱した**ゲシタルト心理学**（gestalt psychology：例えば，Koffka, 1935）の考え方が聴覚研究のなかに根付いたことは特筆すべきことである。ゲシタルト心理学は，実験心理学の多くの分野において，歴史上の遺物と見なされることも多いが，現在の知覚心理学に欠かせない数々の概念を提供し，生態学的心理学や，認知心理学にも影響を及ぼしているという点で，重要性を失っていない。

視覚の研究においては，どのような立場で研究を進めるにせよ，ゲシタルト心理学に対して一定の知識と見解とをもつことが求められる。ところが，聴覚の研究においては必ずしもそうではない時期があった。Koffka（1935）がゲシタルト心理学の体系的な記述を試みた直後に，聴覚研究の体系化を試みたStevens and Davis（1938）は，感覚量の測定を中心とする**精神物理学**（psychophysics）を重視し，ゲシタルト心理学にはまったく触れていない。この研究姿勢は，その後の聴覚研究を方向付け，聴覚研究は，定量化の側面において実験心理学のお手本となりうるような発展を遂げた。

その著しい例はFastl and Zwicker（2007）に見られる。Fletcher（1940）の発案に基づき，聴覚系末梢における周波数分析機能を，矩形の帯域フィルターをすきまなく並べたものとしてモデル化した，**臨界帯域**（critical band）説を核とする精密な理論体系は，画期的なものである。現在では，現実にはありえない矩形のフィルターを用いるようなモデルを修正し，聴覚実験によってその形状を定められたフィルターが，少しずつ重なり合うようなモデルを想定することも多く，この修正モデルを構成するフィルターを**聴覚フィルター**（auditory filter）と呼ぶ（Moore, 2012）。このようなモデルを抜きにして今日の聴覚研究は成りたたない。

　しかし，そこでは取り上げられていない**ゲシタルト原理**（gestalt principles）に関する考察を加えて，初めて聴覚研究が日常生活におけるわれわれの聴覚体験とうまく結び付く。Handel（1989）が**聴覚におけるゲシタルト原理**（gestalt principles in auditory perception）について，体系的に解説しているが，彼は，ゲシタルト原理の導入に関して，聴覚研究が視覚研究に60年から70年の後れをとったことを指摘している。聴覚に関しては，20世紀後半がゲシタルト心理学の草創期であるともいえる（Deutsch, 1982, 1999, 2013; Fraisse, 1982）。

　このような時代背景において，聴覚研究の流れを一気に決定付けたのがBregman（1990, 1993），Bregman and Ahad（1996）である。ゲシタルト心理学が聴覚研究に着実に浸透してきた原因として，以下のことが考えられる。われわれの生活において重要な役割を果たす音声や音楽などを扱う際に，Stevens and Davis（1938）以来の定量化を徹底する手法では，どうしても限界があること，技術の進歩により，ゲシタルト心理学の観点から見ても面白い音のパターンを簡単に作成できるようになったこと，である。このような流れの変化は，聴覚という狭い範囲を超えて，知覚，認知に対する一般的な理解を深めることに貢献するはずである。

　ゲシタルト心理学の基本的な立場は，「全体は部分の総和とは異なる」（Koffka, 1935）との言葉によって知られる。メロディーを聴いて長調か短調かがわかるという，日常のありふれた体験を理解するためには，一つひとつの音がどのように知覚されるかを，いくら詳しく調べても限界がある。メロディー全体の構造をわれわれの知覚系がどのようにとらえ，そのなかで一つひとつの音がどのような役割を果たすかを知ることが重要である。このような考え方のもとに膨大な研究が行われ，その成果は心理学全体に及んでいる。

　Ehrenfels（1890）は，メロディー知覚に関して，あるメロディーをハ長調で演奏したときと，嬰ヘ長調で演奏したときとを比べると，同じ音は一つも使われていないにもかかわらず，聴いた瞬間に同じメロディーだとわかることを

指摘した。このことから，一つひとつの音の知覚上の性質からそのまま導かれるのではない，メロディー全体の知覚上の性質というもののあることがわかる。このような聴覚や音楽に関する考察は，ゲシタルト心理学の生まれる重要なきっかけとなったにもかかわらず（Köhler, 1969），その後のゲシタルト心理学において，聴覚研究は置き去りにされてしまった。

　ゲシタルト心理学は，対象を要素に分解して記述することを避ける傾向があるため，われわれの知覚に見られる一般的な特徴を大づかみに記述して分類することには成果をあげたが，知覚の仕組みを分析的にとらえることには不向きであった。また，知覚内容そのものの全体としてのまとまりを，原理としてとらえようとするために，われわれの知覚が環境への適応にどのように役立っているかを十分に議論しない傾向があった。ところが，HandelやBregmanは，聴覚研究にゲシタルト原理を導入するにあたり，われわれの知覚を，限られた情報から，環境について確度の高い推測を得る過程として記述している。彼らの記述する知覚過程においては，知覚内容が基本的な要素の組合せとして形成されており，このことは古典的なゲシタルト心理学と一線を画する。

　Bregmanはさらに，われわれの知覚が，要素的な性質の結合としてとらえられる場合のあることを認めている。例えば，Deutsch and Roll（1976）は，**図1.13**（🔵）に示すような**オクターブ錯覚**（octave illusion）を説明するにあたって，音の高さと，音の位置とが別々に処理され，この二つの性質が実際とは異なる形で組み合わされることによって，このような現象が生じるとの説明をしている。Bregman（1990）は，この立場を支持し，さらに詳細な説明を加えている。

　大筋を見ればHandelとBregmanは，ヒトの複雑な心理や行動を理解するために常識を基本にしつつ，さまざまな物の見方を融合することに努めている。彼らは，部分の知覚が常に全体の知覚を反映しているという点に関して膨大な実例をあげており，ゲシタルト心理学の基本精神を受け継いでいる。視覚心理学の分野において20世紀前半に確認されたさまざまなゲシタルト原理が聴覚にも適用されうることが，BregmanやDeutschによって体系的に示されてい

四分音符一つの長さが 0.25 s に相当するテンポで呈示される。この音刺激パターンがステレオヘッドフォンで呈示されると，右耳側の高い音と，左耳側の低い音が交替するように聞こえることが多い。

図 1.13 オクターブ錯覚（Deutsch and Roll, 1976）

る（Deutsch, 2013）。

ここで，聴覚情景分析に関連する研究の歴史を簡単に振り返っておくと，Miller らが 1950 年代に今日，音脈分凝，連続聴効果などと呼ばれる現象を発見したことが，後に聴覚情景分析の考えに至るための重要な伏線となっている（Miller, 1947; Miller and Licklider, 1950; Miller and Heise, 1950; Heise and Miller, 1951）。そして，1970 年ごろから van Noorden, Bregman, Warren らの研究者が聴覚体制化の研究に取り組んだことが，聴覚情景分析の研究を推し進める結果となった（van Noorden, 1975; Bregman, 1990; Warren, 2008）。

環境に生じる変化をとらえることは聴覚系の重要な役割であるから，音パターンのなかに生じる変化を聴覚が検出する過程を観測することは重要である。音パターンのなかに生じる変化をとらえる脳活動の指標として，事象関連電位の一種である**ミスマッチ陰性電位**（mismatch negativity, MMN）が知られている。この指標や，関連する**脳磁図**（magnetoencephalogram, MEG：超伝導量子干渉素子と呼ばれる高感度なセンサーを用いて，脳の電気的活動により生じる磁界を記録，表示した図）の指標によって，心理実験（行動実験）では

観測することのできない聴覚現象を観測することができる（Näätänen et al., 2007）。

　Yabe et al.（2001）は，実験参加者が耳に入ってくる音を気にせず無音の映画を見ている場合でも，音脈分凝が生じるか生じないかの違いによって時間パターンの把握に違いが生じることを脳磁図の観測から見いだしており，音脈分凝に相当する脳活動が，意識に上る前の早い段階で生じていることがわかる。前注意的な過程をとらえうることが脳科学的研究手法の利点である。脳科学的研究と，本書でこれから紹介する聴覚の文法との関係については，4.4節で改めて述べる。

1.4.2　ゲシタルト原理と心理物理同型説

　Köhler（1969）は，知覚がゲシタルト原理に従うことを説明するために，われわれのもつ知覚印象は構造のうえで脳内の物理過程に対応しており，物理過程には単純な形や規則的な形が安定して現れやすいことから，われわれの知覚系も単純な形や規則的な形をとらえやすい，との考えをとっている。この**心理物理同型説**（hypothesis of psychophysical isomorphism）と呼ばれる仮説は，肝腎の脳内の物理過程をはっきりととらえていないので，その後の知覚心理学に大きな影響を及ぼさなかった。しかしながら，脳科学が急速に進歩しつつある現在，再評価されてよい考え方である。単純な形，規則的な形は，自然界の物理過程から生じやすく，知覚に関わる神経系および受容器の物理過程からも実現しやすいので，この二つの物理過程を対応付けるような知覚過程は，動物の自然環境に対する適応過程から実現しやすい。脳を含む神経系の働きには自ずから限界があり，環境の目まぐるしい変化に次々と対応していくには，単純な形，規則的な形を，優先的に知覚することが，環境の構造を適切に反映する確率が高く，しかも脳を効率的に機能させるような適応となるわけである。このような適応は，進化の結果としても，学習の結果としても生じうる。進化の結果，ある種の知覚学習が生じやすくなるということも，ゲシタルト原理の起源となりうる。

1.4 聴覚とゲシタルト原理

古典的なゲシタルト心理学においては，知覚を環境に対する適応過程としてとらえる見方が希薄であり，とくに，学習が知覚に及ぼす影響はできる限り小さく見積もろうとする傾向があった。このような見方が，心理物理同型説の発展を妨げた可能性が高い。新しいタイプのゲシタルト心理学者と呼んでもよいHandel, Bregman は，この点で古典的なゲシタルト心理学者とは異なっている。とくに Bregman は，進化の果たした役割を全体として重視し，進化と学習との協力関係についても考察を進めている。Terhardt（1974, 1991）は，ゲシタルト原理に基づく知覚が，環境への最適の適応にほかならないとしており，進化と学習との区別も，知覚について考える際には必要でないとしている。これは，古典的なゲシタルト心理学とは異なる，もう一つの極端な立場である（図 1.14）。

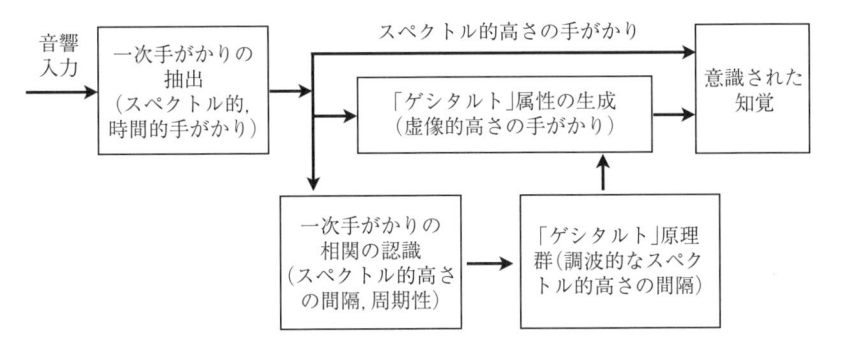

図はゲシタルト原理に基づく学習が組み込まれた**虚像的高さ**（virtual pitch）の概念を表している。**スペクトル的高さ**（spectral pitch）とは純音の高さの集合体を，虚像的高さとは複合音の高さを指している。ここでは，虚像的高さは，スペクトル的高さの手がかりにゲシタルト原理が（調波成分の一部が欠けている場合にはゲシタルト原理に基づく学習結果が）適用されることによって導き出されると考えられている。

図 1.14 Terhardt（1974）による音の高さの知覚に関する仮説

環境に対する適応方法はいろいろありうるなかで，なぜ特定の方法が選ばれるのかについては，慎重な考察が必要であろう。進化の過程は，合理的な設計に基づくものではない。進化の過程において動物は，必要が生じたときに，あり合わせの道具立てによって特定の機能を実現する（倉谷, 1997）。その結果

どうしても不完全な面が生じるので,別の仕組みを発達させて不足を補い,そこで生じた余分な能力がさらに次の進化の道具立てとなる。このような**場当り的な進化**(unintelligent evolution)の筋書きは,一般論としておおむね妥当であろう。その際,ありあわせの道具立てとして用いられた神経系は,必ずしも合理的な設計に基づいて構成されていないので,神経系に特有の制約条件をもつ。このような制約条件は,何らかのゲシタルト原理として現れるはずである。ゲシタルト原理が常に神に与えられたかのような最適の適応を与えるわけではなく,それゆえ,狭い意味での適応の原理とは別に,ゲシタルト原理の概念が必要になるのである。

ゲシタルト原理が,進化や学習のあらゆる段階で現れるものとすると,それにはさまざまな異なった仕組みが関わっているはずである。心理物理同型の対応は,受容器から脳に至るまでのさまざまなレベルに並行して現れることもありうる。例えば,「ささ」を同じ音の繰返しとして聴く際には,基底膜から脳の言語野に至るまで,いくつもの段階で,近接ないし類同の対応が見られるはずである。以上のことを考え合わせると,現在明らかにされているようなゲシタルト原理は,特定の知覚現象の具体的な説明というよりは,さまざまな異なった知覚現象に適用しうる共通の説明方法であると考えたほうがよい。ただし,具体的な仕組みはわからなくても,ゲシタルト原理を当てはめることが可能であるような現象は数多くあり,このような現象に対しては,何も説明を与えないよりはゲシタルト原理による仮の説明を与えておくほうが,少なくとも事実の整理になって生産的である。

今述べたような心理物理同型説の解釈について,聴覚に関する例を取り上げてみよう。同じ音源から次々に発した音は,音源の発音機構に物理的な制約があるために,周波数の近いスペクトル成分をもつことが多い。これらの成分は,通常,聴覚神経系の近い位置を興奮させるはずであるが,近い位置に生じたいくつかの興奮は,神経系のその後の活動において互いに関係付けられる可能性が高い。実際,周波数の近い成分は知覚のうえで結び付くことが多いので,このような傾向を周波数の近接の原理と呼ぶわけである。この原理に従っ

た知覚は，環境を適切に反映する可能性が高く，神経生理学的に実現しやすいため，進化，学習によっても強められる．遠いものどうしが優先的に関係付けられるような，「遠隔の原理」は，自然環境の側にも，神経系の側にも生じにくいであろう（実際，このような原理は存在しない）．残念ながら，聴覚系に関しては，スペクトル成分の周波数の情報が，どのようにして末梢から脳に伝わってゆくかが必ずしも明確ではなく，このような考え方の細部を詰めることはできない．しかし，一般論としては，近接の原理と呼ばれている知覚の傾向について，常に同様の考え方が可能である．

時間的規則性の原理と心理物理同型説との関係については，少し事情が複雑なようである．自然の環境において時間的な規則性をもった音で重要なものとして，動物やヒトの足音，動物の鳴き声，赤ん坊の泣き声，それに音楽，言葉，掛け声などをあげることができる．いずれも動物やヒトの活動に関するものであることがわかる．とくに重要なのは，言葉や音楽などの聴覚コミュニケーションに用いられる音であろう．これらの音のリズムは，音を発するヒトの，脳の活動のリズムを反映しているはずである．これを聴く側も同じヒトであるから，同じような脳の活動のリズムを作り出して聴き取ることが可能である．脳の活動に規則的な時間パターンを生じさせることは，さほど困難でないように思われる．われわれの言語は，多かれ少なかれ規則的な時間構造を基本としており（小泉，1995），なかでも，日本語は**モーラ**（mora）と呼ばれる厳密な時間の単位に基づいているが（窪薗，1999），このような時間の単位は，話し手と聞き手との脳の活動を同期させ，メッセージを確実に伝えることに役立っているのではなかろうか．つまり，時間的規則性の原理は，共通の仕組みを通して，言葉や合図を聴き取るための時間的枠組みと，言葉や合図を発するための時間的枠組みとを同時に提供しているに違いない．もちろん，この共通の仕組みは，発声器官や手足などの物理的な性質にも制約されるはずである．

時間に関しては，規則性を考えるだけでなく，知覚される時間パターンの階層構造を考えることがよくある（Handel, 1989）．この点に関しては，音楽心理学の分野で数多くのモデルが提唱されているが（例えば，Longuet-Higgins,

1976)，実際に階層的な知覚が存在するという確かな証拠はまだ多くない。しかし，時間軸上の音のつながりとして言葉や音楽を聴き取る場合，時間を単位に分け，数秒以上の長い時間にわたって予測を立てる必要があると考えられ（Neisser, 1976），ここに時間的規則性を伴った高度に階層的な知覚が発生する可能性がある。ここで体験される階層構造は，実際に鳴らされた音に規定されつつも，ある程度は分離したものであろう。つまり，Neisser のいう**図式**（schema）が，時間構造として現れることになる。この考え方は，音楽を聴く際に，拍節構造（拍子の反復する時間構造）からのずれをシンコペーション（拍節構造が求める音符の欠如）として知覚するというような日常体験に当てはまっている（Longuet-Higgins and Lee, 1984）。

また，音楽においては，音の高さに関しても図式の働きが明瞭に示される（Krumhansl, 1990）。音は，いったん鳴らされると消えてしまうので，聴覚においては，それまでに知覚されたものに従って，次に生じる知覚内容を予測し，予測の当否に応じてさらに次の予測を行うということが不可欠である。それゆえ，図式の働きが，視覚の場合よりも見やすい形で示されている。現代の聴覚研究にゲシタルト原理を導入する際には，このような認知心理学の考え方をうまく取り入れることが必要である。

ゲシタルト心理学の考え方を聴覚研究に導入することには，まだまだ多くの作業が必要である。まず，音事象，音脈という概念を確立することが重要である。その際，古典的なゲシタルト心理学には反するが，思い切って分析的な思考法を取り入れるべきである。ゲシタルト原理そのものの説明としては，進化や学習による環境への適応として，心理物理同型的な対応が生じるとの考え方が有効である。ゲシタルト心理学を現代に移植する際には，認知心理学における図式の概念を取り入れることも必要であろう。

1.4.3　聴覚におけるゲシタルト原理

知覚研究におけるゲシタルト心理学の基本的な考え方の多くは，視覚研究に端を発している。聴覚と視覚とは，その役割や制約条件が大きく異なっている

ので（寺西，1984），視覚の分野におけるゲシタルト原理を，そのまま聴覚に適用するわけにはいかない。視覚においては，空間の3次元と時間とが，さまざまなパターンの容れ物を構成する枠組みとなるが，聴覚においては，物理量である周波数，あるいは周波数と関係の深い心理量である音の高さと時間とが重要な次元になり，時間の重要性が増す。聴覚において，空間の3次元は，言語音声や音楽の知覚に関する限り，視覚の場合ほど重要ではない。聴覚におけるパターン知覚を研究する際に，時間−周波数の座標上でさまざまな刺激パターンが構成されるのはこのためである。この際，自然の環境において，ある時点における単一の原因によって生じた音に相当する音事象と，同一の音源から発し続けられる音のつながりに相当する音脈とが，どのように知覚されるのかが基礎的な問題となる。どのような音事象，音脈が知覚されているのかを知らなければ，音の大きさ，音の高さ，音色などの音の主観的な基本性質について論じることもできないはずである。

（1）**時間−周波数の座標とゲシタルト原理**　音事象，音脈の知覚について考える際には，**時間−周波数の座標**（time-frequency coordinates）において，どの成分とどの成分とが知覚のうえでまとまるのかが問題となる。**近接の原理**（principle of proximity）に従い，この座標上で近くにある成分は知覚のうえで結び付きやすい〔図1.15（🎵）〕。

ヘ長調の原曲をよく用いられるハ長調に移調して示した。このメロディーを，原曲の92拍／分くらいのテンポで声を出さずに頭のなかだけで歌いながら，そのリズムに合わせて手拍子をとってみると，日本人にとってなじみ深い三三七拍子のリズムが現れる。

図1.15　時間の近接の原理によって音どうしがまとまる「チューリップ」のメロディー（井上武士作曲）

また，**共通運命の原理**（principle of common fate）に従い，同時に始まったり終わったりする成分や，同時に同じような変化，例えば周波数や振幅の変化を示す成分は，ひとまとまりに知覚されやすい。さらに，定常的な音の一部

に，突然の雑音によるマスキングが生じる場合であっても，つながったものとしてひとまとまりに知覚されるのは，（ある程度までは）**よい連続の原理**（principle of good continuation）などに関連付けられる現象である．このほか，スペクトルや時間包絡が似ている音どうしが，**類同の原理**（principle of similarity）に従って一つの音脈にまとまる現象も，時間–周波数の座標上において，スペクトログラムのようなパターンを見ることによって理解できることが多い〔**図 1.16**（◉）〕．このように，ゲシタルト心理学に直接由来するゲシタルト原理は，今でも有効である．

(a) 類同の原理による体制化 ①

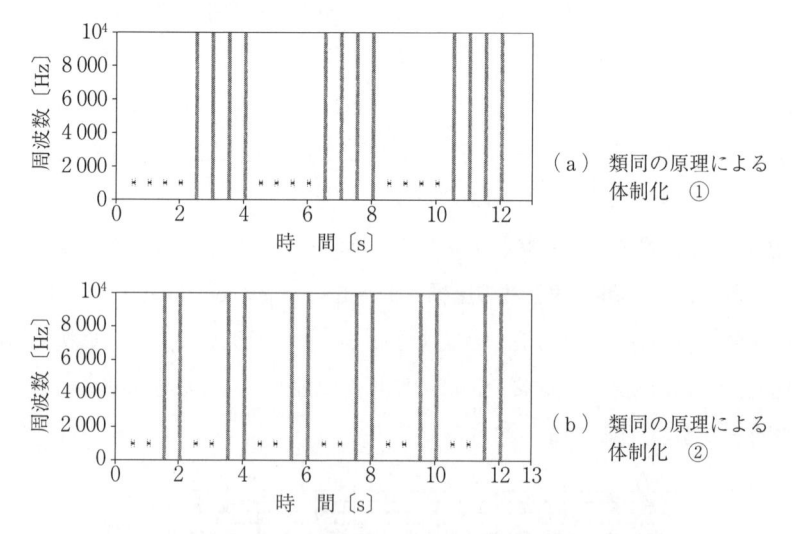

(b) 類同の原理による体制化 ②

ここでは，短い純音と広帯域雑音（広いスペクトルをもった雑音）の，2種類の音が用いられている．スペクトルの違いは音色の違いとして知覚され，音色の類似した音どうしがまとまりを形成する．

図 1.16 スペクトルの類似によって生じるまとまり〔Royer and Garner (1966) に基づく〕

（2） 音脈分凝と近接の原理 　音事象の知覚と音脈の知覚とは密接に関連しており，双方を理解して，初めて聴覚における知覚的体制化を全体として把握することができる．いくつかの成分が知覚のうえで統合するということは，

1.4 聴覚とゲシタルト原理

しばしば，それ以外の成分を統合から排除することを意味する。音の高さが十分に異なる二つの音AとBとを，ある程度短い時間間隔で交互に呈示すると，Aの音ばかりの音脈と，Bの音ばかりの音脈とに分かれて知覚されることがある（Miller, 1947; Miller and Heise, 1950）。例えば，1 000 Hzの短音と2 000 Hzの短音とを0.1 sごとに交替させると，このような知覚が容易に生じる〔**図 1.17**（●）〕。この現象は**音脈分凝**として知られている。音脈分凝という用語は，さらに広い意味で，同時に複数の音脈が聴かれることを指すこともある。

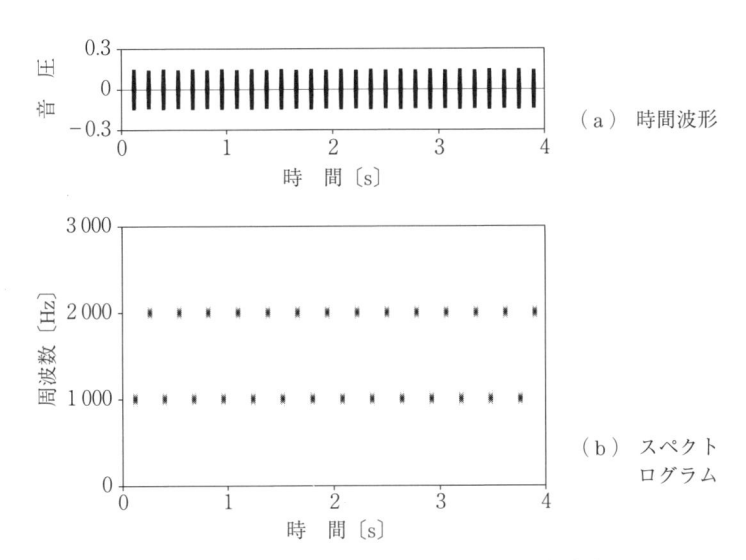

持続時間 0.04 s で，周波数が 1 000 Hz と 2 000 Hz の純音を 0.1 s 間隔で交互に鳴らしている。高い音のみの音脈と低い音のみの音脈の二つの音脈に分凝して知覚される。ここでは，より長い系列の始めの部分だけを表示しているが，長い系列を呈示することにより分凝が知覚されやすくなる。系列の始めの部分では分凝が生じにくく，ひとつながりの音脈が知覚されやすい。

図 1.17 音脈分凝の生じる音刺激パターン

van Noorden（1975）は，この現象を**分裂**（fission）と呼んで，ゲシタルト心理学に近い立場から研究を進め，Bregmanの思想にも大きな影響を与えている。その研究のなかで，ある条件のもとでは，聴取者の態度によって分裂が

生じたり生じなかったりすることが明らかにされている。簡単に分裂を生じさせるためには，AあるいはBのいずれか一方に注目するような聴き方をすればよいようである。Aに注目するということは，Aの音どうしの知覚的統合を強めることになるが，これは同時にBの音を統合から排除することになる。この場合，Bの音は別の音脈として統合されることが多い。Aの音の統合を強めるために，AとBとの交替呈示に先立って，Aのみを繰り返し呈示すると，分裂すなわち音脈分凝が促進される（Rogers and Bregman, 1993）。

さらに，Bregman（1990, p.29, Figure 1.16）が取り上げた例（Bregman and Pinker, 1978）を借用し，二つの純音成分B，Cからなる複合音（完全に調波関係にはなっていないので，いくぶん濁った音に聞こえる）と，Bにきわめて

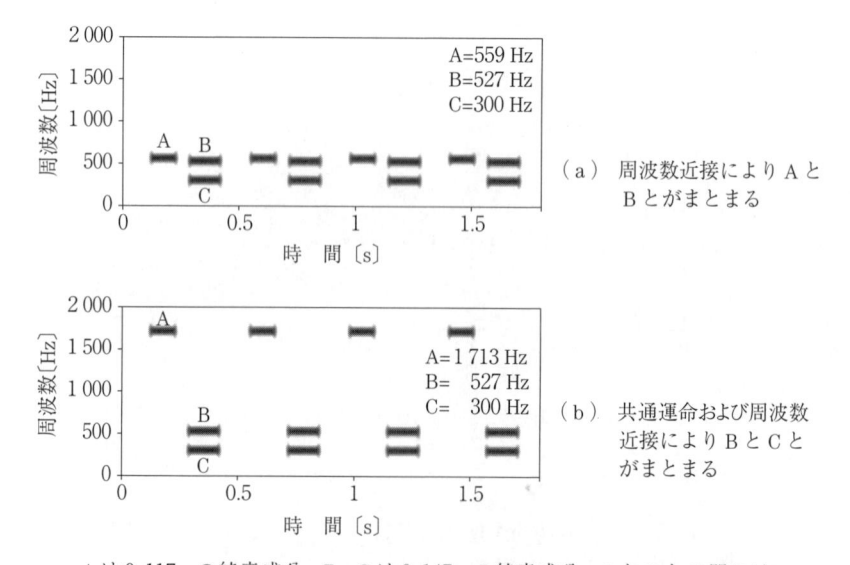

(a) 周波数近接によりAとBとがまとまる
A=559 Hz
B=527 Hz
C=300 Hz

(b) 共通運命および周波数近接によりBとCとがまとまる
A=1 713 Hz
B= 527 Hz
C= 300 Hz

Aは0.117 sの純音成分，B，Cは0.147 sの純音成分。AとBとの間には0.047 sの，Bと次のAとの間には0.117 sの空白を挟みながら，同じパターンが何度も繰り返される。Aの周波数，Cの時間的位置および周波数を変化させて，知覚されるまとまりがどのような影響を受けるのかを調べる実験が行われた。ここに示した例では，BとCとは常に時間的に同期して呈示されている。

図1.18 音脈形成と周波数近接の原理との関係を示す音刺激パターン〔Bregman and Pinker, 1978；第2著者であるPinkerは，『The Language Instinct』（Pinker, 1994）の著者と同一人物である〕

近い周波数をもつ純音Aとが，交互に呈示される場合を考えてみる〔図1.18 (a)(⦿)〕。適切な条件においては，純音Aが複合音の成分Bと知覚のうえで結び付いて音脈を形成する。もう一つの成分Cは孤立して別の音脈を形成し，同じ高さの純音のような音色をもつように聞こえる。この場合，「複合音の成分BとCとが分離して二つの音事象に聞こえること」と，「A，Bが一つの音脈を形成すること」とは，同じことがらの二つの側面であると考えられる。なぜなら，このような条件で，これらの現象のどちらか一方のみが成立することは考えにくいからである。ところが，時間的な条件をそのままに保ち，Aの周波数のみをB，Cから引き離してみると〔図1.18(b)(⦿)〕，今度はAが孤立して独立の音脈を形成し，B，Cがひとまとまりとなってもう一つの音脈を形成するようになる。

（3）**周波数の次元**　先に述べたように，聴覚においては，時間，および周波数ないし音の高さの次元が重要である場合が多く，このことから，聴覚特有のゲシタルト原理が現れる。

　周波数の次元は，視覚における空間の1次元と同様に考えてよいことが多く，例えば周波数軸上の近接が，音脈分凝の重要な原理となることはBregman（1990）によって詳しく論じられている。**音階錯覚**〔scale illusion，**図1.19**（⦿）〕は，メロディーの知覚において，空間的な近接の原理よりも，周波数の近接の原理のほうが重要であることを示している。ただし，知覚内容においては空間的な近接の原理が実現される場合が多い。すなわち，一つひとつの音だけを聴いたときには，左右の異なる方向に聞こえる音が，知覚のうえで一つの音脈になったとたんに，同じ方向から聞こえることがあるということがわかっている。このような実験では多くの場合純音が用いられるが，寺西ら（1980）は，スペクトルが広い周波数範囲にわたる音（シェパードトーン）を用いて，類似した刺激パターンを呈示したときには左右の耳に別々に呈示された音のつながりがそのまま知覚内容に反映されることの多いことを見いだした。すなわち，メロディーの形成において刺激段階での空間的な近接の原理が無効になっているわけではなく，さまざまな段階，次元における近接の原理あ

38   1. 音の世界を組み立てる：聴覚体制化

（a）音階錯覚を引き起こす音刺激パターン

（b）最も生じやすい知覚内容

（a）の音刺激パターンがステレオヘッドフォンで呈示されると，ほとんどの聴取者は（b）のように反行する二つのメロディーを知覚する。右耳側では高いほうの音階が聞こえ，左耳側では低いほうの音階が聞こえる場合が多い。この聞こえ方は，実際にどの音がどちら側から出ているのかとは関係がない。

図 1.19 音階錯覚（Deutsch, 1975a,b, 2013）

るいはそれ以外の原理のあいだの力関係のようなものを考える必要がある。なお，「ゲシタルト原理」との関連で「近接」「類同」「よい連続」などの用語が使われる場合には，知覚的統合を促す刺激の物理的な「近接」「類同」「よい連続」などを示す場合と，知覚内容において実現されやすい性質としての「近接」「類同」「よい連続」などを示す場合とがあることに注意が必要である〔多くの解説では，この区別があいまいであり，本項（1.4.3項）においても多少のあいまいさを容認せざるをえなかった〕。

　一方，周波数の次元は，空間の次元と大きく異なる側面をも有している。周波数の次元においては，左右対称のような対称性が知覚されにくいことが多い。同時にいくつかの周波数成分が鳴らされているときに，われわれが何らかの対称性を知覚することは，ほとんどないのではなかろうか。また，周波数の次元は知覚のうえで未分化なところがある。定常的な複合音を聴くとき，周波数の次元において別々のものとして知覚しうる成分の数，あるいは成分群の数は，せいぜい数個に留まるのではないかと思われる。われわれは，ある範囲のすべての**倍音**（harmonics）を含んだ音と，そのうちの奇数次倍音のみを取り

1.4 聴覚とゲシタルト原理　39

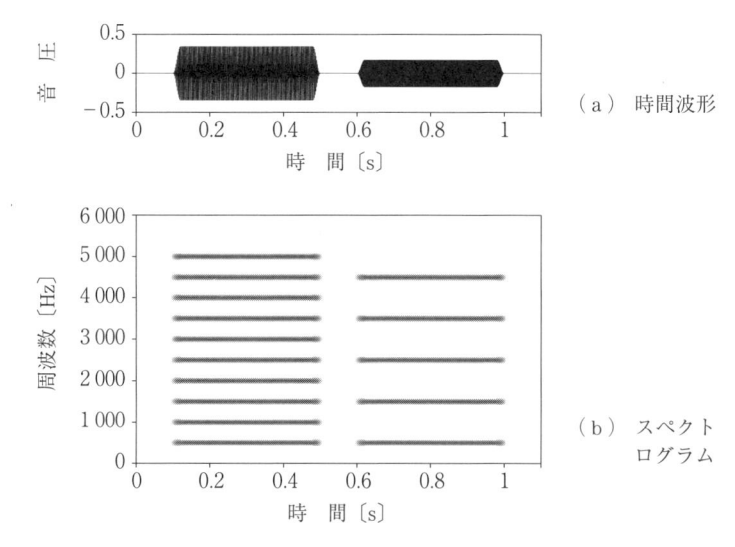

（a）時間波形

（b）スペクトログラム

周波数の次元における成分数の変化を，音色の変化として知覚することは容易にできるが，その音色の変化の原因が成分の減少によることを直接知覚することはできない。基本音が 500 Hz の 10 成分からなる調波複合音（左）と，そのうち奇数倍音のみを取り出した音（右）を示す。これらの音は同じ高さの音に聞こえ，最初の音が固く中身の詰まった音色を有するのに対して，二番目の音は柔らかくうつろな音色を有する。

図 1.20　倍音構成と音色との関係

出した音との音色を，簡単に聴き分けることができるが，後者の音において，成分数が半減していると直接知覚することはまずない〔図 1.20（ ）〕。

音のイメージを周波数軸上で操作することは，多くの場合難しい。**母音**の知覚において，二つないし三つの**フォルマント**が重要であることはよく知られているが（Raphael et al., 2011），日常の体験で，母音を聞いたときに，二つないし三つの特別な周波数範囲を知覚することはない。したがって，ある母音を聞いた後，もし第二フォルマントがなければどうなるか，明確なイメージをもつことはきわめて難しい（音声に関しては 1.5 節でさらに述べる）。視覚における空間的なイメージは，もっと明確であり，例えば，大文字の「E」を見て，このなかに「L」の形が含まれていることは，イメージ操作によって簡単にわかる。一方，一つの音として聞こえる複合音からイメージ操作によっていくつ

かの成分を取り除くことは，非常に難しいことが多い（音楽の訓練を受けた人には，ある種のイメージ操作ができる場合もあるが，ここでは，訓練を受けていなければそのような操作ができないということが重要である）。

周波数の次元が未分化であることは，聴覚が周波数方向に鈍感であるということを意味するのではない。このことは，音の高さの弁別実験の結果を見れば明らかであり，多くの実験において，相対弁別閾は半音（周波数の比率にして約1：1.059を対数軸上に表した間隔）の1/10よりも小さい値を示す（Moore, 2012）。また，話し言葉を聴く際に音素（1.5.3項で詳述）の識別が素早く行われること，音楽を聴く際に和声進行まで知覚されることなどは，スペクトルの複雑な変化に対して，聴覚系が素早く応答していることを証明している。継時的に示される二つの非調波複合音において，スペクトルの各成分が，対数周波数軸上で同じ方向に同じ程度だけ移行する関係があるとき，全体として音の高さが上昇したり，下降したりするのが知覚される（Nakajima et al., 1991a）。これは，聴覚系が，一つひとつのスペクトル成分の動きを敏感にとらえていることを示唆する〔図1.21（●）〕。そして全体としてこの現象をとらえれば，共通運命の原理に従い，融合に近い強い統合が見られる。これは，視覚において，8人で漕ぐボートのオールが，左右で4本ずつ，まるでムカデ競争の足のようにつながっているかのように見えるのと似ている。

4分の2拍子。三つの音，あるいはその成分音が，全体として同じような周波数および強弱の変化を示し，一体となったメロディーのように感じられる（*sfp* は他の音より相当強い音を出し，すぐに弱くすること）。共通運命の原理を示す例である。一方では，（調号はヘ短調を示すが）西洋古典音楽の枠組みにおけるハ短調の和声進行にも従っている（Nakajima et al., 1991a）。共通運命の原理を利用しなければ，ピアノからこのように重厚な音色を生み出すことは難しいと思われる。

図1.21 ベートーヴェンのピアノソナタ第23番（通称「熱情」）第3楽章の一部（左手の部分のみを掲載）

（4） **調波性の原理**　聴覚系は，スペクトル成分の調波性に対しても敏感である。調波性をもったいくつかの成分が同時に呈示されると，一つの音に聞こえるという現象は，日常頻繁に見られる〔図 1.22 (🔵)〕。Bregman は，この傾向を**調波性の原理**（principle of harmonicity）として，聴覚の知覚的統合の原理の一つに数えている。この原理は，同時に鳴らされる成分が統合される際に働く原理としては，多くの場合，周波数の近接の原理よりも強力である。この原理によって知覚のうえで統合された成分は，しばしば知覚上の独立性を失って融合してしまい，統合された音が，全体として一つの音の高さをもつ（Deutsch, 2013）。調波性の原理を時間領域（時間波形のパターン）でとらえてみると，波形の時間的な周期性が，知覚統合を助けると考えることも可能で

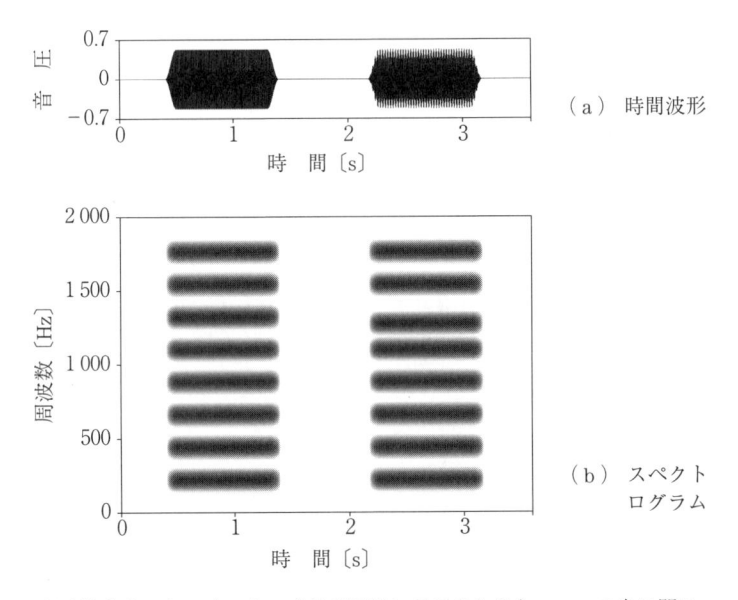

(a) 時間波形

(b) スペクトログラム

調波性をもったいくつかの成分が同時に呈示されると，一つの音に聞こえるという現象，および調波性から外れた成分は分離して聴き取られるという現象を示す音刺激。左側の音刺激は 220, 440, 660, 880, 1 100, 1 320, 1 540, 1 760 Hz の成分から構成され，調波性の原理に従い，全体が一つの音として融合して知覚される。1 320 Hz の成分を 1 275 Hz の成分に置き換えた右側の音刺激は，他のどの成分とも調波関係にならない 1 275 Hz の成分が，分離して知覚される。

図 1.22　調波性の原理

ある。また，Warren（2008）が提唱しているように，臨界帯域ごとに時間周期が検出されるとの考え方もありうる。この場合，類同の原理，あるいは共通運命の原理により，共通の時間的周期を示す臨界帯域が結び付けられるとも解釈される。

音声や音楽においては，調波性をもった音が多用される結果，いくつかの成分が，明確な音の高さをもった一つの音に統合されることが多い。ひとたび音の高さの知覚が生じると，音の高さについての近接の原理が働く。主観量である音の高さの次元は，実験手続きのうえで，物理量である周波数の次元から分離しにくいことが多い。しかし，近接の原理を導入する際にこの二つの次元を別々に考えなければならないことがある（Singh, 1987）。また，音楽において，音の高さの隔たりである音程が，単に量的な違いだけではなく，知覚印象における質の違いを生じさせる点も忘れてはならない。音程のなかでも，1オクターブ，2オクターブなどの音程は，音楽において特別な意味を有しており，このような音程を挟む二つの音の高さは，音楽的に似た性質をもつものとされる（Bachem, 1950; Ueda and Ohgushi, 1987）。これは，音の高さの知覚に一般的に見られる傾向であり，**オクターブ等価性**（octave equivalence）または**オクターブ類似性**（octave similarity）と呼ばれる。1オクターブの隔たりをもった二つの音は，それらが同時に鳴らされるにせよ，継時的に鳴らされるにせよ，知覚のうえで統合されやすい。

（5）　**時間的規則性**　　聴覚は時間方向に対して鋭い感受性をもつ感覚であり，聴覚におけるゲシタルト原理について考察するには，聴覚を通した時間知覚について理解することが不可欠である。時間軸についても，空間の1次元と同じように近接の原理が働いているが，事情はやや複雑である。時間軸上でほぼ等間隔に並んだ音は，他の音から浮き出して一つの音脈を形成しやすいし，やや複雑な時間構造をもった音の系列に対しても，われわれは等間隔の構造，すなわち**時間の格子**（temporal grid）を当てはめて知覚することが多い（Povel, 1984; Handel, 1989）。

物理的に等間隔ではない音列に対して，知覚のうえで等間隔に近づくことを

1.4 聴覚とゲシタルト原理

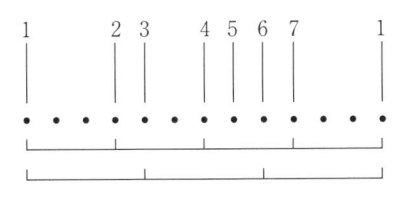

(a) 音刺激，時間間隔と時間の格子の関係

(b) (a)の音刺激と時間の格子とを表すリズム譜

(a)の縦線は音刺激を，黒丸と黒丸の間隔は時間間隔の単位（0.3 s）を，図の下部の，目盛り付きの2本の線分は「生じうる時間の格子」を表す。1～7の音列が繰り返される。(b)のリズム譜においては，それぞれの音符および休符が厳密に等しい時間長を表している。リズム譜を見て，実際に手拍子を叩いてみると，このようにやや複雑な時間構造をもつ音の系列を，等間隔の時間の格子に当てはめて知覚できることがわかる。

図 1.23 時間の格子〔Povel (1984) に基づく〕

促すような錯覚現象さえ生じている（Nakajima et al., 2004; Miyauchi and Nakajima, 2005）。このように，時間的に均等な単位を基本とした知覚のなされやすい傾向を，**時間的規則性の原理**と呼ぶ〔図1.23 (🔘)〕。

時間軸が空間の次元と大きく異なる点として，われわれの知覚系は時間軸上の対称性に対して鈍感であることがあげられる（Mach, 1918）。例として，ラヴェル作曲の管弦楽曲「ボレロ」の冒頭に現れるリズムを用いた例を**図1.24**に示す（🔘）。

また，時間軸上に並んだいくつかの音が群化する際には，しばしば，**時間の異方性**（temporal anisotropy）が現れる。例えば，音楽において強勢のおかれた音符は，知覚のうえで，それ以前の音符と結び付かず，それ以降の音符と結び付く傾向がある（Cooper and Meyer, 1960）。Fraisse (1982) は，リズムが時間上のゲシタルトであるとの観点に立ち，リズム知覚におけるゲシタルト原理を体系的に記述している。そして，事象の群と群とを隔てつつ結び付ける**間**（pause）や，群の構造を定めるうえで重要な要素である**アクセント**（accent）

(a) 時間波形

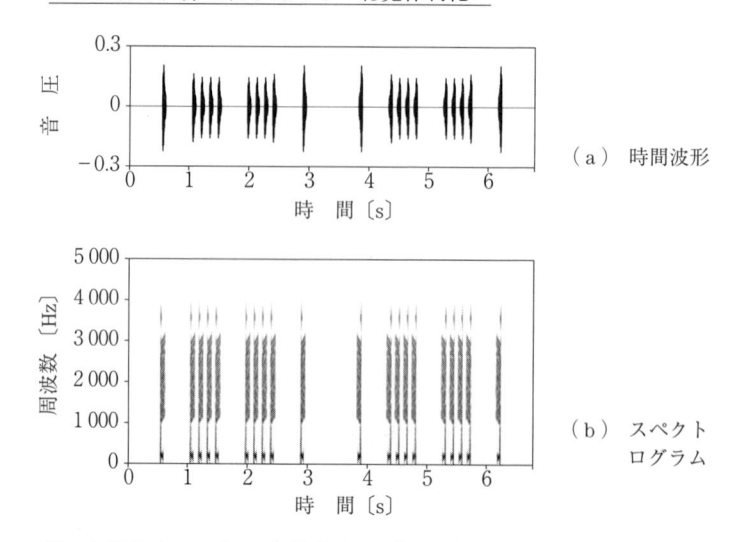

(b) スペクトログラム

図の左半分は，ラヴェル作曲「ボレロ」の最初の1小節分のリズムを合成打楽器音によって演奏したもの，右半分は，その時間軸を反転したもの，すなわち逆再生。時間軸を反転してもほぼ同じリズムが知覚されることから，このリズムには時間軸上に対称性のあることがわかるが，逆再生を実際に聴いてみる前に，そのことを知覚することは難しい。

図 1.24 時間軸上の対称性は知覚されにくい

などの，時間知覚に特有の概念を導入している。

（6）**空間の次元** 空間の3次元に関しては，われわれの聴覚系はあまり敏感ではないと思われている場合もあるが，目の不自由な人にしばしば見られるように，必要が生じれば，聴覚による空間知覚は相当な精度をもつ。『ヘラルドトリビューン紙』に，ベルギー連邦警察が犯罪捜査に盲人を捜査員として活用していることが紹介されている（Bilefsky, 2007, October 29）。捜査員の一人は，視覚障害を克服してスキーや乗馬などを行う積極的な生活態度の持ち主であり，おそらく日常生活において聴覚に頼らざるを得ない面が多いことから，晴眼者にはありえない精密な聴覚を身に付けるに至った。おかげで，盗聴した声の残響から，会話がどのような部屋でなされているのかを推測する，アラビア語の方言を聴き分ける，エンジン音から車の車種を推測する，などの活躍をするに至ったと報じられている。

1.4 聴覚とゲシタルト原理

　エッセイストの三宮（2004）は不幸にして4歳で視力を完全に失った後，文字どおり体当たりでさまざまな活動に取り組み，全盲者ならではの聴覚を生かして魅力に溢れる世界を見いだしている（聴き出している）。ピアノの練習を通じて「規則や旋律をもった音」に敏感になり，小学校3年の頃に近所の先生から英語を習い始め「見えないからこそ発音がよくなる才能がある。」と励ましてもらい，今ではスズメの鳴き方で時間や天気から町並の様子まで見当がつくという。また，100種類以上の鳥の声を聴き分けるようになって，森や山々の「景色」を楽しむという。

　網膜における障害のために全盲になった場合，脳が視覚入力を受け取れないことになるが，それでは，通常，視覚情報の処理に用いられている脳の部位が何も活動しないことになるのかといえば，そうではない。最近の脳研究により，そのような脳の領域が，触覚からの入力や，聴覚からの入力，さらには言語的な情報に関する処理までも行うようになることが明らかにされている（Burton, 2003; Amedi et al., 2005; Merabet et al., 2005）。同様の変化は，晴眼者に一時的に目隠しをして視覚からの入力を剥奪した場合にも，より少ない程度で生じるが，この場合は目隠しを外すとすみやかに元の状態に戻る（Pascual-Leone et al., 2005）。すなわち，異なる感覚様相にまたがった脳の可塑性による変化が，短期的，あるいは長期的に生じていることを示している（Rosenblum, 2010）。目の不自由な人々の特別な聴覚が，犯罪捜査にも，新しい音の世界を発見することにも力を発揮するであろうということは，このように脳研究のデータからも推測される。

　音の到来方向，あるいは音像位置が知覚されると，異なる音事象や音脈が，空間上の異なった方向，位置に割り当てられ，その区別が明確になる。ただし，物理的な音源の方向，位置は，知覚される方向，位置に一致しないことも多く，刺激パターン全体の文脈のなかで決まる。このことは，音階錯覚，オクターブ錯覚，**ハース効果**（Haas effect：先行音効果などとも呼ばれる。方向定位がもっぱら最初に到達する直接音によって行われ，遅れて到達する反射音などは無視されるという効果），**逆側誘導**（contralateral induction：片方の耳に

呈示された音の方向が，反対側の耳に別の音を呈示されることによって，主観的に元の方向の反対側に引き寄せられる現象）などの興味深い現象に見られるとおりである（Warren, 2008）。

空間における細かい形の違いを聴覚のみによって知覚することは難しい。しかし，音像の距離や広がりがかなり明確に知覚されることは多く，聴覚体験を豊かにしており，場合によってはとくにそれとは気付かずにその場の雰囲気として感じ取っている場合もある（Rosenblum, 2010）。このような聴覚における空間知覚については，視覚から聴覚への影響も重要である。空間と時間の合わせて四つの次元は，聴覚，視覚，体性感覚に共通の次元であり，異なった感覚から得られた情報を統合する容れ物としての役割を果たしている。この意味で，聴覚においても，空間の役割を軽視するわけにはいかない。

空間の知覚においてとくに聴覚が重要な役割を果たしていると考えられる状況として，直接目にすることができないところで突然生じた危険や変化などを察知する際には，聴覚による方向の知覚が決定的に重要となる。このような聴覚の重要性に関して，聴覚を失った人では，視覚における選択的注意の働き方が変化することが知られている。すなわち，そのような人では，周辺視における動きのほうに，中心視よりも注意が向けられやすくなる（Bavelier et al., 2001）。これは聴覚を保っている人の注意の働き方とは逆であり，聴覚を失ったことによる不都合を埋め合わせる方向に脳の機能が変化したと考えられる（Rosenblum, 2010）。

（7）**統合，群化，融合**　多くの研究者は，**統合**（integration），**群化**（grouping），**融合**（fusion）という三つの用語を，あまり区別せずに用いている。群化という用語を，いくつかの対象，事象が，**個別性**（identity）を失わずにまとまることを示すのに用い，構成要素の個別性が失われて一つの対象，事象が生じることを，融合という用語で表すのが正しいはずであるが，この点は，深く論じられていない。群化であるのか，融合であるのか，はっきりしないときや，その両方を示す際には，統合というのが適切であろう。聴覚においては，群化であるのか，融合であるのかが，曖昧な場合が少なくない。例え

ば，合奏において，ピアノが和音でリズムを刻んでいるとき，和音を構成する音の間に群化が生じているのか，融合が生じているのかが定かではないことがある。あるいは，何の和音が鳴っているかはわかるのに，音が同時にいくつ鳴っているかは正確にわからないことがある。別の例として，日本語の「さ さ」という言葉を聴くとき，「スッ」という雑音部と「ア」という母音部とが群化しているのか，融合しているのかもなかなか決めることは難しい。雑音部と母音部とを聴き分けることは可能であるが，「ささ」が四つの音から成り立っているように聴くことには無理がある。

1.5 聴覚コミュニケーション

聴覚体制化の仕組みは，音声言語，音楽などの**聴覚コミュニケーション**（auditory communication）と深く結び付いている。ドアのノックなども，簡単な聴覚コミュニケーションの例である。明らかにそのために使われているとわかる音を，明らかにそれとわかるリズムで並べることによって，注意を惹き付けることが，聴覚コミュニケーションの基本ではないかと考えられる。ドアのノックの場合，ドアの反対側で何をしているのかをはっきりと知らせるような音を用い，通常，2回以上ドアを叩くことによって，そこに何らかの意思があることを明確にしている。

ただし，ヒトの場合，ひとりで「あれ？」とか「よいしょ」と声を発するように，「自分自身とコミュニケーションをとっている」と考えざるをえない場合も多く，聴覚コミュニケーションについて詳しく調べることが，心のあり方について知ることにもつながる。そのような聴覚コミュニケーションのなかで最も基本的なものは**音声言語**（spoken language）である。

現代では，記録に残るような文字を有することが，文明がある発展段階を超えたことの基準とされる。しかし，言語の基本は音声言語であり，どのような少数民族であっても，何らかの文法を有する言語をもち，特定の言語環境で生まれた子どもは，通常の育ち方をする限り，特別な教育を受けなくてもその言

語を話せるようになる。「言語を用いることは，ヒトの本能である」と考えてもよいくらいであるが，ここでいう言語とは，音声言語のことであり，文字言語のことではない（Pinker, 1994）。

人類の歴史において，言語がいつごろ，どのようにして現れたのかについては大いに興味をそそられるが，言語音声は化石のように残らないので，確かなことは何もいえない。身体能力において他の動物より優れているとは限らないヒトが，今日のような発展を遂げたことには，言語が関与していることは間違いない。狩猟のために多様な道具が作成され，大規模な狩猟がなされることと，言語を操る能力とは，何らかの因果関係で結び付いていると多くの研究者が考えている（Montagu, 1976）。約10万年前に本格的に登場する現生人類は，生死などの抽象概念を理解する知性と，多様な音声を効率的に発することのできる発話器官を有していたことがわかっている。また，ある地域においては，現生人類が効率的に狩猟を行うために季節ごとに移動する点において，ネアンデルタール人とは異なっていたことが指摘されている（Lieberman, 1998）。数万年前の現生人類はしゃべっていたと考えて差し支えないであろう。これは，われわれの祖先は大昔にはきっとしゃべっていた，というだけの推測であるが，分子生物学的な研究によってさらに状況証拠を固めることも可能であろう（Konopka et al., 2009）。歴史の彼方以来，人類はしゃべっているようである。

1.5.1　音声コミュニケーションの基本的枠組み

de Saussure（1916/1959）は，**音声コミュニケーション**（speech communication）に関して，二人が向かい合って会話をしている状態を，**音声の回路**（speaking-circuit）を形成する最小の単位として考えた（**図 1.25**）。de Saussure は，「明確に区別される**考え**（idea）を，明確に区別される**記号**（sign）に対応させた体系である，**言語**（language）を作る能力をもっていることこそが，ヒトが音声を使えることの根底にある」との考えに立って，音声の回路が次のようにして働くと考えた。すなわち，話者がもつ**概念**（concept）が**聴覚イメージ**（acoustic image）に変換され，実際の音として発せられ（発話），そ

1.5 聴覚コミュニケーション

二人が向かい合って，お互いのもつ概念を音声を通じてやり取りするさまを表す。

図 1.25 de Saussure (1916) の音声コミュニケーションの図式

れが聴取者によって聴き取られ（聴取），そこで生じた聴覚イメージが概念に変換されることにより，概念が聴取者に伝わる。概念を伝えられた相手は，この回路の逆方向の経路をたどって，元の話者に自分の考えを伝える（**図 1.26**）。de Saussure は，1) 概念から聴覚イメージへの変換が心理的過程，2) そこから発話器官を動かす神経の信号を作り，発話する過程が生理的過程，3) 音波となった音声が伝搬する過程が物理的過程，4) 音波を聴き取り，聴覚イメージを作る過程が生理的過程，5) 聴覚イメージから概念に戻す過程が心理的過程であると述べている。本書で取り上げる音脈，音事象は，この図式における

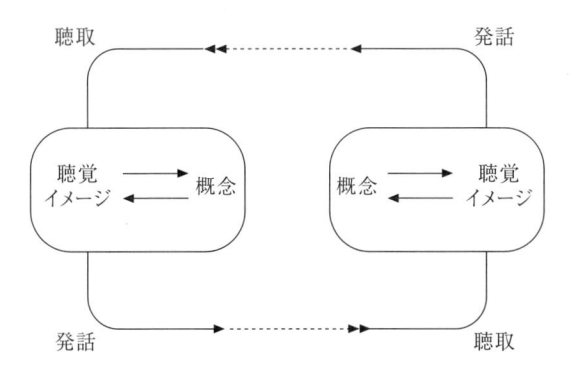

概念と聴覚イメージとの結び付き方にもともとの必然性はない。話者の有する概念は，聴覚イメージに変換され，発話，音の伝搬，聴取の過程を通じて，聴き手の聴覚イメージから，概念となる。

図 1.26 de Saussure (1916) の音声の回路，および概念と聴覚イメージとの結び付き

聴覚イメージに関係するものである。

　de Saussure は，音声言語が概念と，それを表す聴覚イメージとの結び付きを基礎とするものであり，その結び付きは恣意的である（必然性をもたない）ことを論じた。「ばら」という花の名前は，花そのものと，もともとは何の関係もない。しかし，恣意的な結び付きがいったん成立すると，いかなる事情があろうともその場の個人の意思で変更することはできない。このような概念と聴覚イメージとの結び付きを，de Saussure は，**言語記号**（linguistic sign）と呼んだ。そして，概念と聴覚イメージとを結び付ける，社会的に共有された規則が言語である。

　なお，発話の過程に関しては，発話器官に対して脳から運動指令が送られているだけではなく，発せられた音声が話者自身の聴覚器官を通じてフィードバックされ，発話された結果の確認ないしは軌道修正が行われていることが，今日では知られている（Lombard, 1911; Lee, 1950; Denes and Pinson, 1993）。

1.5.2　言語の線条性と二重性

　言語を構成する音について考える際に把握しておくべきことの一つは，さまざまな音が聞こえのうえでは時間方向に一列に並んでいることである。言語に用いる音をできる限り細かく分割して表したものが**国際音声記号**(international phonetic alphabet) であり，外国語学習で用いる発音記号がこれに近い。どのような言語でも，国際音声記号を用いて [intəɹnæʃənl fənetɪk ælfəbet] のように，1列に並べて表すことが可能である。現実はもっと複雑であるが，さしあたり，この記号の列に言語の本質的な情報が捉えられていると考えることができる。言語のこのような性質を**線条性**（linearity）と呼ぶ（de Saussure, 1916, 1959; 町田, 2004）。とくに文字に残された言語においては，文字と文字との前後関係が厳密に決まっており，どの文字の次にどの文字が来るかははっきりしている。文字を有する言語においては，どのような言葉であっても文字に書き取ることができるから，これは，ヒトが音声をどのように把握するかを反映したものであると考えてよいであろう。

言語のもう一つの重要な性質は，それ自体は何の概念にも対応しない要素を時間方向に並べることによって，概念との対応が生じるということである。「ばら」という言葉は「ば」，「ら」という二つの音からできているが，花の名前である「ばら」は「ば」や「ら」がそれぞれ意味するところを合成して出来上がったのではない。それ自体は何の意味ももたない「ば」「ら」という二つの音がこの順序で並ぶことによって初めて花の種類を意味するのであり，「らば」の順序で並べたり，「ばらばら」と繰り返して並べるとまったく別の意味になる。さらに，「ば」「ら」のような要素は有限の種類に限られる。言語のこのような性質を**二重性**（duality）と呼ぶ（小泉，1995; 郡司・坂本，1999）。二重性のおかげで，新しい概念が必要になればいくらでも新しい言葉を作ることができ，またコミュニケーションにおいて誤解の生じることを防ぐことができる。

どのような言語であっても，意味のあるまとまりがいくつか集まり線条をなして並ぶことによって**句**（phrase）というまとまりを形成し，いくつかの句がさらに線条をなしてより大きな句になるというような**階層構造**（hierarchical structure）を有している。現実に発せられる言葉は，単語一つだけというように単純な構造の場合も多いが，このように階層的に句を形成する働きによって，まわりの世界でどのようなことが起こっているか，これから何をすべきであるか，というような複雑な内容を伝えることができるようになる。句の構造を複雑にすることによって，これまで誰も発したことのないような言葉，例えば「耳に聞こえない音が聞こえる人と聞こえない人とがいるらしい」というような文を作ることができるし，この文を初めて聞く者も，その意味するところについて考えることができる。

現今では，人工音を発することによって，人に警告を与えることも多い。しかし，警告音は，人に「何かがある」ことを気付かせることは必ずできるが，言語と同じように詳しい情報を的確に伝えることはできない。例えば，サッカーの試合において，味方がピンチになったときに，ただ，大声を出すよりも，誰が何をすべきかを的確に伝えるほうが，はるかに有効である。このよう

な手段をもつことが，他の動物と比較した場合のヒトの強みである．

1.5.3 音素知覚

言語音声の研究は，音声と文字との対応付けから発している．それ以上小さい単位には分けることのできない**音素**（phoneme）を考えることが一般的である（Raphael et al., 2011; 小泉, 1995）．例えば，英語の「bed」，「bet」，「pet」，「pot」という単語は，それぞれ隣り合う単語と，音素に相当する部分が1ヶ所だけ，入れ替わっているだけであるが，そのためにまったく異なる単語として区別される．したがって，この場合 /b/, /e/, /d/, /t/, /p/, /o/ を音素と考えることができる．なお，この例のように，1ヵ所の音素のみが異なる単語の対を，**最小対語**（minimal pair）と呼ぶ（小泉, 1995）．

音素は言語を音のつながりであると考えるときに想定されるものであり，物理的に鳴らされている音のある時間区間におおむね対応することが多いが，この対応関係はかなり緩やかである．音素というのは，意味の違いが生じるような音の区別に対応する特定の聴覚上の性質をもち，時間上に線条をなして並ぶと想定される最小の単位である．通常，さまざまな**母音**（vowel）と**子音**（consonant）とがこれにあたる．上の例では，/e/ と /o/ は異なる母音であり，/b/, /p/, /d/, /t/ は異なる子音である．

異なる話者の音声を比べたとき，同じフォルマント周波数をもっている部分であっても，直ちに同じ音素（母音）が知覚されるとは保証できない（Peterson and Barney, 1952; Koopmans-van Beinum, 1980; Hillenbrand et al., 1995）．また，一人の話者が発話した音声の違う部分が，物理的に同じフォルマント周波数をもつからといって，同じ音素（母音）が知覚されるとは限らない（Harris, 1953; Ladefoged and Broadbent, 1957; Strange et al., 1976）．

一方で，聞こえのうえでは区別されうる違いがあったとしても，必ず違う音素として扱われるわけではない．1.5.2項で触れた国際音声記号において異なる記号で表される音が，音素としては同じものである場合もある．例えば，アナウンサーが用いるような日本語の「が」行の音は，「学校（がっこう）」のよ

うに語頭にある場合や「シリカゲル」のようにカタカナ表記される外来語のなかに現れる場合と，「進学（しんがく）」のようにカタカナ語ではなくてかつ語中にある場合，あるいは「太郎が」のように助詞として使われる場合とでは発音が異なり，カタカナ語ではない語中の「が」行音，あるいは助詞としての「が」行音は，鼻濁音として発音されるといわれる。しかし，仮に「学校」の「が」を鼻濁音として発音し，「進学」の「が」を鼻濁音とせずに発音したとしても，ほとんどの場合言葉の意味まで変わって受け取られることはない。助詞の「が」，カタカナ語の「ガ」行音についても同様である。すなわち，両者の発音の違いは，音素の区別には影響を及ぼさない。したがって，日本語において /ga/, */ŋa/ という二つの異なった音素表記を用いる必要はなく，/ga/ のみを用いればよいことになる。聴いたときに，音の違いが言語的な意味の違いを生じたとき，そこに音素の違いが生じる。

時間波形やスペクトログラムを観測して，常に音素に対応する時間区間が特定されるとは限らない。音素というのは，あくまでも聞こえのなかにあるものである。それならば，言語とは関係のない音を聴くときにも，知覚内容が子音や母音に似た時間的な要素から形成されると考えてもよいのであろうか。そのように考えてよい場合が多いというのがわれわれの考えである。この仮説から，**聴覚の文法**（Auditory Grammar）の構想が生まれた。後に述べるように，始部，終部，持続，空白という4種類の**音要素**（auditory subevent）が，時間的要素として，言語における文法のような制約条件に従って線条に並び，音事象，音脈を形成すると考えれば，いくつかの聴覚現象を包括的に理解することができる。日本語，英語などの特定の言語によらない文法が，音を聞くときには常に働いていると考えることができる。

1.5.4　音楽とコミュニケーション

音楽（music）の起源も非常に古い。その確実な証拠として，4万年近く前に鳥の骨やマンモスの牙から作られた，指穴のある笛が，最近ドイツ南西部で発掘されている（University of Oxford, 2012, May 24）。発掘チームの出版した

論文では，現生人類の祖先が奏していたと考えられる当時の音楽が，経済生産性や人類の繁殖力を高めることに直接役立つことはなかったと論じている。一方，音楽のおかげで大規模な社会的連携を維持することができた可能性があると指摘している（Conard et al., 2009）。わが国には天岩戸の神話があり，神話が形成された頃には，まさに原始的な形で，人が集まって楽しむ場には音楽や踊りがふさわしいと認識されていたことになる（太・稗田，1956）。ところが，音楽はヒトの進化の過程で生じた副産物であり，なくてもとくに困らないはずであると考える研究者もいる（Pinker, 1997）。しかし，このような問題設定は単純に過ぎるであろう（Levitin, 2007）。第一に，ヒトの生活から音楽だけを取り除くことは，仮想のうえでも不可能である。そして，性淘汰，集団行動，感情の制御などに音楽が関わっていることは疑いようがない。多くの若者が音楽を通して異性の注意を引こうとすることや，どの国にも子守歌があること，寮歌から国歌に至るまで団結を固めるためのさまざまな音楽があることなどを見れば，科学的なデータをわざわざ求めるまでもなく，このことは明らかであろう。このような場面から音楽だけを取り去った様子を想定することはできない。

　言葉と音楽とはどちらも，音によって他人に何かを伝えたり，自分の心を満足させたりする手段である。言葉や音楽がどのように始まったのか，多くの人が興味をもっているが，このことを研究するのは，宇宙の起源を探るのと同じくらいに難しいことである。音は化石のように残らないし，エジソンが1877年に蓄音器を発明するまで，音を保存する技術はまったく存在しなかったので，研究のための材料が決定的に不足している。しかし，音の保存，分析，加工，合成が，ほとんど費用をかけずに簡便に行えるようになった現在では，研究の可能性が大いに増している。

　言葉を芸術作品として後世に残す場合，多くの民族が，まず言葉と音楽とが結び付いた**歌**（song）を残してきた。日本の場合では，万葉集の歌などがこれにあたる。当時の人が耳にした日本語は，現代の日本語とはずいぶん異なっているはずであるが，それでも，どこか現代に通じるものがあり，万葉の言葉を文字で読んだだけで，鮮明に音の響きが伝わってくる。このように，わが国の

文学が「歌」から始まったのと同様に，古代ギリシアや古代中国においても，文学の源流には歌がある。また，独自の文字表現をもたないアイヌ民族も，言葉に歌のようなメロディーを付けて語り伝えている。韻文の鮮烈なリズムが記憶の助けともなり，文字をもたない民族の偉大な文学を伝えるのに，大いに貢献したことであろう。このように，実に多くの民族の文学が，読むものではなく，聴くものとして生まれた。言葉をあるいは美しく，あるいは力強く響かせる努力がなされた結果，鮮やかなメロディーが現れ，伴奏が付くということは，当然の成行きであろう。

言葉は，はっきりとした**リズム**（rhythm）と**メロディー**（melody）とをもつことによって，強いメッセージを伝え，場合によっては，理屈抜きで心を動かす。米国における公民権運動の指導者であったキング牧師の歴史的な演説「I have a dream」は今も多くの人の心を揺さぶるが（Gabbatt, 2013, August 24），言葉がまるで音楽のように構成され，歌うような朗々としたメロディーによって伝えられていることがその理由の一つである。

英語のミュージカルでは，台詞にだんだんと強い抑揚がつき，いつのまにか歌が始まっているというような場面がある〔例えば，Andrew Lloyd Webber 作曲，Don Black, Charles Hart, Andrew Lloyd Webber 作詞・脚本の Aspects of Love（アスペクツ・オブ・ラブ）の「Big surprise: I can't be with you this weekend.」，あるいは Alan Menken 作曲，Howard Ashman, Tim Rice 作詞，Linda Woolverton 脚本の Beauty and the Beast（美女と野獣）の「Belle reprise（Madame Gaston）」など〕。また，役者が観客や劇中の人びとに対して語りかけるような場面において，言葉と音楽とのあいだを行き来するような表現にしばしば遭遇する。言葉と音楽とがきわめて近い関係にあることがわかるであろう。

小さな子どもがまず耳を傾けて聴く音楽は，自国語あるいは母語の歌である。日本語，英語，中国語，フランス語などのそれぞれの言語には，独特の音の特徴があり，歌もそれに従って，特徴のあるものになっている。英語と日本語とでは音の作りが違うので，歌詞の翻訳はたいへんである。それぞれの言語には，それぞれ適したリズムやメロディーがある。

1. 音の世界を組み立てる：聴覚体制化

　日本語の場合，単語ごとに決まっている音の高さの変化が重要である。日本の唱歌には，話をするようなリズム，抑揚が，そのまま美しいメロディーに生まれ変わったような楽曲もある（例えば北原白秋作詞，山田耕筰作曲の「からたちの花」）。一方，日本語の抑揚を大切にしながら作曲しようとすると，モーラを単位とするリズム，単語ごとに決まっている音の高低関係などが，作曲家に強い制約を課すことになる。日本語そのもののリズム，メロディーを最大限に生かすということになると，それに付けることのできる音楽の種類が限られてしまう。英語のロック〔例えば The Beatles の「Birthday」（Lennon, McCartney 作詞・作曲）〕のようなかっこよくて強烈なリズムや，ラテン語の宗教音楽〔例えば Mozart がカトリック教会の聖歌として作曲した「Ave verum corpus」（アヴェ・ヴェルム・コルプス）〕のような，澄み切って，深みのあるメロディーやハーモニーは，実現しにくいであろう。

　市場や商店街などに行くと，魚屋や八百屋の店先で，「ほーら，安いよー」などと威勢のよい声を聞くことがある。物売りの声は，「歌になりかかった言葉」の宝庫であり，昔は「がまの油」をはじめ，言葉のリズムやメロディーを強調することが，芸の域にまで到達したものもあったが，残念ながら消えつつある。一方，その情緒に惹かれる人も多いらしく，今では江戸売り声が寄席の芸にまでなっている（宮田, 2003）。梯子売りの売り声は面白く，図 1.27（a）のように5音音階（階名でラドレミソラ）を1オクターブ登っていくメロ

（a）梯子売りの売り声（宮田の実音よりも1オクターブ高く記譜）

（b）子ども相手に大人が話しかける声

図 1.27　歌になりかかった言葉

ディーになっている（🔊：男性である宮田が自ら演じている例を女性が模倣しているため，音域は1オクターブ高い）。

　人の心を惹き付けるために，言葉のリズムやメロディーを強調するもう一つの例は，子どもを相手に話をする場合である。小さな子どもに話し掛けるとき，ほとんどの人が，大人に話し掛けるときよりもゆっくりとしゃべり，わかりやすいリズム，メロディーを付けている。そうしないと，小さな子どもは聞いてくれない。実際に街中で，おばあさんらしい人が，幼稚園児くらいのお孫さんと思われる男の子と別れるときに「またねー」というところを聴いたので，おおよその感じを楽譜に示しておく〔図1.27(b)（🔊）〕。このように，相手に必ず聞こえ，しかも不快感をもたれないように作られた言葉の音は，音楽の起源と深く関わっているであろう。

　言葉の抑揚やリズムが極端に強調されると，ワーグナーのオペラ（楽劇）や，ハードロックないしヘビーメタルロック〔Deep Purple（ディープ・パープル），KISS（キッス）などの音楽〕に代表されるような表現になる。このような場合，歌手が限界に挑むかのような声の出し方をすることがよくあり，さらに楽器の音が，声に対するマスキングを起こしやすい広い周波数帯域にわたる音の塊となって，声と同時に鳴らされることが多いため，言葉の内容を聴き取ることが難しいことも起こりうる。さらに，高い声（すなわち高い基本周波数）で歌う場合には，スペクトル成分の間隔が拡がるためにその数が減り，言葉を伝えるための手がかりが少なくなる（例えばフォルマントの位置を示す手がかりが不明確になる）ので，言葉の意味を正しく伝えるにはいっそう不利になる。例えば，A_5の歌声は，基本周波数が880 Hzであり，1 760 Hz, 2 640 Hz, …のような基本周波数の整数倍の成分からなっている。ここで，日本語の「ウ」を明瞭に聞かせるためには，通常，200〜500 Hzの成分が必要となるが，A_5の歌声にはそのような成分は含まれていない。つまり，このような高音で「ウ」と歌うことは，原理的に困難であることになる。このように，音楽的に誇張された表現においては，しばしば言葉の内容を伝達することに制限が生じる。

日本語の場合，子音の種類も出現頻度も英語やドイツ語に比べると少ないので，上記のように母音の区別がつきにくいときに，歌詞全体の意味がわかりにくくなる可能性が高い．さらに，英語やドイツ語では数個の音符に一つの文のような意味のまとまりを作ることが容易であり，そのなかに強弱の起伏を付けることができるが，日本語ではそうはいかないので，日本語で数個の音符からなるフレーズを叫ぶように歌っても間が抜けたような感じになりかねない．音楽の様式を異なる言語圏から取り入れるときには，相当な工夫を要する．

　一方で，英語を日常の言葉としては用いていない日本語話者であっても，英語で歌われているロックのかっこよさを感じることはできるようである．日本語で歌われるロックに，付け足したように英語の部分が出現することがよくある．多くの場合，聴取者が英語を言葉としてそれほど深くとらえていない場合でも，その響きのかっこよさを聴き取ればよいとの前提で楽曲が作られていると思われる．本書の趣旨から見た場合，（よしあしは別として）言葉が仮にわからなくても，そのかっこよさを感じることができることに注目したい．ヒトが，言語の違いを超えて，音節や音符に対応する音を知覚することができるからこそ，このようなことが起こるのである．異なる言語圏，音楽文化圏に共通する聴覚体制化の仕組みがなければ，外国語によるコミュニケーションは不可能であろう．

　音楽に対して，聴覚の文法を適用する場合には注意が必要である．なぜなら，音楽には音を使った遊びとしての面があり，その結果として多義的な聴き方が生じる場合も多いからである．まず，世界各地に見られる斉唱は，本来異なる音脈として聞かれるはずの異なる人の声が，聴きようによっては一人の声のようにも聞こえるところが面白い．かと思えば，モンゴルの**ホーミー**（höömii）のように，一人の声を二人の声であるかのように聞こえさせる歌唱法もある．通常の奏法では同時に一つしか音が出ない楽器で，低い音域と高い音域とを急速に交替することによって，音脈分凝を生じさせることもあれば，二つ以上の管楽器が和音を同時に鋭く鳴らし，打楽器の音のような一つの音事象として響かせることもある．このような手法はさまざまに変形して用いら

れ，どの程度の効果を生じるかもさまざまである．したがって，音楽を聴くときに音事象や音脈の生じ方について多義性の生じることは珍しいことではないと考えるべきである．音楽理論のうえで正しい聴き方が仮にあったとしても，ある人がそれとは異なる聴き方で音楽を楽しんだのであれば，それが聴覚心理学において取り上げるべき事実である．音楽であれ，言葉であれ，正統的な聴き方があるものと前提し，その聴き方に限定して研究を進めることは望ましくない．

とくに，音楽を聴いたときにいくつの音脈が聞こえるのかは，ちょっと試しに聴いてみただけでも，聴くたびに異なる場合があり，簡単に決まるとは限らない．また，作曲者が楽譜に示したとおりに聴き取ろうとしても，それができるとは限らない．Huron (1989) は，声部間に音色の違いを設けないオルガン曲の場合，音楽的訓練を受けた聴取者であっても，**対位法**（counterpoint）の**声部**（voice）の数を「正しく」とらえることができないことがあり，とくに楽譜上の声部の数が3を超えると，その数を把握することができない場合のほうが多くなることを示した．また，Nakajima et al. (1988) は，複数の声部が同時に上昇し，あるいは下降する場合，古典的な**和声**（harmony，和音の時間的な連なり．とくに，「機能和声」は主3和音を基本とし，明確な調性の感覚を生じる）に従って音楽理論のうえでは各声部がその役割を果たしていると見なされる場合であっても，全体として一つの旋律であるかのように感じられることがあり，この場合，一つひとつの音とは異なる音色が聞こえることを指摘した（図1.21参照）．

本書では，音声や音楽の聞こえについて，聴覚体制化に関連付けて，面白い研究につながりそうな話題を取り上げておく．さまざまな言語に共通した，あるいはさまざまな音楽のジャンルに共通した視点を得ることによって，読者の言葉と音楽に対する興味の幅が拡がれば幸いである．わが国においては，日本語と音楽との関係について真剣に考えるきっかけを，このようなところでもぜひ作っていただきたい．

第2章
音の世界を作り出す：錯聴

2.1 錯覚研究の意義

　物理的な世界と主観的な世界との食い違いを鮮やかに示すのが，いわゆる**錯覚現象**（illusion）である．視覚の研究領域では多くの錯覚現象が知られており，**錯視**（visual illusion）と呼ばれる．物理的に等しい長さの線分が，刺激の布置によって長さが違って知覚される例として，**ポンゾ錯覚**（Ponzo illusion）を**図 2.1**に示す．このような食い違いが生じることは，一見，環境への適応に不利であるように思われるが，そうではない場合もある．左右から挟み込む線分が，**図 2.2**のように幅が一定の線路を遠近法的に表し，2本の水平な線分が，線路の間に横たわる細長い棒切れなどを表すとしてみよう．細長い棒切れの両端を見込む角度，すなわち視角（写真に撮ったときの画像上の長さが，おおむねこれに対応する）が同じであれば，遠くにある棒切れのほうが物理的に長いはずである．ポンゾ錯覚は**線路錯覚**（railway track illusion）とも呼ばれており，この錯視を引き起こしたのと同じ知覚の仕組みが現実の環境においては適応に役立つ可能性がある．ただし，いつもこのように有利な知覚が生じるわけではなく，「役立つ場合もある」というくらいに考えるほうがよい．

　このような錯覚現象を調べていくと，われわれの知覚系は，間違いや誤差を，いかなる条件においても最小限に抑えるように設計されたものではなく，あり合わせの完全とは限らない機能を寄せ集めたうえで，著しい不都合が生じないように少しずつ改良を加えたようなシステムではないかと推測される．さ

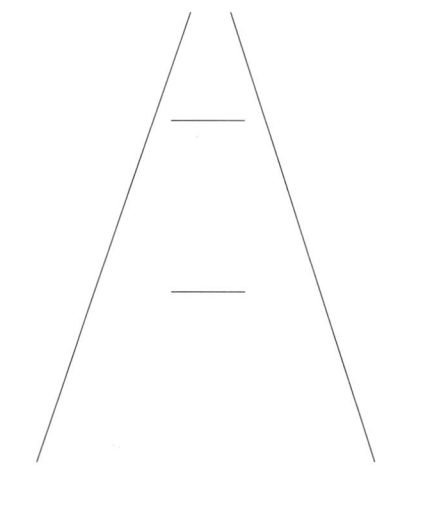

2本の水平な線分は，物理的な長さが等しいにもかかわらず，上の線分のほうが長く見える。

図 2.1 ポンゾ錯覚

図 2.2 線路の写真に当てはめたポンゾ錯覚

まざまな機能の守備範囲が重なり，冗長な機能や仕組みが残ることもあるが，これは生物にとって一種の安全策でもある。錯覚現象について詳しく調べることによって，知覚系がどのように設計されているかについて，多くのヒントが得られる。

　鼓膜と蝸牛（かぎゅう）とをつなぐ耳小骨は，進化の過程を理解するうえで面白い例である。脊椎動物が両生類となり陸上での生活を始めた頃，空気を伝わる音をう

まく聴き取ることが，環境を適切に認知し，互いのコミュニケーションを行うために必要であった。ところが，生物は工業製品ではないので，新しいモデルに，新しく開発した音センサーを取り付けるというわけにはいかない。あり合わせの材料を最大限に活用するしか手はない。空気の振動を，蝸牛のなかに詰まったリンパ液に伝えるために，鼓膜と耳小骨の一部（後にアブミ骨となる耳小柱）ができたわけであるが，この際，魚類の時代には顎をつなぎ止め，食物を得るために大切な役割を果たしていた骨（舌顎軟骨）が転用されている（倉谷，1997）。音を効率的に聴き取ることが，陸上の脊椎動物にとって，いかに急を要する課題であったかが推測でき，それに対していかに場当たり的な対応がなされているかもわかる。多くの錯覚現象が，場当り的な進化の結果である可能性は高い。

　錯覚は，知覚系の誤りであると解釈されることがよくあるが，これは表面的な理解である。ヒトや動物が環境に適応するために，与えられた条件のなかで大きな間違いを犯さず効率的に働く，あるいは生き残るために有利に働くような知覚系を発達させた結果，条件によっては錯覚が生じるようになったと考えるべきである。したがって，われわれが地上で，自分の手足を直接使って移動できる範囲において生活を送っている限り，錯覚が生じることにより生命の危険をまねくことはほとんどない。錯覚は知覚系の仕組みを理解するうえで重要な手がかりを与えてくれるため，知覚心理学の研究対象として重視されている。

2.2　錯聴研究の歴史

　画像の物理的性質と，一見食い違うような知覚内容が生じる現象を錯視と呼ぶのに対し，音の物理的な性質と食い違うような知覚内容が生じる現象を**錯聴**（auditory illusion）と呼ぶ（Deutsch, 1983; Warren, 1983; Kubovy and Daniel, 1983; Shepard, 1983; Deutsch, 1995, 2003; 柏野，2010）。錯視については，これまで数百種類にも及ぶ例が報告されているが（後藤・田中，2005），錯聴の数はそれほど多くはない。錯視は日常生活のなかで偶然見つかることがあるが，

2.2 錯聴研究の歴史

錯聴についてはそうはいかない。わざわざ音を作ったり，分析したりして初めて見つかる場合がほとんどである。以前は，技術的な制約のために研究者が作成できる音のパターンが限られており，見いだされた錯聴は数少なかった。

弦楽器や笛などで基本周波数の異なる二つの音を同時に鳴らすと，二つの音の基本周波数 f_1, f_2（$f_1 < f_2$）のいずれにも対応せず，$f_2 - f_1$ や $2 \times f_1 - f_2$ に対応する音の高さを有する音が聴こえる（Plomp, 1976; 蘆原, 2005）。この音を**結合音**（combination tone）と呼び，18世紀にヨーロッパ各地の音楽家によって発見されたことが知られている。これが，錯聴の最古の例であろう。例えば，一人で2本のソプラニーノリコーダーを同時に吹き，基本周波数が約 1 319 Hz（E_6）の音と，約 1 568 Hz（G_6）の音を出してみる。すると，2音の基本周波数の差に相当する 249 Hz（B_3）付近の音が鳴っているように聞こえることがある。この現象については，その生じる仕組みもある程度解明されており，物理的な波形に対する聴覚系の応答が非線形であることが根本の原因であるとされている（Plack, 2005; Schnupp et al., 2011）。

19世紀の米国においては，ごく短い二つの音に挟まれた「空虚時間」よりも，そのあいだにさらにいくつかの短い音を含む「分割時間」のほうが，物理的な長さが等しいときには，より長く感じられるという，**分割時間の過大評価**（overestimation of divided time intervals）が発見されている（Hall and Jastrow, 1886）。（この錯覚は filled duration illusion と呼ばれることもあるが，この用語を使うと，後に述べる連続充実時間錯覚と区別が付かなくなるので，本書では使用を避ける。）結合音や，分割時間の過大評価は，楽器や，素朴な実験装置で確かめることができるため，早くから知られていたと考えることができる。

このように錯聴については，長いあいだ限られた道具や装置によって作成された単純な音刺激を用いて，研究がなされてきた。ところが，20世紀後半になると急速に技術が進歩し，まず，アナログの録音，再生技術が一般化し，次いで，誰でもコンピューターが1台あれば，手軽にさまざまな音のパターンを合成したり，分析したりできるようになり，新たな錯聴が発見されるようになった。例えば，1.4節で紹介したオクターブ錯覚や，音階錯覚は，そのよう

な技術がなければ，発見することは不可能に近かったと考えられる。

2.3 知覚の多義性と音脈

視覚においては錯覚として扱われることが多いが，聴覚においては必ずしもそうではないのが，**知覚の多義性**（perceptual ambiguity）と呼ばれる現象である。**ネッカーの立方体**（Necker cube）（図 2.3）のような**多義図形**（ambiguous figure）は，その見え方が自発的に変化する驚きもあって，錯覚として紹介されることが多い。聴覚においては，例えば音の高さの異なる二つの音が交替する系列は多義的に知覚されることがあることを指摘しておく〔図 2.4（🔊）〕。まず，そのような音系列には，分凝が生じて二つの音脈が聞こえている状態〔図 2.4(a)，(b)〕と，全体が一連の音脈に聞こえる状態〔図 2.4(c)，(d)〕との間に多義性が生じる。さらに，音脈分凝が生じているとき，高い音が前面に浮き出して聞こえるか〔図 2.4(a)〕，低い音が浮き出して聞こえるか〔図 2.4(b)〕，という意味で多義的でありうる。系列が一つの音脈として処理されているときには，「低い−高い」「低い−高い」というまとまりに聞こえる〔図 2.4(c)〕か，「高い−低い」「高い−低い」というまとまりに聞こえる〔図 2.4(d)〕かという多義性が生じる。このように，二つの音が交替する系列は，**二重多義性**（double ambiguity）をもちうるのである。

このような音の系列の知覚は，通常とは異なる体験が得られるという意味

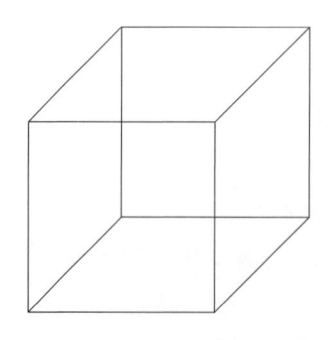

しばらく見ていると，それまで向こう側に見えていた面がこちら側にあるように見え，逆にそれまでこちら側に見えていた面が向こう側にあるように見える。さらに見続けると，元の見え方に戻り，このような見え方の不連続な変化が反復される。

図 2.3　ネッカーの立方体

2.3 知覚の多義性と音脈　65

（a）音脈分凝が生じ，高い音が前面に浮き出す

（b）音脈分凝が生じ，低い音が前面に浮き出す

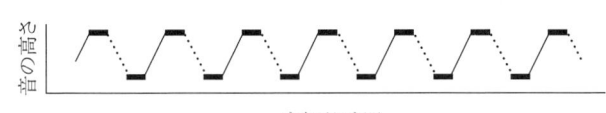

（c）一つの音脈として知覚され，低い音から始まる

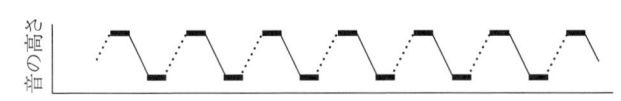

（d）一つの音脈として知覚され，高い音から始まる

330 Hz, 0.1 s の短音と 440 Hz, 0.1 s の短音を交替させ，1秒間に5音の頻度で呈示したときには，同じ刺激に対して，（a）～（d）のような4通りの聞き方が可能である．図中の太くて短い線分は，物理的な刺激そのものに対する知覚を表し，実線は強いつながりを，点線は弱いつながりを表す．

図 2.4　音脈の多義性

で，錯覚の一種と考えることができる．このような知覚は聴覚体制化の研究対象としても，重要な位置を占めるべきものであり，あたりまえのこととしてすませるべきものではない．

　二つの音 A と B とを，ABA ABA …のように呈示した系列（図1.6）において，この二つの音の周波数を徐々に近づけたり，遠ざけたりすることにより，音脈分凝の生じる条件を調べることができる（van Noorden, 1975）．1秒当り5音，あるいはそれよりも早い頻度で二つの音が交互に鳴らされる場合，周波数が比較的離れているあいだは，音脈分凝が生じ，二つの音脈が知覚される

が，周波数が近接してくると，一つの音脈にまとまって，**一連性**（temporal coherence）が生じる〔**図 2.5**（●），**図 2.6**〕。2 音の周波数を固定し，交替

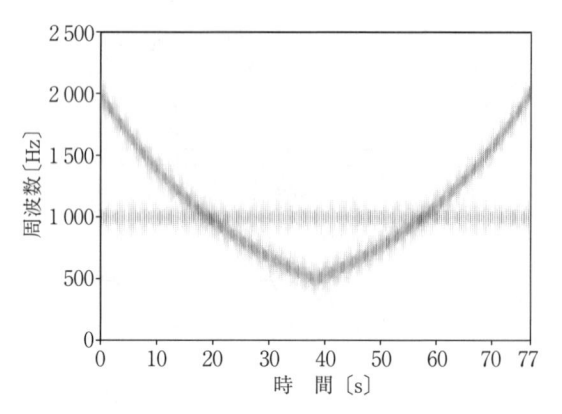

持続時間 0.04 s の純音 A, B を ABA ABA …のように呈示する。A どうしは 0.16 s の，B どうしは 0.36 s の空白時間を間に挟んで呈示している。最初の A と B との間には 0.06 s の空白時間が挟まれている。純音 A の周波数は，2 000 Hz から 500 Hz の 2 オクターブを 1/4 半音刻みで変化するが，純音 B の周波数は 1 000 Hz に固定されている。両者の周波数が離れているあいだは，二つの音脈に分凝して知覚されるが，両者の周波数が 3 ないし 4 半音程度の範囲（840〜1 190 Hz ないし 790〜1 260 Hz 程度）に入ると一つの音脈にまとまって聞こえ，ギャロップのパターンが知覚される。図 1.6 を参照のこと。

図 2.5 周波数間隔によって音脈分凝の生じやすさが変化する音刺激パターン〔van Noorden（1975）に基づく〕

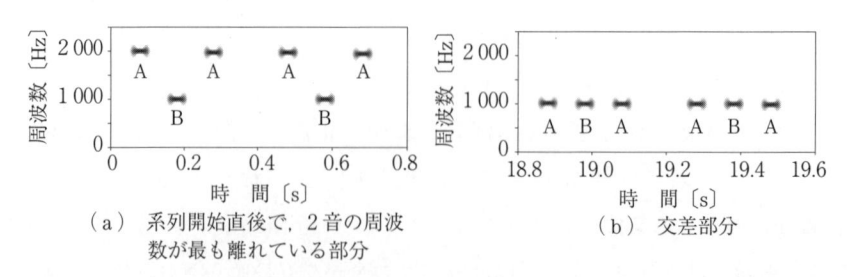

(a) 系列開始直後で，2 音の周波数が最も離れている部分

(b) 交差部分

図 2.6 図 2.5 を部分的に拡大したもの

速度をしだいに変化させた場合も，交替速度が上がってくると，それまで一つの音脈として聞こえていた音列が，突然，音脈分凝を引き起こして二つの音脈を形成する現象が見られる〔図 2.7（🔊），図 2.8〕。

(a) 時間波形

(b) スペクトログラム

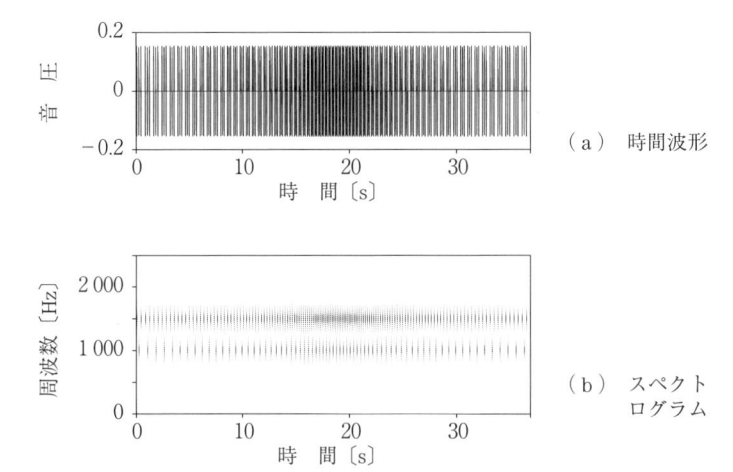

持続時間 0.04 s の純音 A, B を ABA ABA …のように呈示する。A どうしは 0.36 s の，B どうしは 0.76 s の空白時間を間に挟む条件から開始し，徐々に空白時間を縮めて A どうしは 0.12 s，B どうしは 0.28 s まで短くし，しばらくその状態を保った後，再び徐々に空白時間を延ばしている。純音 A の周波数は 1 498 Hz に，純音 B の周波数は 1 000 Hz に固定されている（この周波数間隔は，5 度の音程に相当する）。最初はギャロップのパターンが知覚され，一つの音脈として聞こえるが，交替速度が上がるに従って，二つの音脈に分凝した知覚が生じる。交替速度が下がれば，また元のギャロップのパターンが知覚されるようになる。

図 2.7 交替速度によって音脈分凝の生じやすさが変化する音刺激パターン〔van Noorden（1975）に基づく〕

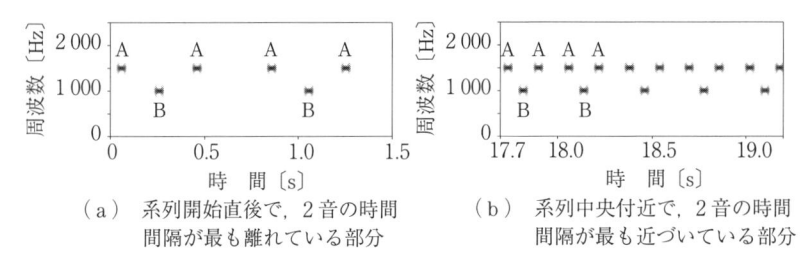

(a) 系列開始直後で，2 音の時間間隔が最も離れている部分

(b) 系列中央付近で，2 音の時間間隔が最も近づいている部分

図 2.8 図 2.7（b）を部分的に拡大したもの

このような現象に対しては，時間および周波数に関する近接の原理に従って説明されることが多い．しかし，図2.9に示すような音パターンについては，注意を要する．これを聞くと，音が三つずつ時間的に近接している図2.9(a)(🔊)のパターンにおいて音脈分凝が生じやすく，それに比べれば音と音とが時間的に離れている図2.9(b)(🔊)のパターンにおいて音脈分凝が生じにくい．

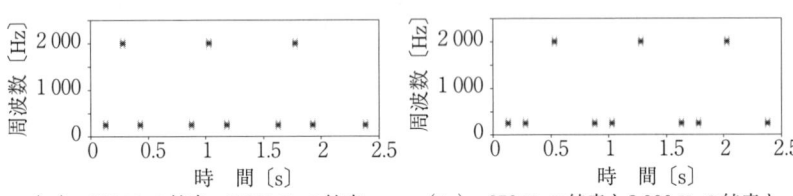

(a) 250 Hzの純音，2 000 Hzの純音がそれぞれ，別の音脈を形成し，知覚のうえでそれぞれひとまとまりになる（音脈分凝が生じやすい）．

(b) 250 Hzの純音と2 000 Hzの純音とが一連の音脈を形成し，低い音二つの後に高い音が続くという，三つの音からなる群が繰り返して知覚される（音脈分凝が生じにくい）．

250 Hzの純音と2 000 Hzの純音の時間的な距離は，(b)よりも(a)のほうが近いにもかかわらず，(a)では低い音二つと高い音一つが群を形成することはきわめて起こりにくい．

図2.9 近接の原理だけでは説明のつかない群化の生じる音刺激パターン

ここで，いったん音脈分凝のことを離れて，このような音系列のなかに三つずつの音のまとまりを聴き取るのはどちらの音刺激パターンのほうが起こりやすいかを考えてみよう．図2.9(a)のパターンでは，時間的に近接する三つずつの音をまとまりとして聴こうとすると，かなりの努力を要するが，図2.9(b)のパターンでは，特別な構えをとらなくても音が三つずつ群化して聞こえる．図2.9(b)のパターンで音が三つずつにまとまって知覚されることを時間的近接の原理で説明しようとすると，三つの音がさらに近づく図2.9(a)のパターンではそのようなまとまりは生じにくいことを説明できなくなる．図2.9(a)のパターンでは低い音どうしの時間的な間隔は図2.9(b)のパターンよりも増すので，群化が生じにくいのではないかとの反論があるかもしれないが，図2.9(a)のパターンでも低い音どうしは知覚のうえで強く結び付い

ているように聞こえることがほとんどであり，このような反論は当を得ない。むしろ低い音どうしが知覚のうえで結び付いて音脈を形成しやすく，そのために別の音が時間上でそのあいだに割り込んで群を形成することが難しいのではないかと考えられる。そうすると，近接の原理とは別に，音と音との時間順序から生じる制約についても考慮しなければならないことになる。よく知られたゲシタルト原理だけでは説明のつかないことがらが，このような単純な状況においても現れる。ゲシタルト心理学をいったん離れて，音脈形成がいかになされるのかを考察することが重要であることをこの例は示している。

Deutsch の報告したオクターブ錯覚（図 1.13）や音階錯覚（図 1.19）も，聴覚体制化の働きを探る重要な手がかりとなる代表的な錯聴である。また，20世紀半ばに入って，聴覚体制化についての理解を深めるような錯聴が相次いで発見された。2.4 節以降に，これらの錯聴を紹介し，いくつかについて**聴覚の文法**による解釈を試みる。

2.4 時間誘導

Warren（2008）は，強い音が鳴っているときに，実際には鳴っていない別の音が鳴っているように聞こえる現象をまとめて**時間誘導**（temporal induction）と呼んだ〔少し意味が広くなるが，時間誘導のかわりに**聴覚誘導**（auditory induction）という語が用いられる場合もある（Warren et al., 1972; Warren and Bashford, 1976; Warren, 1999）〕。強い音によるマスキングが生じ，それに重なった弱い音がかき消されて聞こえなくなった状況を想定してみよう。時間誘導は，あたかもこのマスキングの効果を打ち消すかのような働きをする。マスキングによって聞こえなくなってもおかしくない音が，依然として知覚されるのである。時間誘導に分類される錯聴としてこれまで，**連続聴効果**（auditory continuity effect），**音素復元**（音韻修復，phonemic restoration），**楽音復元**（music sound restoration）などが報告されている。

2.4.1 連 続 聴 効 果

連続聴効果の生じる典型的な例では，強い音と弱い音とが継時的に交替する系列で，断続しているはずの弱いほうの音が連続した音として聞こえる。これは，時間誘導としては最も早く報告された現象である〔**図 2.10**（ ）〕。この錯聴は，Miller and Licklider（1950）によって初めて報告され，Thurlow（1957），Thurlow and Elfner（1959）の報告がそれに続いた。Elfner らは連続聴効果の生起について，音の種類や呈示条件をさまざまに変えて，その頑健性を確認した（Elfner and Caskey, 1965; Elfner and Homick, 1966, 1967a,b; Elfner, 1969）。連続聴効果の生起には，強い音に対する聴覚系の興奮パターンが，弱い音に対する興奮パターンを含んでいることが必要である。さらに，弱い音の開始と終

（a）時間波形

（b）スペクトログラム

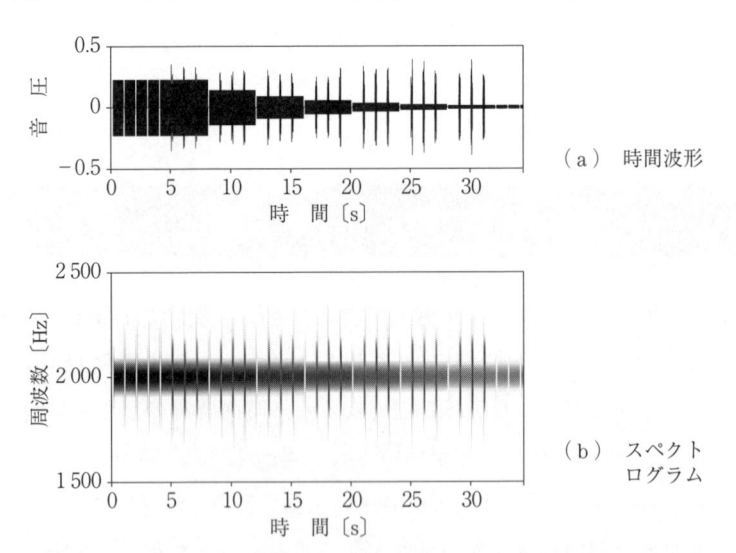

物理的な刺激においては，純音も，帯域雑音も，どちらも常に断続している。純音の周波数は 2 000 Hz，持続時間は 0.875 s，帯域雑音の周波数帯域は 1 875～2 125 Hz，持続時間は 0.135 s である。それぞれの立ち上がり時間および立ち下がり時間は 0.005 s であり，両者が隣り合う部分では，互いの立ち上がりと立ち下がりとを重ねている。図の両端の部分では，雑音のかわりに 0.125 s の空白が純音のあいだに挟まれている。純音の強さは，図の両端の部分を除いて，純音が 4 回呈示されるごとに 4 dB ずつ変化させている。純音の強さが帯域雑音の強さよりも弱い条件で，純音が連続して知覚される。

図 2.10　連続聴効果

了とが，強い音によるマスキングを受けることも必要条件となっている。

聴覚系が知覚内容を構成するとき，与えられた手がかりを常に物理的な音のパターンに対応させて組み合わせるとは限らない。むしろ，利用可能な要素について最も単純な，あるいは最もありそうな組合せを採用する。連続聴効果の場合，弱い音の立ち上がりが強い音の終了部分によるマスキングを受け，弱い音の立ち下がり（減衰）が強い音の開始部分によるマスキングを受けるため，刺激パターン全体の始まりと終わりとを除いて，弱い音には開始と終了という要素が存在しないことになる。そこで，聴覚系は簡潔であり，かつ最もありそうな知覚的解釈として，連続した弱い音という知覚内容を採用することとなる。図2.10のような典型的な連続聴の刺激事態では，強い音と弱い音とは音脈分凝によって，別々に知覚のうえでのまとまりを構成するが，弱いほうの音を知覚のうえで体制化するとき，強い音の周波数成分の一部をその構成要素として取り込み，連続した音としての知覚が生じるのである。

連続聴効果は，おそらく最もよく知られた錯聴であり，さまざまな変形パターンが考案されている（Bregman, 1990; Drake and McAdams, 1999; Warren, 2008; Riecke et al., 2008, 2011; Kobayashi and Kashino, 2012）。純音のかわりに周波数変化音を用いても，この錯聴は生じる（Ciocca and Bregman, 1987）。Houtgast（1972）は，この連続聴効果の性質を利用して聴覚系のフィルター特性を測定する方法として，**パルセーション閾法**（**パルス閾法**, pulsation threshold method）を確立した。この方法によれば，同時マスキングを用いた場合には，かき消す音とかき消される音との相互作用による唸りや結合音の影響が生じてしまうことを避けることができる。したがって，聴覚系の興奮パターンを測定する方法として，順向マスキングと同等あるいはそれ以上に優れた方法として用いることができる（宮崎・佐々木, 1981）。

2.4.2 音素復元

音声の一部を削除し，かわりに雑音を挿入すると，実際には削除されて存在しないはずの音素あるいは音節が，文脈に沿って知覚のうえで復元される。こ

の現象は，Warren（1970）が最初に**音素復元**として報告したもので，日常の騒音のある環境における知覚に生じる適応的なメカニズムの働きを，錯覚現象として示したものである。彼は，英語音声中の一つの音素または一つの音節（3音素からなる）を削除して，かわりに雑音または咳の声を挿入し，その聞こえを調べた。用いた文は

> The state governors met with their respective legislatures convening in the capital city.

というものであり，下線部の「s」または「gis」の音を削除し，雑音または咳の声で置き換えた。聴取実験を行った結果，実際には削除されて存在しないはずの音声が，実験参加者には聞こえていたと考えられる証拠を得たのである。

彼が採用した方法は，文章中のどの場所に雑音が呈示されたか，雑音の時間的位置を実験参加者に判断させるというものであった。もし，実験参加者によって雑音が聞こえたと判断された時間的位置が，実際に雑音が呈示された時間的位置とは異なっていたとしたら，本来，雑音が呈示された位置では雑音は聞こえず，かわりに音声が聞こえたと判断されたことになるので，これが音声の知覚的復元が生じたことの間接的な証拠となると解釈したのである。これは，**音脈分凝**が生じているとき，異なる音脈に属する音の間の時間関係は判断が難しくなる（van Noorden, 1975）という現象を利用したものである。音声中に雑音が挿入されると，音声と雑音には音脈分凝が生じ，別の音源から発生した音として知覚的体制化が行われる。そのため，雑音を音声のなかに位置付けることが難しくなるのである。

Sasaki（1980）は，日本語音声を用いて同様の実験を行い，日本語音声においても雑音の時間的位置の知覚誤りが生じ，音素の復元が生じることを示した。用いた刺激は

> 「しろいひばなをちらした ようなはながついている」
> 「さけのあじをひきたてるさかながほしい」
> 「わたくしはみなからじだいおくれだといわれている」

の三つの文を男性の声で読んだ音声で，下線部の音声について，音節，子音，

母音のいずれかを削除して雑音で置き換えた刺激を作成した。雑音の時間位置を判断する実験を行ったところ，正答率は全体で10%にすぎず，実験参加者は，音声の欠落には気付かなかった。音素復元効果は，聴覚系の**トップダウン処理**（top-down processing）の働きによって生じるものと解釈される。われわれが音声を聴いているときには，常に意味的な解釈とそれに基づく予測を行っている。音声の一部について種々の雑音によるマスキングが生じることは，日常生活でも珍しいことではない。そのとき，聴覚系は欠落した音を知覚のうえで補完して，不都合が生じないようにしているのである。

音素復元効果について，Warren and Sherman（1974）は興味深い実験を報告している。復元される音素の手がかりが復元位置よりも後に呈示されるという刺激を作成して，どのような音が知覚のうえで復元されるかを調べたものである。「It was found that the ■eel was on the＿＿＿．」という音声の■の部分に雑音を挿入し，文章の最後の下線部に文脈的手がかりとなる「axle」，「shoe」，「orange」，「table」のいずれかを入れた。そこで，どのような文章が聞こえたかを報告させると，「axle」に対して「wheel」が，「shoe」に対して「heel」が，「orange」に対して「peel」が，「table」に対しては「meal」が聞こえたというのである。それぞれ，「車輪が車軸に付いている」，「かかと（ヒール）が靴に付いている」，「皮がオレンジに付いている」，「食事がテーブルにのっている」というように，意味の通る文に聞こえている。このように，文脈上の手がかりに沿った音素が復元される際に，その手がかりが復元箇所よりも4音節だけ後に呈示されても有効であるということが示された。これは，音素復元に聴覚末梢だけでなく，かなり高次の処理が関わっていることを示すものである。

2.4.3 楽音復元

録音した音楽の一部を削除し，かわりに雑音を挿入した刺激を聴くと，実際には削除されて存在しないはずの楽音が知覚のうえで復元される。この錯覚現象は，**楽音復元**としてSasaki（1980）が報告したもので，音楽の刺激系列においても，音声と同様に文脈に沿った知覚処理が行われ，それによって知覚上の

復元が行われることを示したものである。Sasaki（1980）は，ショパンの「子犬のワルツ」，ベートーヴェンの「エリーゼのために」，モーツァルトの「トルコ行進曲」の3曲のピアノ演奏を録音し，そのなかのメロディーの1音に相当する区間を削除して白色雑音（広い周波数帯域にわたって平坦な音エネルギー分布をもつ雑音）で置き換えた〔図2.11（●）〕。音楽経験のある18人の実験参加者が，雑音が楽曲中に占める時間的位置を判断した結果，正答率は10%程度であった。この正答率は，楽譜を見ずに聴取しても楽譜を見ながら聴取してもほとんど変わらなかった。

本書で用いる以下の譜例では，原則として音符と休符のみを示し，強弱記号などは省略する。灰色で塗られた区間の音響信号を雑音で置換しても，楽譜どおりの音が演奏されたかのように知覚される。この譜例では第13小節以降を示しているが，実際の実験においては，楽曲の最初から呈示した。

図2.11 楽音復元効果1（ショパンの「子犬のワルツ」）

　さらに，Sasaki（2004）は，楽音の雑音による置き換えが拍内のどの位置かということの影響があるかどうかを検討した。用いた刺激は，モーツァルトのソナタK.545の第1楽章冒頭の12小節である。実験のために原曲に改変を加え右手のみで演奏された第6小節および第7小節の2拍目から4拍目までの十六分音符，合計24音のうちの1音を削除し，ピンクノイズ（音エネルギー密度が周波数に反比例する雑音。白色雑音と比べて，低周波数帯域がより強調され，高周波数帯域になるほどレベルが低下したようなスペクトルになる）で置き換えた〔図2.12（●）〕。実験参加者は雑音の時間位置を判断し，正答率が算出された。1拍が四つの十六分音符に分かれているとき，一つ目および四つ目の十六分音符については正答率が高く，二つ目，三つ目の十六分音符につ

第6,7小節の2拍目から4拍目までの十六分音符のうち,どれか一つに相当する音を雑音で置換し,雑音が楽曲中のどの位置で呈示されたと知覚されるのかを調べる。第5小節の4拍目から第8小節までについては,原曲では存在する左手の音が削除され,右手の音のみが演奏された。テンポ表示は,実験に用いた速さである。

図 2.12 楽音復元効果 2 (モーツァルトのピアノソナタ K.545 第 1 楽章冒頭)

いては正答率が低かった。この結果は,拍の中間では楽音の復元が生じやすいということを間接的に示したものである。

楽音復元についての研究は多くない。DeWitt and Samuel (1990) は,雑音によって楽音が置き換えられた刺激と雑音が楽音に重なった刺激とを弁別するという方法によって楽音復元の仕組みを検討した。彼らは,刺激として用いたメロディーが,なじみのあるものかどうかによって,楽音復元に違いが生じたことから,**期待**(expectancy)が重要な役割を果たしていると考えた。

2.5 時間に関する錯聴

2.5.1 充実時間錯覚

聴覚は時間に対して敏感な感覚であるため,2.2節に述べた以外にも時間知覚に関する錯聴が次々に見つかっている。なかでもよく知られているのが充実

時間〔**図2.13(a)**〕に対して生じる**連続充実時間錯覚**〔continuously filled duration illusion：本書ではこれ以降，**充実時間錯覚**（filled duration illusion）と呼ぶ〕である。聴覚に限って紹介すると，Zwicker（1969/70）は，音のなかに埋め込まれた空白時間〔図(b)〕や，ごく短い二つのクリック音によって区切られた時間間隔〔空虚時間，図(c)〕に比べて，音の持続によって示された時間間隔，すなわち充実時間のほうが，物理的な時間長が同じであっても，より長いと知覚されることを示した。充実時間どうしを比較しても主観的な時間長には違いがあり，音の強いほうが長いと感じられる傾向がある（Berglund et al., 1969）。また，純音や狭帯域雑音を用いた実験では，0.1 s より短い時間に関して，聴覚末梢の感度が高い 3 000 Hz の付近で時間長が長く感じられることがわかっている（例えば，Burghardt, 1973）。

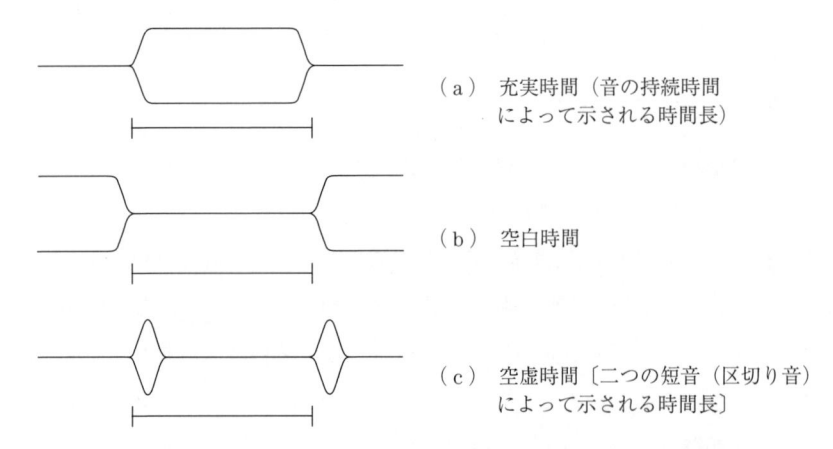

（a）充実時間（音の持続時間によって示される時間長）

（b）空白時間

（c）空虚時間〔二つの短音（区切り音）によって示される時間長〕

各図の上部は横軸を時間とした，音の時間包絡を示しており，各図の下部には対応する時間長が線分で示されている。既往の研究では，最初の区切り音の終わりから，二番目の区切り音の始まりまでを空虚時間の時間長と定義しているものも見受けられるが，本書の著者らの研究グループでは，最初の区切り音の始まりから二番目の区切り音の始まりまでを空虚時間の時間長と定義している。

図 2.13 充実時間，空白時間，空虚時間の本書における定義

時間長の過大評価は，当該の時間区間が音エネルギーで満たされているということだけで生じるのではない。Hasuo et al.（2012）は，二つの区切り音の始まりから始まりまでの時間長の知覚に関して実験を行った。その際，区切り

音の長さを体系的に変化させた。第1区切り音の始まりから第2区切り音の始まりまでの時間長を保ったまま，第1区切り音を長くすると，固定したはずの時間長がより長く知覚される傾向が認められた。しかし，第1区切り音が，固定された時間長の半分以上を占める条件において，過大評価が生じない場合も認められた。この結果を充実時間錯覚と結び付けるには無理がある。一方，第2区切り音が長くなれば時間長が長めに知覚されるという傾向が明確に示されており，時間間隔の終わりの時間的な位置に関して組織的な錯覚の生じる可能性が示されている。Fastl (1977) は，順向マスキングと同じ仕組みによって，充実時間の終わりの時間的な位置が実際よりも後寄りに知覚され，その結果，充実時間錯覚が生じると論じている。

2.5.2 時間縮小錯覚

三つの短い音で区切られた隣接する二つの空虚時間において，第2空虚時間 (t_2) が第1空虚時間 (t_1) よりも長いとき，刺激条件によっては t_2 の長さが過小評価されることがある。この錯聴は，Nakajima et al. (1991b) によって最初に発表され，Nakajima et al. (1992) によって，**時間縮小錯覚** (time-shrinking) と名付けられた〔**図2.14**（⊙）〕。時間縮小錯覚は短い時間パターンについてのみ生じ，t_1 が約 0.2 s 以下である場合に，明瞭に生じる。また，錯聴が生じる条件として，第1時間と第2時間との差 $t_2 - t_1$ が重要であり，錯覚量は，$t_2 - t_1$ が 0.06〜0.10 s のときに最大となる。さらに，0.10 s を超えると t_2 の過小評価は，急激に減少する。そしてそれまではほとんど等しいと感じられていた隣接する時間間隔に突然，大きな差異が生じたように知覚される（Nakajima et al., 1992; Suetomi et al., 2000）。

ten Hoopen et al. (1995) は，時間縮小錯覚が，聴覚的リズムの**等間隔性** (isochrony) の判断に影響を及ぼしていることを示した。時間パターンが等間隔であると判断される範囲は，時間縮小錯覚が生じることによってかなり広がっている。リズムの等間隔性とは，1 : 1 の時間比率が感じられることであ

78　2. 音の世界を作り出す：錯聴

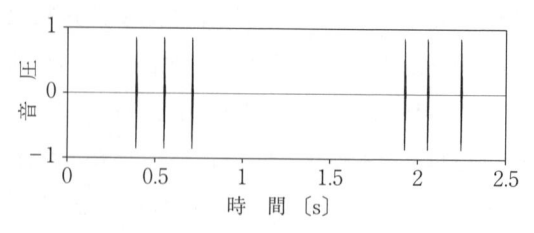

図の左半分に示された三つの短音は，0.16 s の等しい時間間隔で呈示され，等間隔であるように聞こえる。図の右半分に示された三つの短音は，順に 0.13 s (t_1)，0.19 s (t_2) の時間間隔で並んでいるが，この場合も，等間隔で呈示されたように聞こえる。この際，物理的には 0.19 s ある時間間隔が，縮小したかのように知覚される。前後を逆転するともはや等間隔には聞こえない。

図 2.14　時間縮小錯覚の生じる典型的な音刺激パターン

り，聴覚の時間判断の基本となるものである（Mitsudo et al., 2009; Nakajima and Takeichi, 2011）。物理的には相当偏った比率になっていても，時間的規則性が知覚されることは，リズム知覚に大きな影響を及ぼすものである。

2.5.3　時間伸長錯覚

Sasaki et al.（2010）は，時間縮小錯覚と同様の錯覚が充実時間でも生じるかどうかを検討し，充実時間の場合には，時間縮小錯覚とはまったく逆の錯覚が生じることを報告した。この錯聴は**時間伸長錯覚**（time-stretching）と名付けられた。典型的な刺激事態は，**図 2.15**（🔊）のように，短い狭帯域雑音の直後に短い純音を呈示するというもので，例えば，0.2 s の純音には約 0.04 s の過大評価が生じる。

時間伸長錯覚の説明として，連続聴と同様の知覚的補完が働いているという考え方がある。先行音によって後続音の開始部がマスキングを受けると，後続音が先行音の一部に重なっているという知覚的解釈が生じ，後続音が長く聞こえるというものである。すなわち，先行音によるマスキングにより，後続音の開始部が聞こえにくくなり，いつ音が始まったのかがわかりにくくなった結果，前の音が鳴っているあいだに次の音が始まったという知覚的解釈が生じる

2.5 時間に関する錯聴

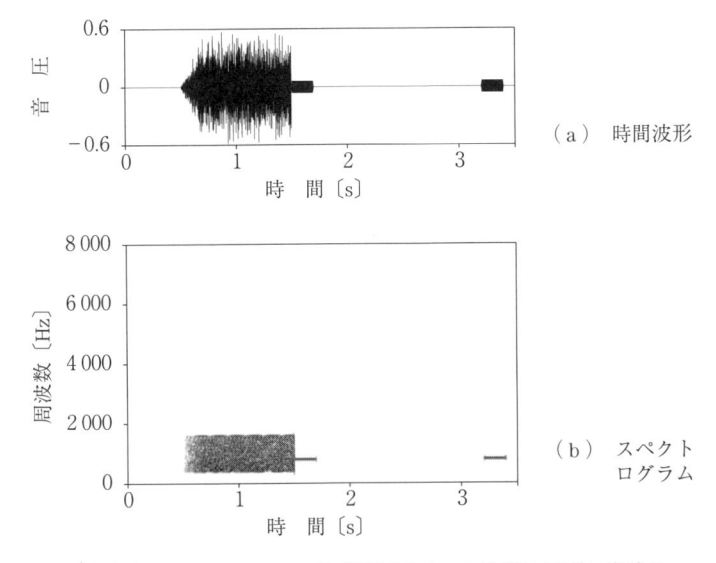

（グラフ：(a) 時間波形、(b) スペクトログラム）

周波数帯域が400～1 600 Hz，持続時間が1 sの狭帯域雑音の直後に，800 Hz，0.2 sの純音を呈示し，比較対象として0.2 sの純音をもう一度呈示している。狭帯域雑音の直後に呈示された純音の長さは，実際よりも長く知覚される（反復呈示で聞き比べることを推奨）。

図 2.15 時間伸長錯覚の生じる典型的な音刺激パターン

可能性があるという考え方である。しかし，時間伸長錯覚は，マスキングが起こらない，先行音よりも後続音のほうが強いという刺激事態においても生じることが示され（Sasaki et al., 2010），連続聴と同様の知覚的補完だけではこの現象を解釈できないことが明らかとなった。そこで，もう一つの考え方として，先行音によるマスキングが生じるほどではないが，先行音の存在によって後続音の開始部が不明瞭になった結果，開始部が前方に移動して知覚された可能性もある。

まとめると，時間伸長錯覚の刺激では，後続の純音の開始部が先行の狭帯域雑音によってマスキングを受けているか，あるいは不明瞭になっている。そこで，聴覚系は開始部を新たに作り出すか，不明瞭な開始部の位置を明確にする必要がある。二つの充実時間の間には空隙がないため，先行音の終了以前に知覚のうえで開始部を作り出すこととなり，少なくとも，開始部のために必要な

時間分だけ過大評価が生じることとなる。

Warren et al. (1994) は，連続聴効果の基本パターンの一つである2音交替の系列について，各音の大きさや長さがどのように聞こえているかを調べる実験を行った。彼らの用いた刺激系列は，各音の長さが0.2 sであり，繰返しサイクルは2.5 Hzであった。強いほうの音（誘導する音, inducer）は70 dB, 1 000 Hz の純音とし，弱いほうの音（誘導される音, inducee）は66 dBの純音で，その周波数を，強いほうの音に対して±10半音の範囲で変化させた。弱いほうの音の知覚上の長さを測定した結果から，断続的に聞こえている0.2 sに相当する状態あるいは連続聴が生じている0.4 sに相当する状態だけが生じているわけではないことがわかった。二つの音の周波数間隔によっては，その中間，すなわち弱いほうの音が断続的ではあるがその時間長に過大評価が生じている状態のあることが明らかになったのである。条件によっては，弱い音が鳴らされるたびに時間伸長錯覚が生じていた可能性がある。

2.6 音脈と聴覚の時間分解能，記憶モデルとの関係

文を読み上げた音声の途中に，「目印」となる音（クリック音と呼ばれる短い「カチッ」という音など）を呈示し，それが文中のどの位置で聞こえたのかを実験参加者に回答させる実験〔例えば，Ladefoged and Broadbent, 1960; Fodor and Bever, 1965〕が行われてきた。このような実験は，文の言語的な構成単位が，時系列的な知覚における単位にもなっているかどうかを調べる目的で行われることが多く，クリック音が実際に呈示された時点にではなく，文の構造的な切れ目に引き寄せられて知覚されることが多いという事実を明らかにしてきた。

このような研究の流れとは少し異なる視点から，聴覚の認知的な側面における**時間分解能** (time resolution) を調べるための実験パラダイムが，寺西によって提案されている。寺西・浜崎 (1981) は，クリック音の呈示された時間的位置を，刺激の物理的な関係のとおりに知覚できるかどうかは，同時に呈示

される別の音とクリック音とが，同じ音脈に属するのか，それとも異なる音脈に属するのかによって影響されることに着目した．この実験パラダイムでは，高低2種類の周波数の純音が交互に呈示され，どれか一つの純音の時間的中央でクリック音が呈示される〔図2.16（🔊）〕．純音の周波数および持続時間，クリック音の呈示位置といった変数を操作することにより，クリック音の呈示位置を識別できる閾値として，聴覚の時間分解能を調べることができる．

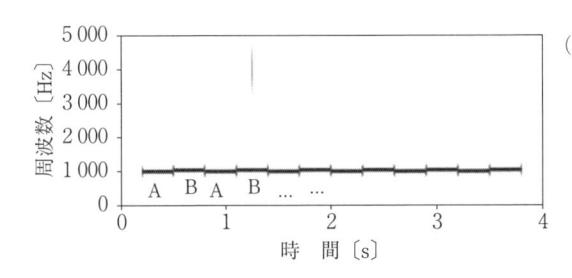

(a) 1000 Hzの純音と，1/4臨界帯域，離れた周波数である1040 Hzの純音とが交替で呈示され，4番目の純音の時間的中央にクリック音が呈示された例（各純音の持続時間は0.3 s）

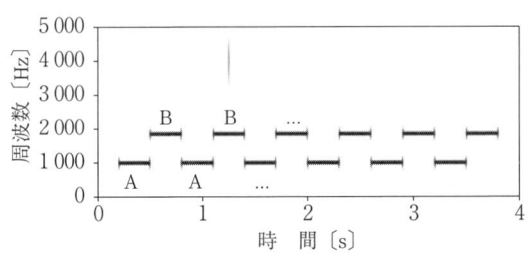

(b) 1000 Hzの純音と，4臨界帯域，離れた周波数である1850 Hzの純音とが交替で呈示された例〔クリック音の呈示される位置および各純音の持続時間は（a）と同じ〕

低い純音（図中A）と高い純音（図中B）とが交替しながら呈示され，実験参加者は，クリック音が呈示されたときに同時に呈示されていた純音が，Aであったか，Bであったかを回答する．純音の持続時間を変化させて聴覚の時間分解能を調べる．系列長，系列がA，Bのどちらから開始されるか，クリック音が何番目の純音が出ているときに呈示されるか，といった変数は無作為化される．

図2.16 聴覚の時間分解能を調べる寺西の実験パラダイム（寺西・浜崎，1981）

図2.17に寺西・浜崎の実験結果を示す．純音どうしの間で生じうる音脈について考えれば，純音の周波数差が1/4臨界帯域の場合と，4臨界帯域の場合とを比べると，周波数の離れている後者のほうが，より持続時間の長い（交替速度の遅い）条件においても音脈分凝が生じやすい．van Noorden（1975）が指摘したように，音脈分凝が生じることによって，異なる音脈の間での時間的

2. 音の世界を作り出す：錯聴

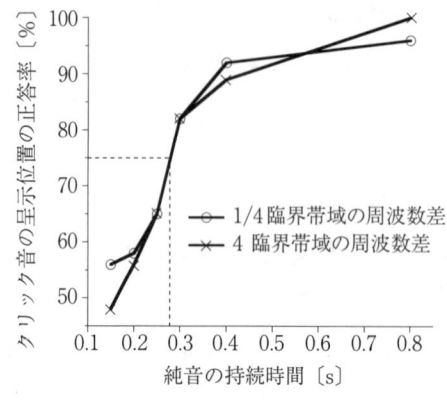

[図: クリック音の呈示位置の正答率［%］ 縦軸、純音の持続時間［s］横軸のグラフ。凡例「1/4臨界帯域の周波数差」「4臨界帯域の周波数差」。○は純音の周波数差が1/4臨界帯域の条件，×は純音の周波数差が4臨界帯域の条件を示す。破線は75%閾値を示す。]

図 2.17 寺西・浜崎（1981）の実験結果

前後関係はわかりにくくなる。ところが，クリック音の呈示された位置が正確に判断できる閾値に関しては，二つの実験条件の間に差が見られない。すなわち，寺西・浜崎は，純音どうしの間で音脈分凝が生じなくなるような長い持続時間の条件で，ようやくクリック音の呈示位置が正確に判断できることを見いだした。クリック音の呈示位置による正答率の違いを調べる実験も行われ（浜崎ら，1982），短期記憶課題における系列位置曲線に見られるように，系列の始まりの部分と，終わりの部分とで正答率が高く，中間の部分で正答率が低くなる傾向が見られた。

これらの現象と寺西（1984）の提唱する**記憶モデル**（memory model）とを結び付けた考察も行われている（寺西・浜崎，1981; 浜崎ら，1982）。それによると，聴覚における 0.02 s までの時間分解能と，0.2 s 前後の時間分解能とは，現れる仕組みがまったく異なっており，前者は感覚過程に対応するのに対して，後者は，能動的に駆動されるリハーサルループを含むような，認知的な仕組みに対応するとされている。このように，記憶モデルとの関係が出てくるのは，聴覚実験が，実験参加者が刺激を受容した後に，それがどんな刺激だったか，あるいは，複数の刺激のどこに違いがあったかなどといった判断を求める場合が多いからである。これは，実験参加者に対して，「あなたの記憶のなかに残っているものについて答えてください」と求めることにほかならない。そ

の意味では，ほとんどの聴覚実験は，記憶の実験でもある．

2.7　空隙転移錯覚

2.7.1　交差する周波数変化音の聞こえ

上昇する周波数変化音と下降する周波数変化音とが時間周波数座標上で交差する刺激〔図 2.18（🔊）〕を聴くと，**交差**（あるいは**すれ違い**，crossing）の印象は生じず，**はね返り**（bouncing）の知覚されることが多い．この知覚は，よい連続の原理に従う視覚とはまったく異なっている（図 2.18 の説明を参照）．はね返りの知覚は，周波数が段階的に変化する場合においても生じる．Deutsch（1975a, b）の音階錯覚（図 1.19）はそのような例である．

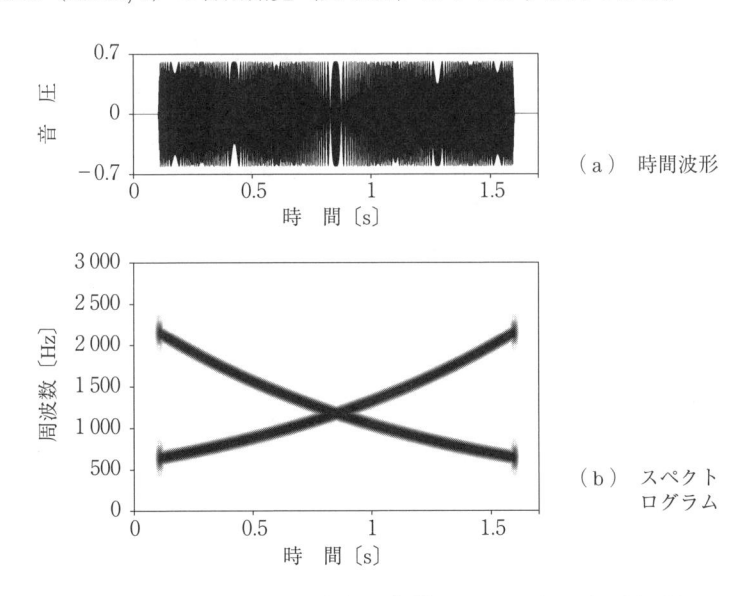

（a）時間波形

（b）スペクトログラム

仮にこのスペクトログラムが平面上の視覚パターンであれば，それぞれの線が滑らかに続くことが優先され（よい連続の原理），二本の長い線が交差していると知覚されるが，聴覚では，当初，上昇音であった音は時間的中央を境に下降に転じ，当初，下降音であった音は時間的中央を境に上昇に転じる．すなわち，はね返り知覚の生じることが多い．

図 2.18　はね返り知覚

Nakajima et al.（2000）は，このはね返り現象を生じさせない刺激条件を探索する過程で，新しい聴覚の錯覚現象を発見した。**図 2.19**（a）(🔊) に示すように，上昇する長い周波数変化音の中心に空隙を設けて，その空隙を突き抜ける形で下降する短い周波数変化音を呈示すると，物理的には連続する短い音が，途切れているように聞こえる。つまり，あたかも図 2.19（b）(🔊) に示

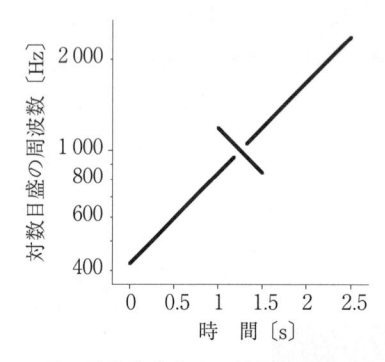

長い周波数変化音の時間的中央に 0.1 s の空隙が存在する。

（a）空隙転移錯覚を生じる典型的な音刺激パターン

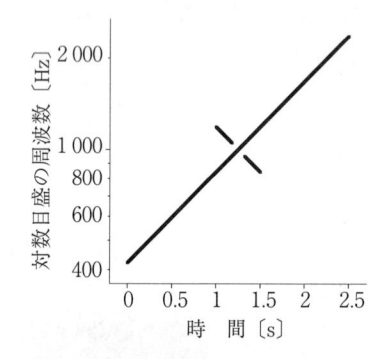

長い周波数変化音は連続しており，短い周波数変化音に 0.1 s の空隙が存在する。

（b）空隙の配置を入れかえた音刺激パターン

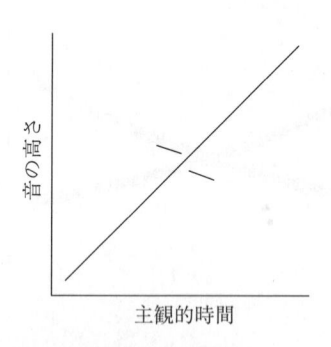

（c）知覚されるパターン

（a），（b）どちらの音刺激パターンも，知覚のうえでは（c）のように，長い周波数変化音が連続して聞こえ，短い周波数変化音に空隙が存在するように聞こえる。すなわち，（a）と（b）とは知覚のうえで，ほとんど区別がつかない。

図 2.19 空隙転移錯覚（Nakajima et al., 2000）

した刺激を聴いたかのように，長いほうの周波数変化音にあったはずの空隙が短い音のほうに転移したように聞こえるのである〔図 2.19（c）〕。周波数変化を逆にして，長い音が下降する刺激パターンを用いても同様に空隙の転移が生じる。実際に，図 2.19 の（a）と（b）との刺激を聞き比べてみると，簡単には区別できないことに気付く。最初にこの錯聴を発見したときには，研究チームの一人がそのことを信じず，間違った刺激パターンを作成してしまったと思ったほどである。

　Nakajima らは，この錯聴を**空隙転移錯覚**（gap transfer illusion）と名付け，一連の実験を行ってその特徴を検討している（Nakajima et al., 2000, 2004; Kanafuka et al., 2007; Remijn et al., 2007; Kuroda et al., 2009）。空隙がほとんどすべての場合に別の音に転移するというようなことは，聴覚の末梢ではまず起こりえないであろう。この錯聴は，音を構成する知覚的要素（音の開始，終了，音の高さ，音の大きさなど）がそれぞれ独立に処理され，最終的に知覚表象を構成するときに物理的な音には対応しない組合せが採用されたものと解釈される。すなわち，音の開始や終了の情報と，音の高さとその変化の情報が実際とは異なる形で組み合わされている。原則として，音の開始部と終了部とは対になって個々の音が構成される。この開始と終了との対を構成するときに，ゲシタルト原理の一つである近接の原理に従い，開始部とそれよりも後の最も近い終了部との組合せが作り上げられる。対を構成する開始部と終了部とが物理的には別の音に属している場合には，実際とは異なる知覚内容が作り上げられ，その結果錯覚が生じることになる。

　空隙転移錯覚は，短い音が物理的には連続であるのに不連続であるように聞こえ，長い音が物理的には不連続であるのに連続であるように聞こえる現象である。連続と不連続とが入れ替わるという点で，この現象は連続聴効果に似ている。とくに，物理的に不連続な音が連続であるように知覚されることは，表面だけ見れば連続聴効果そのものである。しかし，実際には大きな違いがある。Warren（2008）によれば，連続聴効果が生じるような条件では，物理的に不連続な音を仮につないで連続にしたとしても，挿入された別の音から受け

るマスキングによって，通常であればつないだ部分は聞こえないはずである。これが，**マスキング可能性の原理**（masking potential principle）である。連続聴が生じているときには，挿入される音のエネルギーの一部が，不連続である音を修復して連続にすることに用いられると考えることができる。ただし，純音が純音に対してマスキングを及ぼすような実験では，マスキングを受けるはずの音がうなりによって検出される場合があるので，この点は注意が必要である。

マスキング可能性の原理の考え方に従えば，不連続な音の空隙を埋め合わせて連続にするために必要である以上の音エネルギーを，挿入される音が含んでいなければ連続聴効果は生じないことになる。ところが，空隙転移錯覚は，物理的に不連続である長い音よりも，交差する短い音のほうが数デシベル弱い場合にも生じる（Kuroda et al., 2009, 2012）。このことから，空隙転移錯覚において物理的に不連続である長い音が連続に聞こえることは，典型的な連続聴効果とは異なる仕組みによると考えざるを得ない。ただし，典型的であると考えられる連続聴効果においても，これまでに考えられていた仕組みのほかに，空隙転移錯覚と共通する仕組みが働いている可能性はある（Remijn and Nakajima, 2005）。

空隙転移錯覚を破裂音の知覚に関係付けることは，著者の一人である中島が2002年に試み，その結果はTsunashima and Nakajima（2002）によって報告されている。合成音声を用いて，日本語母音の/a/を周波数変化音とすると，/k/, /w/などの子音が，空隙と同じように知覚のうえで長い音から短い音に転移する〔図2.20（🎧）〕。この錯聴は，空隙が長い音と短い音とのいずれに属するかについて，明確な手がかりが聴覚系に与えられていないことによって生じているのであって，錯覚と呼ぶ必要はないとの見解もありうる。その見解に対して答えるならば，現象にどのような名称を付けるかは本質的な問題ではなく，空隙がどちらの音に知覚される可能性もありながら，なぜほとんどいつも，物理的には空隙を含んでいない短い音が空隙を有するように聴こえるのか，という点が重要である。説明を要する現象がそこにあることに変わりはない。

2.7 空隙転移錯覚　　87

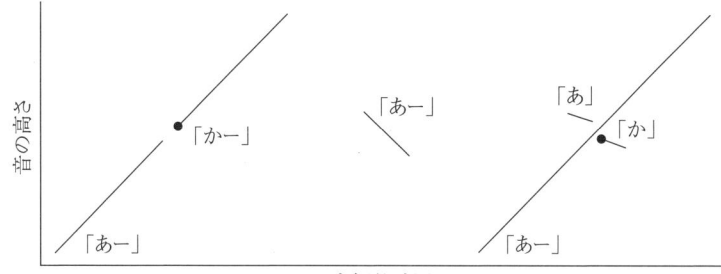

長い上昇音の時間的中央付近に/k/の閉鎖区間が存在するが，短い下降音には空隙が存在しない。上昇音と下降音のそれぞれを単独で聴取すると，上昇音は「あーかー」のように聞こえ，下降音は「あー」と聞こえる。しかし，両者の時間的中央を一致させ，重ねて呈示すると，閉鎖子音/k/は短い下降音の中に知覚され，長い上昇音は連続して「あー」と聞こえる（/k/が別の閉鎖子音に聞こえることもある）。

図 2.20　閉鎖子音，および閉鎖（空隙）の転移

2.7.2　空隙転移錯覚と空隙の単一帰属化

　空隙転移錯覚において，本来長い周波数変化音に存在したはずの空隙は，短いほうの周波数変化音に転移して知覚される。そのとき，長いほうの音は連続した音として知覚される。空隙は，同時に複数の音（音脈）に帰属することを嫌うようである。Remijn et al. (2007) は，交差する長短二つの周波数変化音の両者に同時に始まり，同時に終わる空隙があるときの聞こえについて調べ，空隙は短いほうの音にのみ知覚される場合のあることを示した。このような知覚を，空隙の**単一帰属化**（subjective unification）と呼ぶ。刺激パターンの中央にある長い音の終了部と短い音の終了部が同時であるとき，音の終了という情報が一つの要素となり，それに続く長い音の開始部と短い音の開始部とが同時であるとき，音の開始の情報が一つの要素となる。この二つの要素を短い音に割り振ったとき，長い音に割り振るべき要素がなくなり，そのため，長い音には，連続しているという知覚的解釈が与えられることになる。

　この錯聴が典型的に生じる場合，はっきりと検出されうるくらいに長い空隙が複数の音に同時に現れるにもかかわらず，音の一つが連続しているように知

覚される（Remijn et al., 2007, 2008）。約 1.5 s 以上の周波数変化音と，0.5 s 程度の反対方向に周波数変化する音とがそれぞれの中央で交差し，交差点において 0.05 s 以下の時間的空隙を共有するとき，この空隙が短い音にのみ知覚され，長い音は連続しているように知覚されることが多い〔図 2.21 （🔊）〕。長い音に空隙が知覚される場合にも，短い音の空隙に比べて不明瞭になる。

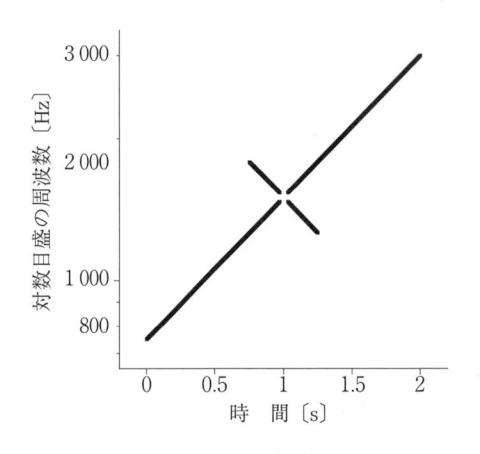

図 2.21 空隙の単一帰属化を生じる音刺激パターン（Remijn et al., 2007 および Remijn et al., 2008）

同じように長さの異なる周波数変化音を，物理的に連続したまま互いに逆位相で交差させると，類似の錯聴を認めることができる。この場合，唸りによって交差点の付近に音の強さの落ち込みが生じ，空隙の役割を果たしている。この現象は，空隙の前後にスペクトルの拡がりがまったく生じない条件においても同様の現象が現れることを示す点で重要である（Nakajima et al., 2000）〔図 2.22 （🔊），図 2.23，図 2.24〕。

空隙の単一帰属化は，さまざまな研究の発展に結び付く。Ciocca（2007）は，1 000 Hz の長い純音の中央に 0.1 s 程度の短い空隙を設け，そこに純音よりも 20～30 dB 強い 500～2 000 Hz の帯域雑音を入れると，純音に連続聴が生じるが，その帯域雑音の中央に 0.02 s 程度のはっきりと知覚されるけれどもごく短い空隙を挿入したとき，依然として純音が連続したものとして知覚されうることを示している。

2.7 空隙転移錯覚

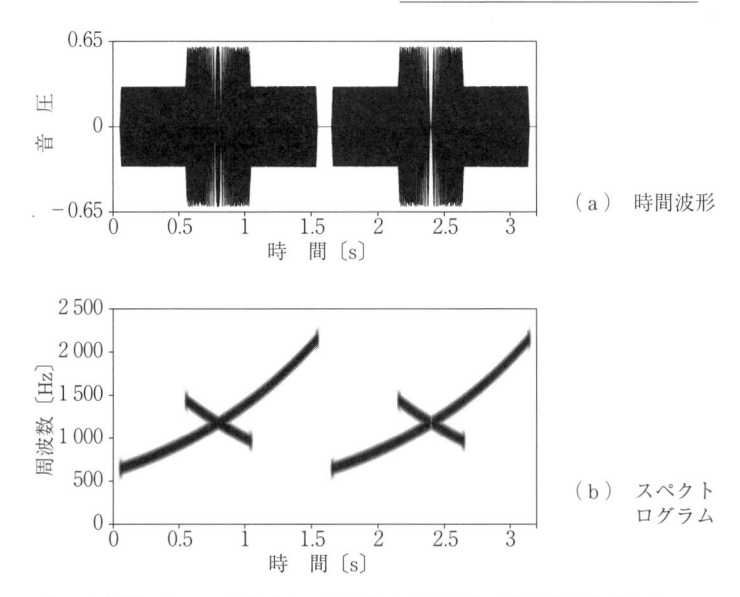

(a) 時間波形

(b) スペクトログラム

左の音刺激パターンを聴くと，連続した上昇音と下降音とが知覚されることが多いが，右の音刺激パターンでは，長い上昇音は連続して聞こえ，短い下降音の時間的中央に空隙があるように知覚されることが多い。右側の音刺激波形とスペクトログラムにおいて，2音の交差部に見られる空隙は，唸りによって生じたものである。したがって，いずれの音刺激パターンにおいても，交差部でスペクトルの広がりは生じていない。

図 2.22 交差部で波形が打ち消し合わない音刺激パターン（左）と，波形が打ち消し合う音刺激パターン（右）

定常的な音の高さを有するリコーダー音を合成し，2 s 程度の長い音の時間的中央に，0.4 s 程度の短い音を二つ重ねる。そして，音の立ち上がりや減衰部分を除いた完全な無音部分が 0.02 s となるように，ごく短い空隙を挿入する。この空隙は三つの音のすべてが共有する〔**図 2.25**（💿）〕。この際，適当な条件では，短い和音のみが空隙を含み，長い音が連続するような知覚が生じる（Nakajima, 2008）。これまで，主として単一成分の単純な音を用いることが多く，その場合は，定常的な音の高さを有する音を用いてこの錯聴を起こすことは難しかった。この周波数変化音によらないデモンストレーションから，新たに研究を展開させることができる。

このリコーダー音の錯聴において，長い音は，その時間的空隙が何か別の音

(a) 時間波形

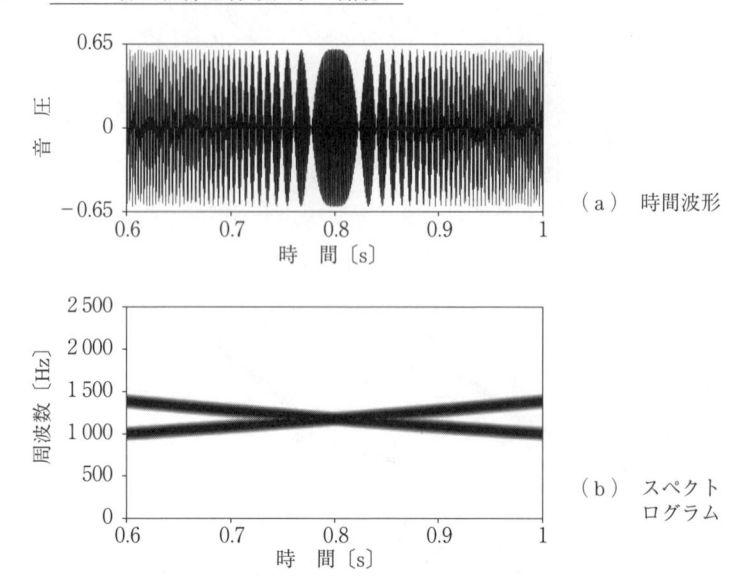

(b) スペクトログラム

図 2.23 図 2.22 左(交差部で波形が打ち消し合わない音刺激パターン)の交差部の拡大図

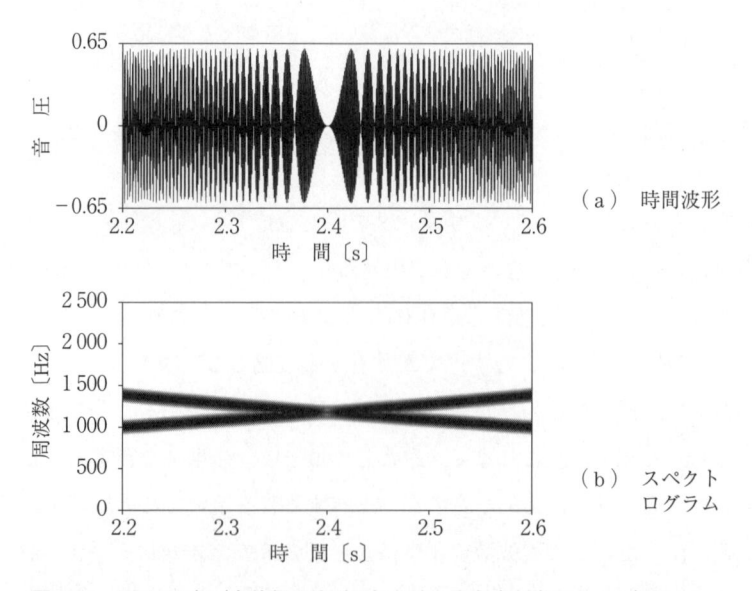

(a) 時間波形

(b) スペクトログラム

図 2.24 図 2.22 右(交差部で波形が打ち消し合う音刺激パターン)の交差部の拡大図

2.7 空隙転移錯覚

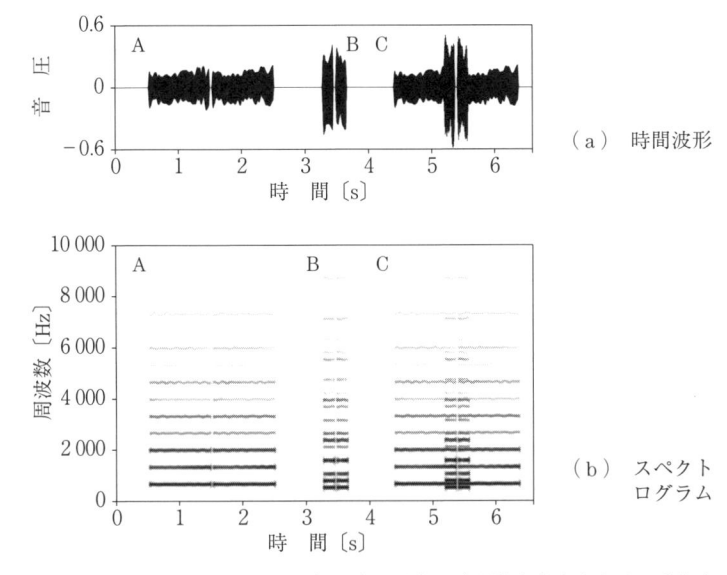

(a) 時間波形

(b) スペクトログラム

Aは2sの長い音，Bは0.4sの短い音，両者の時間的中央を合わせて重ねた音がC。AとBとが重なった部分では長3和音が形成され，Aは第3音に相当する。いずれの音においても，完全な無音部分の長さは0.02sである。

図2.25 合成リコーダ音を用いた空隙の単一帰属化

によって埋められているということがないにもかかわらず，連続しているように聴こえる。この際，単に空隙が短すぎるのではっきりと知覚されないというわけではない。もしそうであるならば，短い音の空隙もはっきりと知覚されないはずである。長い音が連続しているものと錯覚されることを，聴覚系の時間分解能の制約によって説明することは不可能である。現象面のみを見れば，空隙は，長い音か，短い音かの一方だけを選んだと考えることができる。

第3章で触れるように，空隙の単一帰属化は，音が時間的に連続であると知覚されるか，不連続であると知覚されるかがどのようにして決まるかを考える際に，欠かすことのできない話題である。ここまでは，周波数変化音あるいは成分音の周波数が変動する合成楽器音を用いた例を紹介したが，この現象を連続聴効果と比較するには，定常的な純音に対して錯覚が生じるような例があると好都合であろう。

2.8 分離音現象

2.8.1 空隙転移錯覚から論理的に予測される錯覚現象

Nakajima et al. (2000) は，空隙転移錯覚に生じているような知覚的要素の組換えが生じるならば，異なる刺激事態においても同様の組換えが生じるはずであると考え，論理的に錯覚が生じると予測される新たな刺激パターンを作成して聴取実験を行った。図2.26(a)のように，二つの上昇する周波数変化音が時間的に一部重なるような刺激を作成して聴いてみると，本来二つの別々の長い周波数変化音であるはずの刺激が，長い上昇音とその時間的中心付近にある短い音として聞こえたのである〔図(b)〕。この錯聴を，**分離音現象**（split-off phenomenon）と呼ぶ（🔊）。

Remijn and Nakajima (2005) は，分離音現象の生起条件について体系的に分析し，適切に条件を選べばこの現象が安定して生じることを確認した。その結果と，Nakajima et al. (2000) の結果，そして予備実験のデータなどを総合すると，この錯聴は，次のような条件で最もよく生じる。

① 1.2 s 程度の二つの上昇成分または下降成分が 0.2 s 程度の時間的重なりを伴って呈示されること。
② 上昇または下降の速度が，1 s 当り 1 オクターブ程度であること。
③ 時間的重なりにおける 2 成分の周波数間隔が 2〜3 臨界帯域程度を超えないこと。

二つの成分が上昇も下降もせず定常的であるときには錯聴がきわめて生じにくい。また，時間的重なりが長くなり 0.6 s くらいになると，あるいは，時間的重なりにおける周波数間隔が広がって 3 臨界帯域程度を超えると，錯聴が生じにくくなる。しかし，周波数間隔が 1 オクターブを超えても錯聴がある程度は生じるので，この現象が聴覚系末梢にのみ由来するとは考えがたい。

予測に合致した形で，この錯聴が生じたことは，独立に処理された音の開始

2.8 分離音現象

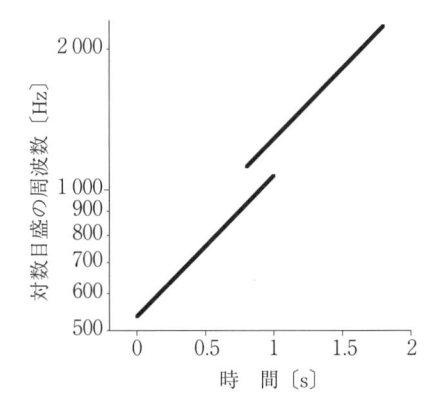

（a） 分離音現象を生じる典型的な音刺激パターン

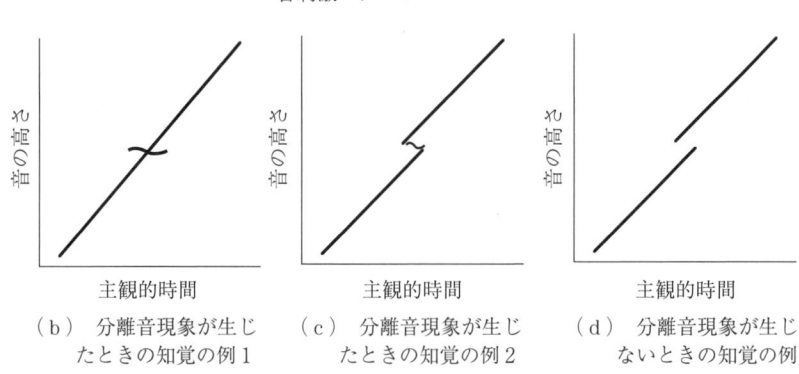

（b） 分離音現象が生じたときの知覚の例1

（c） 分離音現象が生じたときの知覚の例2

（d） 分離音現象が生じないときの知覚の例

（b），（c）が分離音現象で，刺激の時間的中央付近に短い音が知覚される。音刺激パターン中央部の周波数のずれが比較的小さい場合には（b）のような知覚が，ずれが比較的大きい場合には（c）のような知覚が生じやすい。

図 2.26 分離音現象（Nakajima et al., 2000; Remijn and Nakajima, 2005）

部と終了部とが時間ないし周波数における近接の原理に従って組み換えられるという，空隙転移錯覚の仕組みに関する仮説の妥当性を強く支持する。

2.8.2 分離音現象によって生じる音節

Nakajima et al.（2005）は，分離音現象の音刺激パターンを純音ではなく合成音声を用いて作成した（詳しくは4.2節で述べる）。この音刺激パターンで

は，何が聞こえているかを文字などで報告できるため，分離音現象においてパターンの中央部に何が聞こえているかを知ることに役立つ。

さらに，分離音の聞こえを検討するためには，音の高さの動きが声調（四声）として明確に区別できる中国語音節を利用することが有効である。声調を区別することによって，単に何が聞こえているかだけでなく，音の開始部や終了部がどのように組み合わされるかを探ることができる。単一成分の音を用いた場合とは異なり，合成音声を用いた場合には，周波数変化音ではなく定常音でも分離音現象が生じる。この違いがどのような理由で生じるかについて，さらにデータを蓄積して検討することは，聴覚系の知覚処理特性を明らかにすることに役立つであろう。

2.9　音の世界を組み立て，作り出すことの必然性

ここまでの二つの章を通じて，われわれが知覚する音の世界は，物理的な事象をまとまりのあるものとしてとらえ，能動的に組み立てたものであることを見てきた。また，場合によっては，物理的には存在しない事象が存在するかのように知覚される場合もあれば，ある音に属する変化が，別の音に属するように聞こえることもある。しかし，これらの現象は，われわれの脳が，行き当たりばったりに情報を取りこぼしたり，ないものを作り出したりしている結果であるとは考えられない。もしそうだとすれば，われわれが環境に適応して生き抜くために，たいへんな不利が生じ，進化の過程で淘汰されてしまったとしても不思議がない。つまり，このような一見「不正確」に見える知覚の方法が，別の面から見れば少なくとも生存に支障がないか，あるいは積極的に生存に有利に働く情報の処理の仕方として意味をもち，受け継がれてきたと考えるべきである。そうであれば，そこに何らかの規則があると仮定してもよい。それは，生存に役立つ情報の圧縮や取捨選択のしかたであったり，感覚器官から得られる不十分な情報を補う方法であったりするであろう。さらにそのような規則は，外界の様子を知るために役立つだけではなく，ヒトのもつ大きな特徴で

ある聴覚コミュニケーションを行う能力にも，深く関わっているはずのものであろう。次章では，そのような規則について，現時点で考えられる限りの整理を行い，さまざまな現象の説明へとつなぐことを試みる。

第3章
音の世界を組み立て，作り出す仕組み：聴覚の文法

3.1 音脈，音事象，音要素

　聴覚系の重要な働きの一つとして，時間的に一つながりに聴こえる音の系列，すなわち音脈に含まれる音の数を決定するということがある。音脈は通常，音と空白時間との連鎖としてとらえることができる。そこで，時間のなかでの音と音との境界，あるいは音と空白との境界のような，知覚内容のうえで不連続である箇所がどのように決定されるかを解明することが，ヒトの聴覚コミュニケーションの仕組みを理解するうえで不可欠である。

　第1章で述べたように，古典的なゲシタルト原理に基づいて聴覚系の振る舞いを解釈することも，ときとして必要ではあるが，聴覚と視覚との間のアナロジーのみを追究することは生産的ではない。聴覚の知覚的体制化には，独自の原理が働いているはずである。この考え方に基づいて研究を進めることは，ヒトの知覚一般について新たな視点を提供することになり，視覚やその他の感覚における現象，そして感覚間に生じる現象の理解にも役立つであろう。

　聴覚体制化の研究において，音脈の概念は重要である（例えば，Handel, 1989; Bregman, 1990）。**音脈**とは，知覚された音と無音区間との時間的連なりである。音声のフレーズ，音楽のメロディー，近づいてくる足音，滝の絶えまない音，これらはすべて音脈の典型例である。厳密にいうと，これらの音の知覚内容が音脈である。われわれの耳にはさまざまな音のエネルギーが混じりあって届いており，それを音脈に仕分けることは，主観的な音の世界を形作る

3.1 音脈, 音事象, 音要素

大きな黒っぽい岩が図として浮き出して見え, 周囲の小石は地の材料として背景に見える。岩と小石との境界は, 図となった岩の輪郭として知覚されるが, 地となった小石群の輪郭としては知覚されない。もし, 岩を別の場所に動かすことができれば, その後には小石もしくはその下の地面がつながっているはずだとわれわれは認識している。地には特定の形がない。

図 3.1 単純な図と地の例（京都市南区東寺の石庭）

第一歩である。視覚においては, 形を担う**図**（figure）と, それを支える**地**（ground）とが（**図 3.1**, **図 3.2**）, 知覚の第一歩であると考えられることが多い（例えば, 柿崎, 1993）。これに対して, 聴覚では図と地の区別を考えることが妥当でない場合が多く, これに変わる概念として音脈という概念を導入することが適切である。音脈は視覚における図に似ているが, 異なる点も少なくない。最も大きな違いは, 音脈が主観的な音の世界の中心にあるときに, その他の音脈も背後に存在し続けているということである。例えば, 会話の最中に, 背景に聞こえていたセミの声のような音脈に注意を切り替えることができる。このとき, 背景の一部が, セミの声という同一性を保持したまま, 前面に現れるのであり, この場合の背景を, 図に対する地であると考えることには無理がある。

　メロディーと伴奏との関係について,「メロディーが図であり, 伴奏が地である」との説明がなされることがよくある。しかし, 視覚世界からのアナロジーによって, このような説明がなされているとすれば, それは適切ではない。視覚の場合, 図は必ず地の一部を覆い隠している。しかし, メロディーと

川と陸地とが，熊手で跡の付けられた白っぽい小石と苔の生えた地面とで表現されている。「川」に着目したときには，川が図となって輪郭が知覚され，陸地が地となる。しかし，「陸地」に着目するとすぐに，図と地とが入れ替わる。図3.1と同様に，大きな岩を図，小石を地と見ることもできる。

図3.2 より複雑な図と地の例（福岡県太宰府市光明禅寺の庭）

伴奏とのあいだには，そのような関係はない。同じようにメロディーと伴奏が鳴り続けているときに，われわれは，メロディーのほうを表に出して聞くことも，伴奏を表に出して聴くこともできる。あるいは，メロディーと伴奏とを交互に表に出して聴くこともでき，このときでも，メロディーと伴奏とはそれぞれずっとつながったものとして聴き取られている。

　われわれは，音脈に関わる体制化の規則について研究を進め，**文法**(grammar) という形でまとめ上げようとしてきた。文法という言葉は，知覚的体制化の原理を意味することもあるが，多くの場合，比喩的な意味で用いられる。ここで目指している文法は，音脈を音事象のような小さな単位の組織的な連なりとしてとらえる厳密な意味での文法である。まず，単純な聴覚パターンに適用できる基本的な文法規則の確立を目指す。

　音脈を部分や要素に分けることは，ゲシタルト心理学の考え方とは相容れないもののように思われるかもしれない。しかし，文法システムにおいて分離さ

れる部分は，実際に全体から切り離されるものではない．文法は，全体の中で個々の部分が果たす役割を決めているのである（Lerdahl and Jackendoff, 1983）．

音脈は，**音事象**と**空白**とからなる．この考え方は，われわれの日常の経験と一致するし，音声や音楽を記述する伝統的方法とも一致する．音事象という言葉の定義は研究者によって異なっており，用いられる文脈によっても異なるが，ここではできるかぎり厳密な意味で用いることにする．音声中の**音節**（シラブル，syllable），音楽のなかの個々の音，一つの足音などを音事象と呼ぶ．場合によっては，音節の最後の子音，いくつかの音節からなる短い音声，楽音の開始部，装飾音を伴う楽音なども単一の音事象となりうる．ここで目指す文法は，音事象の定義がどのようなものであっても適用できるものであり，音事象の定義に多少の揺れがあっても大きな問題ではない．

3.2 簡単な文法

ここで音脈形成を制約する枠組みとして，**聴覚の文法**（auditory grammar）を導入する．聴覚の文法においては，音事象より小さい単位の要素を想定し，音事象は，このような要素が一列に並んだ結果として生じると考える．この要素を**音要素**（auditory subevent）と呼び，**始部**（onset），**終部**（termination または offset），**持続**（filling），**空白**（silence）の四つのタイプに分けることにする（**図** 3.3）．音要素としてさらに別のタイプが存在する可能性を否定しないが，この四つが基本的なものであると考える．音要素は主観的なものであり，多くの場合物理的な手がかりに対応するが，対応する物理的な手がかりがない場合もある．一方，物理的な手がかりがすべて音要素として知覚されるわ

図の上部は横軸を時間として，ある音が始まってから終わるまでの時間包絡を示しており，下部の＜は始部，＝は持続，＞は終部，／は空白の音要素（の手がかり）を表す．

図 3.3　音と音要素との対応関係

けではない。

以下の記述は，聴覚の文法を適用可能なものにするために，まずは天下り式に書かざるをえないことがらである。

① 始部（onset：「<」で表す）

ある周波数範囲（例えば臨界帯域）における急激な立ち上がりが，始部の手がかりである。立ち上がりが急であることや立ち上がり後のレベルが十分に高いことが始部の明確な手がかりとなる。周波数変化音において，周波数変化の方向が逆転したり変化が止まったりすることも，始部の手がかりとなりうる。一つの始部には一定の時間（通常 0.02〜0.03 s）が必要であり，これは末梢の興奮に対応している。この時間は，同じ音脈に属する他の要素のために重複して使われることはない。

② 終部（termination または offset：「>」で表す）

ある周波数範囲における急激な減衰が，終部の手がかりである。減衰が急であることや減衰の開始レベルが十分に高いことが終部の明確な手がかりとなる。終部にも一定の時間（通常 0.04〜0.05 s）が必要であり（4.4 節参照），末梢の興奮が消える時間にある程度対応する。この時間も，同じ音脈に属する他の要素のために重複して使われることはない。

③ 持続（filling：「=」で表す）

一定の時間にわたって音のエネルギーが存在し，その周波数範囲に突然の変化がないことが持続の手がかりとなる。時間が長く，レベルが高いときに，この手がかりは明確なものとなる。スペクトル成分が調波性をもつときや共変調成分からなるときには，その成分が統合されて一つの持続となりやすい。

ここで「強さ」，「周波数」，「エネルギー」のような物理用語を用いているが，これらの用語は基本的に主観的**対件**（correlate），知覚的対応物を指すものであり，文脈の影響を受ける。

④ 空白（silence：「/」で表す）

音エネルギーが存在した後，一定の周波数範囲で一定の時間，エネ

ギー密度が低くなったとき，空白の手がかりが得られる．周波数範囲の広さや時間長，エネルギー密度の対比の強さが，この手がかりの明確さを決める．広い周波数範囲にわたってエネルギーが極端に少なくなったときには，関係するすべての音脈に空白が生じる．また，たとえ特別な手がかりがないときであっても，文法上の理由によって，空白は容易に挿入される．

なお，音要素の物理的な手がかりを記述するに際して「周波数」という用語が用いられているが，状況によっては，これを「調波複合音の基本周波数（あるいは周期）」と解釈することが必要である．

現段階での聴覚の文法は，以下のようなものである．日常生活における音事象は，次の三つの形態のいずれかをとる．ここで，一対の括弧（　）で囲まれている音要素が一つの音事象を構成する．

① 始部に空白が続く．
　　例えば，拍手(かしわで)の音：(<) /
② 始部，持続，終部に空白が続く．
　　例えば，猫の鳴き声：(< = >) /
③ 始部と持続に他の音の始部が続く．
　　例えば，レガートで奏したメロディーの音：(< =) <

これらに基づき，音脈は次のように定義できる．

① 音脈は音事象と空白との時間的連なりである．
② 音脈は始部で始まり，空白で終わる．
③ 空白の直後に空白はこない．

音要素の連なりが以上の要件を満たしたときに，音脈と呼ぶことができる．以上が本書における「聴覚の文法」である．

3.3　聴覚の文法の適用例

聴覚系は，音要素の手がかりを検出し，音脈を構成するが，この作業は単純に進められるとは限らない．音要素の手がかりが不明確なこともあるし，検出

した手がかりの順序が文法的でないこともある．このような問題は，異なる音源から発生した音が混じり合って，複雑な音信号が耳に届くときに生じる．聴覚系は，与えられた手がかりを，文法やゲシタルト原理に従って，即座に解釈しなければならない．以下に，日常の音や，聴覚の錯覚現象などに，聴覚の文法がどのように適用されるのかを紹介する．

3.3.1 日常の音

まず，直感的にわかりやすい日常の音の例について，聴覚の文法がどのように適用されるのかを示す．

① ドアを3回ノックした例．

　　　（＜）/　（＜）/　（＜）/

一つひとつのノックの音（音事象）が，あいだを置いて，3回繰り返される．

② 「キラキラ星」の最初の7音．

　　　（＜＝）（＜＝）（＜＝）（＜＝）（＜＝）（＜＝）（＜＝＞）/

七つの音が切れ目なく続いて，メロディーの一節を作る．

③ ちょっとしたあいさつの「どうも」．

　　　（＜━）（＜＝＞）/

日本語の文字表記のうえでは3文字で表されるが，知覚のうえでは，二つの音事象（「どー」と「も」）が連なったものと解釈される．

④ カラスが「かぁ，かぁ」と鳴いたとき．

　　　（＜＝＞）/　（＜＝＞）/

一鳴きが一つの音事象となる．

⑤ 自転車の「チリリリリン，チリリリリン」というベル（）．

　　　＜＜＜＜＜＝ /　＜＜＜＜＜＜＝ /

この例では，始部が何度も出てきているが，厳密にいえば，これは，始部が知覚されるための手がかりが示されているというべきである（5回とは限らない）．聴覚の文法は，最終的な解釈において実現される．今後，

3.3 聴覚の文法の適用例　　103

煩雑さを避け，誤解のない限り「音要素の手がかり」のことを「音要素」と呼ぶこととする。最終的に，この例は，次のように解釈される。

　　　　　（＜＝＞）/　　（＜＝＞）/

文法の要請を満たすために始部が一つになり，持続の後には手がかりがないにもかかわらず，終部が挿入される。このような解釈は，この音を聴く者の心のなかで生じたことであると考えられる。この文法からただちに導かれることの一つは，何も音が聴こえなければ空白を感じることもないと言うことである。

3.3.2　空隙転移錯覚

　この錯覚については，2.7.1項で音刺激パターンと生じる知覚内容とを紹介した。図3.4(a)が空隙転移錯覚を生じる典型的な音刺激パターンであり，図(b)が典型的な知覚内容である。

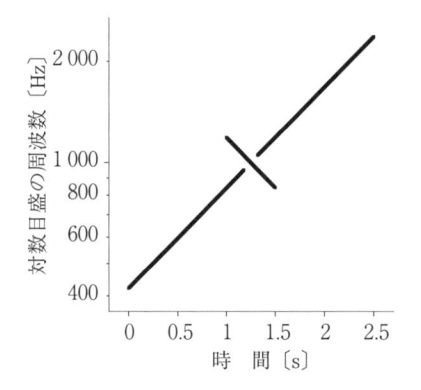

（a）　空隙転移錯覚を生じる典型的な音刺激パターン〔図2.19(a)再掲〕

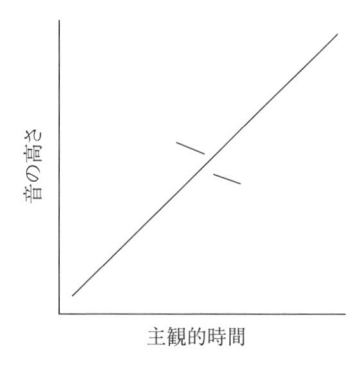

（b）　（a）に対して生じる典型的な知覚内容〔図2.19(c)再掲〕

図3.4　空隙転移錯覚（Nakajima et al., 2000）

この音刺激パターンを聴取するとき，聴覚系は次のような音要素の手がかりを得る。

　　　　＜━━━＞＜━━━＞/
　　　　　＜━━━━＞/

ここで，パターンの中央付近の始部と終部に近接の原理が適用される。始部とその次の終部とが時間的に十分に近いとき，たとえ両者が物理的には同じ音に属していなくても知覚のうえで結び付けられる場合がある。それに合わせて持続も作り変えられて，パターンの中央付近に二つの明確な音事象が構成される。

<＝＞　＜＝＞

近接の原理などに従い，この二つの音事象から構成される音脈が形成されるが，聴覚の文法に従い，次のように空白が補完される。

<＝＞/　＜＝＞/

これら二つの音事象を構成する音要素を除くと，次の音要素が残ることとなる（3.2節参照）。

<＝＝＝＝　＝＝＝＝　＝＝＝＞/

ここには三つの持続が記述されているが，これらの間には他の音要素がないため，別々の音事象と解釈すべき理由がない。そこで，よい連続の原理に合わせて，三つの持続は統合され，一つの音事象と空白という文法に適った音脈となる。

<＝＝＝＝＝＝＝＝＝＝＝＝＞/

このようにして，次のように二つの文法的な音脈が得られることになる。

<＝＝＝＝＝＝＝＝＝＝＝＝＞/
<＝＞/　＜＝＞/

これが空隙転移錯覚の典型的な知覚内容である。

このような現象は，周波数変化音を用いたときにのみ見いだされており，その理由については今後の考察が必要である。音が連続しているか否かを判定するための重要な手がかりを提供する音の高さに関して情報が得られにくいこと，周波数変化について特別な情報処理が必要であるために体制化の方略が変わることなどが仮説として考えられる。

図3.5は，空隙転移錯覚を生じる音刺激パターンとよく似た音刺激パターンであるが，長い上昇音と短い下降音とが中央で交差している。交差部で二つの音の位相が逆になるようにしているため，中央に両成分に共通の空隙ができ

(a) 時間波形

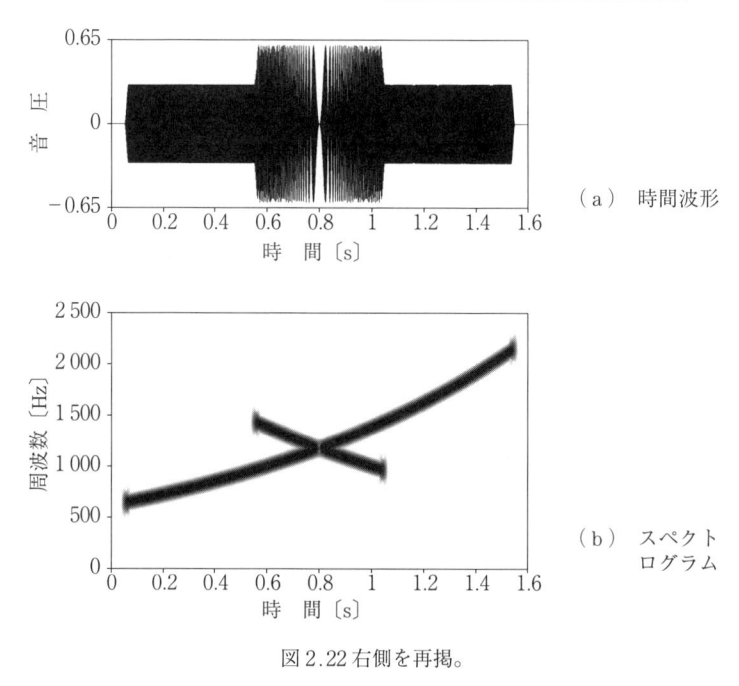

(b) スペクトログラム

図 2.22 右側を再掲。

図 3.5 交差部で波形が打ち消し合う音刺激パターン

る。この空隙の長さは前後の定常部に比べて -3 dB の時点を境界であるとみなすと約 0.03 s となっている。二つの典型的な知覚内容を**図 3.6** に示した。

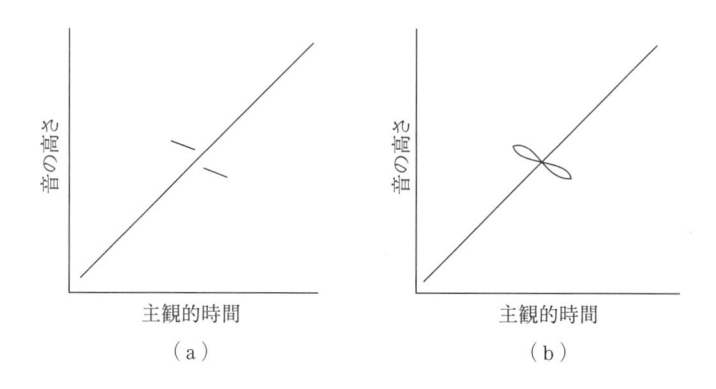

(a)　　　　　　　　　(b)

図 3.6 図 3.5 の音刺激パターンに対して生じる典型的な知覚内容

空隙は両成分に共通に存在しているにもかかわらず，長い上昇音のほうに知覚されることはなかった。つまり，ほとんどの場合，長い上昇音は滑らかに連続したものとして聞こえたのである。一方で短い音は，中央に空隙または途切れが入ることによって二つに分かれて聞こえる。聴覚系は，空隙を検出し，それを短い成分にのみ割り当てたということになる。

　聴覚系に最初に与えられる手がかりは次のとおりである。

$$< ===== \quad ===== > /$$
$$> ? <$$
$$< = \quad = > /$$

ここで，中央に空白が与えられているかどうかが不明であるため，「？」を入れている。これがどのように解釈されるかは，おそらく物理的な空隙の長さとその両端の形によって決まるものと思われる。パターンの中央付近で，始部と終部とが近接の原理によって結び付けられて，二つの音事象が形成される。

$$< = > \quad < = >$$

ここに，再び近接の原理が働いて二つの音事象が知覚のうえで結び付けられる。もちろん，類同の原理など，他の原理が働いている可能性が高い。二つの音事象の間に空白が与えられている場合には，次のような音脈が得られる。

$$< = > / \quad < = > /$$

　空白が与えられていない場合には，与えられた手掛かりを文法的に解釈する簡単な解決法が二つある。一つは，空白を知覚のうえで補完することである。これによって，上と同様の音脈が得られる。もう一つの解決法は，一つ目の終部を知覚のうえで抑制することである。後者は，終部と次の始部とが時間的に近いときに生じる。音脈の数が増加すると，できるだけ少ない音脈数に抑えようとする方向に聴覚系の働くことがあり，このために一つの音脈に多くの音要素が組み込まれる。しかし，明確な終部とそれに続く始部とは，いずれも一定の時間を必要とするので，時間的に近接しすぎる場合には，相互に排斥し合う。始部を抑制することは文法的な解釈につながらないので，次のように終部を抑制することによって文法的な音脈が作られる。

3.3 聴覚の文法の適用例

　　　　　　＜＝　　　＜＝＞／

いずれの解決法を採用しても，次の音要素は解釈されずに残ることとなる。

　　　　＜══════　　　══════＞／

よい連続の原理に合わせてこの二つの持続が統合されれば文法的な音脈となり，結果として全体が二つの音脈にまとめられる。

　　　　　＜═════════════＞／
　　　　　　＜＝＞／　＜＝＞／

または

　　　　　＜═════════════＞／
　　　　　　＜＝　　　＜＝＞／

この二つの文法的記述は，図3.6に示した知覚内容に対応している。同じ現象は，交差部において，長い上昇音と短い下降音の両方に実際に空隙を入れた刺激パターンにおいても生じる。

　この現象は，上昇音の中央に空隙があるにもかかわらず連続的に聞こえるという点で2.4.1項で紹介した連続聴効果とよく似ていると言われることがある。しかし，従来行われていた連続聴効果の説明（例えば，Warren, 2008; Bregman, 1990）を，ここに適用することはできない。交差部には，マスキングを引き起こす音も末梢の興奮も存在しないからである。刺激パターンの前半で生じた興奮がそのまま続いて空隙を埋めていると考える立場はあるかもしれない。しかし，それでは短い音の中央に空隙がなぜ知覚されるのかを説明できない。「聴覚の文法」理論が必要とされるゆえんである。

　同様に，2.7.1項で紹介した空隙転移錯覚においても，長い音が物理的に途切れているにもかかわらず，つながったものとして聞こえるということから，これが連続聴効果に似ているといわれることがある。しかし，この場合にも，ほぼ同じような形で，そのような説明は成り立たないと論じることができる。すなわち，短い音が，長い音よりも数デシベル弱い場合であっても，空隙転移錯覚は生じる（Kuroda et al., 2012）。つまり，数デシベルの音の強さの落ち込みがあっても，長い音がつながっているように聞こえる。このことに加えて，

108　3. 音の世界を組み立て，作り出す仕組み：聴覚の文法

音の強さの落ち込みがもともと存在しない短い音のほうが途切れて聞こえるということは，通常，連続聴効果に対してなされるような説明では，まったく理解できない。

3.3.3 分離音現象

分離音現象についても2.8節で紹介したが，図3.7(a)のような音刺激パターンを聴くと，図(b)のような知覚が生じる。典型的には，二つの上昇音が中央部で0.2s程度，重なっている音刺激パターンを聴くと，長い上昇音と時間的中心付近の短い音とが聞こえる。

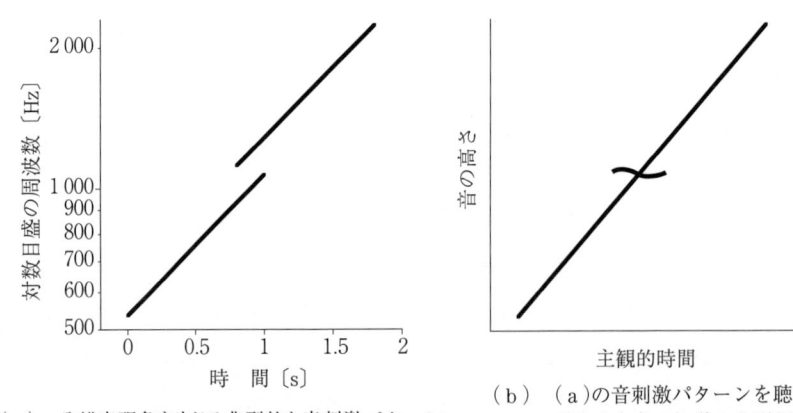

（a）分離音現象を生じる典型的な音刺激パターン　　（b）(a)の音刺激パターンを聴取したときの知覚の典型例

図3.7　分離音現象（図2.26の一部を再掲）

この音刺激パターンは，次のような音要素の手がかりを与える。

　　　＝＝＝＞
　　　　＜＝＝＝ /

パターン全体の始部と終部とが明確に示されていない場合には，聴覚の文法の要請に即して，それらが知覚のうえで挿入される（このように始部と終部とをぼかすような手法は，空隙転移錯覚等に関する実験でも用いられることが多く，事情は同じである）。

　　　＜＝＝＝＞
　　　　＜＝＝＝＞ /

パターンの中央における始部と終部とは，近接の原理に従って結び付けられ，独立した音事象を構成する。その直後には，文法に従って空白が補完される。残った音要素は別の音脈を形成することになる。

$\qquad$ <================>/

$\qquad$ <=>/

3.3.4 時間伸長錯覚と終端音現象

2.5.3項において紹介した時間伸長錯覚の実験において（図2.15），聴覚系が受け取る音要素は次のようなものである。ここでは，一つ目の空白（/）までが標準刺激，その後の部分が比較刺激に対応している。

$\qquad$ ======>=>/　　<=>/

立ち上がりがゆっくりであることから，刺激パターン全体に対する始部がないので始部が知覚のうえで挿入される。始部がもともとあれば，その状態から次に進めば同じことである。この段階で，音要素の並び方は文法的に正しくない。二つ目の持続の直前の音要素が，始部ではなく終部になっているからである。実験参加者に与えられた課題は，この二つ目の持続を含む音の長さを判断することであるため，課題を行うには，この持続に始部と終部とが必要である。最も簡単な解決法は，始部を心のなかで作り出すことである。二つ目の持続の前に始部を知覚のうえで補完する必要がある。そして，パターン全体を文法に適う形にするためには，① 一つ目の持続の直後の終部を知覚のうえで抑制するか，② 一つ目の終部の直後に空白を補完して，直後の音とは別の音脈を作るかのいずれかが必要である。①の場合，次のような文法的解釈が得られる。

$\qquad$ <=====<=>/　　<=>/

② の場合，パターン全体が次のように二つの音脈に分かれる。

$\qquad$ <=====>/

$\qquad$ <=>/　　<=>/

Sasaki et al.（2010）は，時間伸長錯覚において，先行の雑音の周波数範囲に，標準刺激である純音の周波数が含まれており，先行雑音のレベルのほうが

高いときに，後続音の持続時間に対する過大評価が顕著になることを示した。これは，時間伸長錯覚が，不完全な連続聴から生じたものであることを示唆している（Warren, 2008; Warren et al., 1994）。Warrenらは，挿入音（純音）の周波数が，判断対象の純音の周波数からずれたときに，連続聴が不完全に生じることを示した。すなわち，判断の対象となる純音は，依然として不連続に聞こえたが，その持続時間が長くなったように感じられた。この結果は，時間伸長錯覚によって説明することが可能である。

　時間伸長錯覚においては，時間長判断の対象となる標準音に関して持続と終部のみが与えられた手がかりであり，これだけでは，始部，持続，終部の手がかりを有する比較刺激との比較ができない。そこに始部を知覚のうえで補完するとき，その始部は標準刺激からはみ出さざるを得ず，先行音の時間帯に食い込む。この場合，標準音の長さは主観的に伸長する。始部には$0.02 \sim 0.03$ sが必要であると考えれば，標準音の長さは，少なくともその分だけは過大評価されることになり，実験結果を解釈することができる。このような解釈は，上の①と②との両方の場合に当てはまるものである。

　このような標準音の長さの過大評価は，聴覚の文法や音要素の概念を導入することなしに解釈することが難しい。雑音の前後に，純音や周波数変化音が呈示されるような刺激事態では，よい連続の原理などのゲシタルト原理に関連づけて連続聴を説明することも考えられる。実際に，Ciocca and Bregman (1987)は，$0.1 \sim 0.2$ sの広帯域雑音の前後に，1秒当り22半音の速度で変化する周波数変化音があるとき，連続聴が生じることを示した。その結果によれば，周波数変化の方向と傾きとが雑音の前後で同じであれば，周波数変化音全体が同じ周波数変化の延長としてとらえられるときに連続聴が生じやすい。すなわち，よい連続の原理に合わせるような結果が得られている。しかしながら，時間伸長錯覚を生じるような刺激パターンでは，時間的に隣接する純音と雑音とがそれぞれ一つずつしかないため，よい連続の原理は当てはめようがない。それに加えて，時間伸長錯覚は，時間判断の対象となる純音よりも，先行音のほうが弱い場合にも生じるので，連続聴効果の場合とは異なる仕組みが関わって

いる可能性もある。

　調波的な周波数変化音において，成分の一つが全体よりも早く終了すると，その終了時点の付近に実際の音には対応しない短音，すなわち**終端音**（termination tone）の聞こえることがある（Nakajima et al., 2010）。この現象は，**終端音現象**（termination-tone phenomenon）と呼ばれる〔図 3.8（🔊）〕。この終端音は，常に誰にでも聞こえるというものではなく，あたかも習得中の外国語の聴き方を理解するように，終端音の聴き方を理解した聴き手がその音を聴こうと意図したときに，安定的に聞こえると報告されている。その主観的な長さは，おおよそ 0.1 s，あるいはそれよりも長い持続時間に対応することが明らかになっている。このように主観的な時間長を測定しうることが，終端音が存在することを主張する根拠の一つになっている。この一つの成分の終了部分には音の終了の手がかりしか存在しないにもかかわらず，音の長さを判断できていることになる。聴覚系が終端音を知覚のうえで構成するとき，実在しない開始部を加えていると考えれば，この現象を解釈することができる。

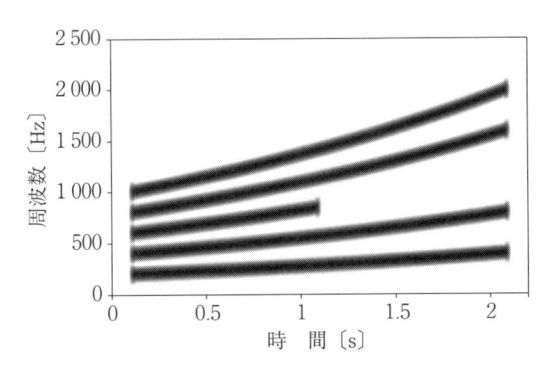

この例では，倍音関係にある 5 成分の基本周波数を連続的に上昇させるが，3 倍音に当たる成分のみが途中で消失する。音の高さが連続的に上昇する，一つに融合した音の途中の時点に，終端音が重なって知覚される。

図 3.8　終端音現象を生じる音刺激パターンのスペクトログラム

　この終端音現象を生みだす刺激パターンに含まれる音要素は，次のようなものになる。

$$<\!\!=\!\!\!=\!\!\!=\!\!\!=\!\!\!=\!\!\!=\!\!\!>/$$
$$>$$

ここでは，倍音関係にある成分音の一つが早く終了していることから，パ

ターンの中央付近に終部の手がかりのみが与えられる．倍音関係にある成分は融合して聞こえるため，始部，持続，終部はそれぞれ一つにまとまる．中央付近の終部のみが単独で存在することは文法的でないため，聴覚系はそのままでは孤立してしまう終部に始部および持続を補完することで解決しようとする．すなわち，次のような文法的な解釈が得られることになる．

$$< \!\!=\!\!=\!\!=\!\!=\!\!=\!\!=\!\!=\!\!=\!\! > /$$
$$< \!=\! > /$$

3.3.5 重なり合う二つの純音

同じ強さの二つの純音が 0.2 s ずれて始まって，同時に終わり，二つの音の周波数が近いとき，例えば，それぞれ 1 047 Hz と 988 Hz の C 音と B 音とが半音の音程をなしているときの聞こえについて考えてみよう．その長さはそれぞれ 1.2 s，1 s とする（**図 3.9**（🎧））．普通は，C 音に続いて B 音が聞こえ，半音の音程で二つの音が混じり合って聞こえ続ける〔**口絵** 3(a)〕．この知覚内容は音刺激パターンに忠実なものであるが，もう一つ別の知覚内容として，聞こうとすれば，2 音のメロディー「C B ─」を聞くことができる〔**口絵** 3(b)〕．このとき，2 番目の B 音には 2 音のあいだの唸りから生じる**音の粗さ**（roughness）が感じられる．

このときに与えられる音要素は次のようになる．

$$< \!\!=\!\!=\!\!=\!\!=\!\!=\!\!=\!\! > /$$
$$\qquad < \!\!=\!\!=\!\!=\!\!=$$

刺激と一致する解決法は，終部と空白とを二重に解釈することにより得られる．

$$< \!\!=\!\!=\!\!=\!\!=\!\!=\!\! > /$$
$$< \!\!=\!\!=\!\!=\!\!=\!\! > /$$

この刺激について，聴覚系が採用する別の解決法は，二つ目の始部の後で持続の一つを抑制するというものである．ただし，この持続が抑制されても，音の粗さが生じるということは，抑制された音について何らかの情報が残っている

3.3 聴覚の文法の適用例　113

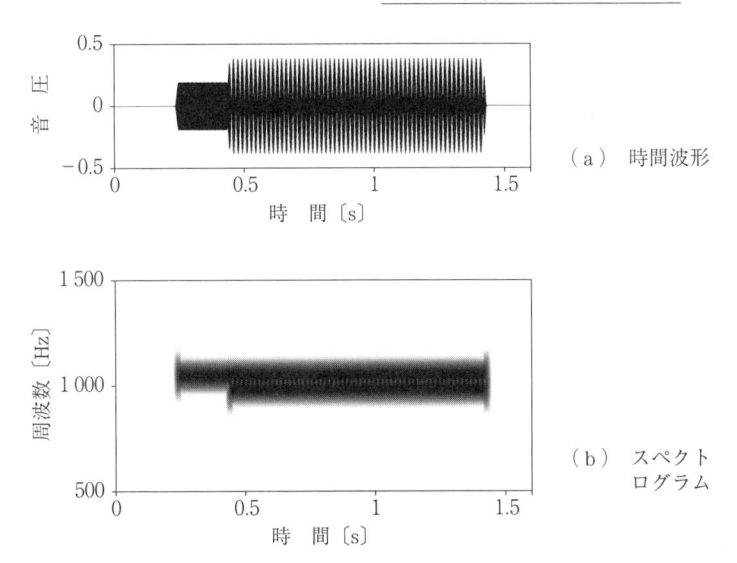

(a) 時間波形

(b) スペクトログラム

図3.9 0.2 s ずれて始まる半音を隔てた二つの純音

ということである。

$$<\ =\ <\ =\!=\!=\!=\!=\ >\ /$$
$$=\!=\!=\!=\!=\quad （抑制する）$$

この場合，「CB—」というメロディーが知覚される。このような解決法は，近接の原理と類同の原理とに従って二つの始部が結び付けられることにより得られる。

3.3.6　メロディーにおける音の重なり

二つの純音による「CB—」のメロディーは，いくぶん不自然に聞こえるが，大変よく似た現象は，音楽においてしばしば生じるものである。例えば，「NHK のど自慢」のテーマ曲（鈴木邦彦作曲）の冒頭では，チューブラーベルで，高いほうから E_5, D_5, C_5, B_4, A_4, G_4 の6音からなるメロディーが，行進曲のテンポで演奏される。六つの音は，**図3.10**（🄫）に示すように，重なり合っている。実際，チューブラーベルに含まれる1本1本のベルを，それぞれ独立した楽器であると考えると，六つのパートからなるスコア（総譜）を作

(a) 時間波形

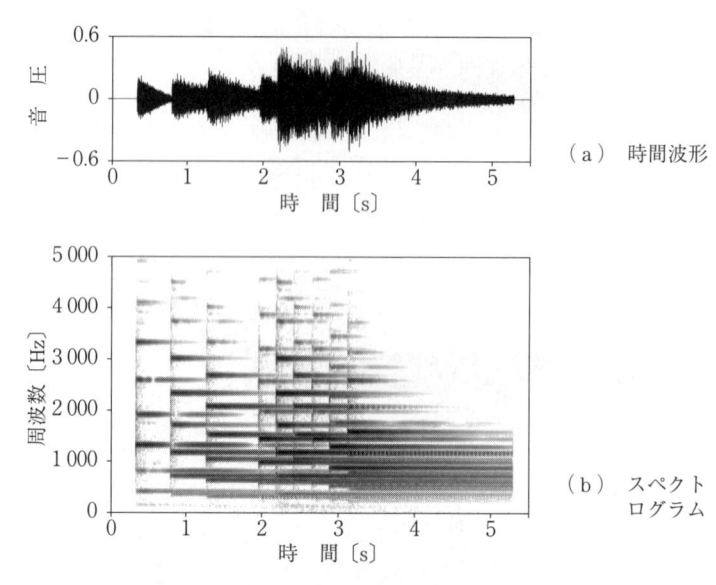

(b) スペクトログラム

ベルがハンマーで叩かれるたびに、音がどんどん重なっていく様子がわかる。しかし、それでもおなじみのメロディーが知覚される。

図 3.10 「NHK のど自慢」のテーマ曲（鈴木邦彦作曲）冒頭のチューブラーベルのソロ（ソフトウェアを用いて合成）

4 分の 4 拍子。(a) は通常の楽譜表記。(b)～(g) は 1 本 1 本のベルを一つの楽器と見なして、実際の音の出方を 6 本のベルによる合奏として表記したもの。

図 3.11 「NHK のど自慢」のテーマ曲冒頭におけるチューブラーベルのソロを楽譜で記述したもの（著者作成）

ることもできる（**図 3.11**）．しかし，この部分をそのようにパートに分けて聴き取ることはきわめて難しく，そのかわりに，おなじみのメロディーが聞こえる．このメロディーのパターンは，次のような音要素の手がかりを与える．

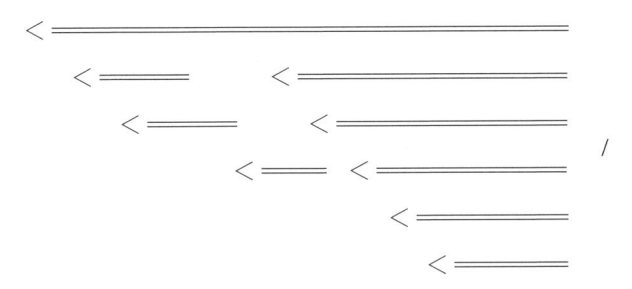

```
        <══════════════════
            <══════    <══════
          <════      <══════
        <══      <══════            /
                     <══════
                         <══════
```

始部は音色が類似していて，時間，音の高さに関して相互に近接しているため，一つの音脈に統合され，最後の終部が補完される．メロディーに組み入れられなかった持続の手がかりは，知覚のうえで抑制される．

$$<\!\!=\!\!<\!\!=\!\!<\!\!=\!\!=\!\!<\!\!=\!\!<\!\!=\!\!<\!\!=\!\!<\!\!=\!\!<\!\!==\!\!\!=\!\!\!=\!\!\!=\!\!>\!\!/$$

ここでわれわれが聞くのは，個々の音が別々の音脈を形成したもの（「E」，「D」，「C」，「B」，「A」，「G」）ではなく，知覚のうえで結び付いた一連のメロディー「EDCB—」である．残りの持続は，各音が減衰してかなり弱くなった部分であり，容易に抑制される．Kuwano et al. (1994) は，減衰音によって演奏されたメロディーについて，実際に物理的に重なりがあっても，重なりがないかのように聞こえることを報告している．また，Galembo and Askenfelt (1995) も，ひとつながりのピアノ音では，重なりに気付くことはないと述べている．このような知覚は，文法の枠組みに当てはまらない断片が抑制されるときに得られると考えられる．「NHK のど自慢」のテーマ曲の例では，非文法的な断片が完全に抑制されるのではなく，「賑やかな響き」として知覚内容に残っている．

このような解釈は，音の重なりがより顕著なときにも適用できる．ピアノで，長音ペダル（右のペダル）を踏んだままでメロディーを演奏すると，たくさんの音が物理的に混じり合い，混じり合った音が聞こえる．一方で，明確にメロディーが聞こえることも多い．聴覚系は，文法的な音脈として体制化しや

すい音要素を抽出するが，そのとき，残った要素は明確な形をもたない響きの塊のように聞こえる．ピアノ曲においては，減衰音しか出すことのできないピアノという楽器の欠点を補うために，この残った要素が音のふくらみなどを表すために効果的に用いられる場合がある．

Seashore (1938) は，「ピアノの音は，ハンマーの打弦の後，急激に減衰することがよく知られている．しかし，耳はしばしばこれを無視して，強さや音色の急激な変化を聞かず，音の開始されたときの性質を次の打鍵まで聞く傾向がある—」と述べている．この記述は，いったん，始部が与えられたならば，明確な終部，あるいは空白が与えられるのでない限り，聴覚の文法は持続を次の音事象の直前まで保つと読みとることができる．

3.3.7 空隙のメロディー

音階を構成する音が重なり合って連続しているとき，構成音の一部を削除して短い空隙にすると，そこには，削除した構成音の高さが知覚される．空隙を特定の順序とタイミングで配置すると，メロディーが知覚されることとなる．例えば，低いほうから順に GCDEFGA（ソドレミファソラ）の長い音が重なり合っている刺激パターンに，**図 3.12**（●）のスペクトログラムで示したような空隙を設けたとする．その冒頭部の音要素の配列は次のようになる．

```
A   <=====================================…
G   <======================================>/<
F   <=====================================>/<==…
E   <======>/<=========>/<=======>/<=====…
D   <====>/<==========>/<================…
C   <=>/<======>/<=>/<=========>/<=======…
G   <====================================…
```

ここで，それぞれの空隙の終わりにある始部は，音色が類似していて時間と音の高さにおいて近接しているため，一つの音脈に統合される．さらに，必要な場合には終部が補われ，ひとつながりのメロディーが知覚される．残りの音は

3.3 聴覚の文法の適用例   117

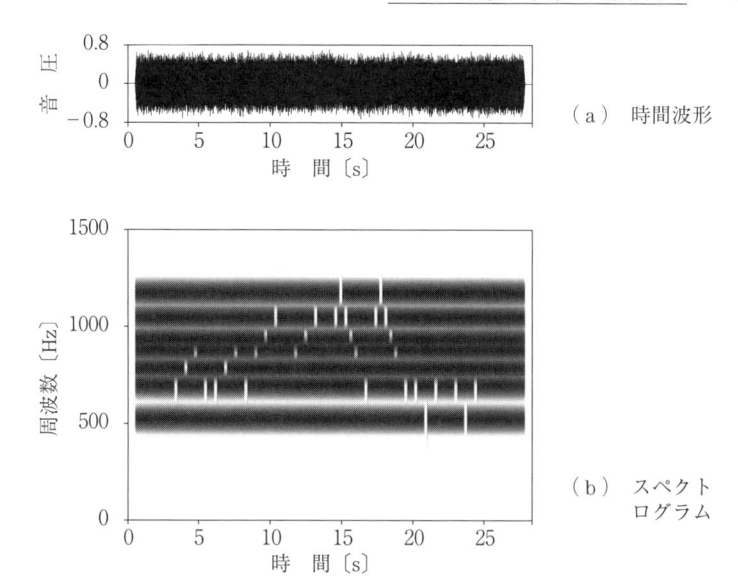

(a) 時間波形

(b) スペクトログラム

音がある部分ではなく，音がない部分を作ることによって，「フレール・ジャック」（フランス民謡の「Frère Jacques」，日本では「グーチョキパーで何作ろう」などとして知られている）のメロディーが知覚される。

図 3.12 空隙のメロディーによる「フレール・ジャック」

空調音のような，背景で鳴り続ける音事象となる。

<＝＝＝＝＝＝＝＝＝＝＝＝＝＝＝＝＝＝＝＝＝ …

<＝ <＝ <＝ <＝ <＝ <＝ <＝ <＝ <＝ <＝ <

空隙のメロディー（melody of silence）として，「フレール・ジャック」の冒頭が知覚される。この現象は，聴覚系が何とか文法に従った一つの音脈を取り出そうとしていることを示す。

3.3.8 連続聴効果

純音の一部が短い強い雑音によって置き換えられ，雑音に純音の周波数帯域か含まれているとき，実際には中断している純音が連続しているように聞こえる（図 2.10 参照）。この錯覚が生じるためにはいくつかの条件が必要である。純音が不連続であることを示すいかなる証拠も存在してはならず，純音と雑音

との差異が明確でなければならない（Bregman, 1990）。この錯聴にはさまざまな側面があり，聴覚の文法の観点から解釈してみることは実り多いものである。連続聴効果を生じさせる最も単純な刺激パターンは図 3.13（🔊）のようなものである（Remijn and Nakajima, 2005）。

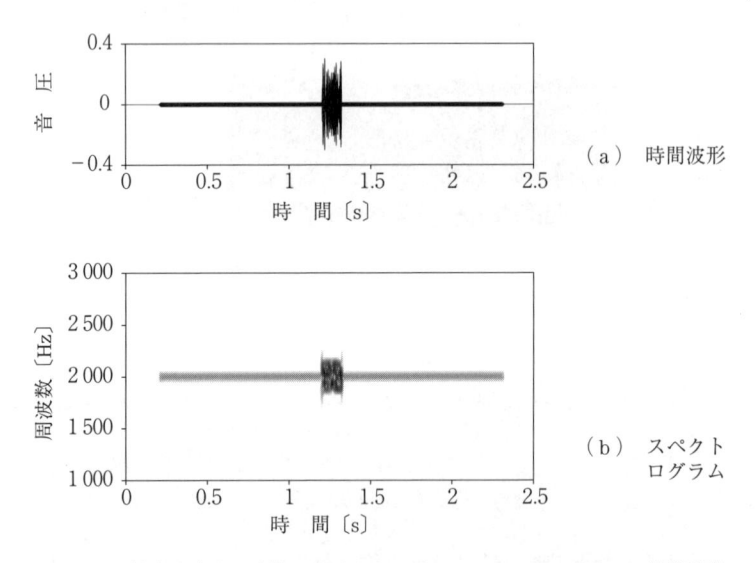

（a）時間波形

（b）スペクトログラム

2 000 Hz の純音の途中に空隙が設けられ，そこに 1 875〜2 125 Hz の狭帯域雑音が挿入されているにもかかわらず，純音は連続しているかのように知覚される。

図 3.13 連続聴効果を生じさせる最も単純な音刺激パターン

ここには，二つの始部と二つの終部とが次のように続いている。

<　　　<　　＞　　　＞/

これは，最初の終部の後に空白がないため，文法的な音脈とはなっていない。二つ目の始部と一つ目の終部は，近接の原理によって，その間の持続を含めて結び付けられる。ここで，音脈を文法的にするために，終部の後に空白が知覚のうえで補完される。

<　　＞/

そして，残りは次のようになる。

　　　　　　　<════　　　　　　　════>/

　二つの持続の間には他の音要素が存在しないので，両者は統合されて次のようになる。

　　　　　　　<═══════════════>/

　結果として，聴覚系は短い雑音と長くつながった澄んだ音という二つの音脈を得るのである。

　　　　　　　<═══>/
　　　　　　　<═══════════>/

3.4　聴覚の文法と心理物理同型説

　ここで提案した聴覚の文法はきわめて単純なものであるが，さまざまな聴覚現象を共通の視点で記述できる。この文法は，音声や音楽を含めた音を知覚するときの枠組みを提供するものである。Handel (1989) は次のように書いている。「知覚世界は，明確に区切られた開始と終了とをもつ事象でできている（ただし，空調の音のように開始と終了とをもたずに連続する事象もありうる）。一つの事象は時間的な境界によって区切られる。しかし，この知覚印象は音波の構造によるものではない。開始と終了とが，実際の空白時間によって物理的に示されてはいないことも多い。」例えば，「とびうお」という日本語の単語では，「う」と「お」が明確に区別されることに加えて，その前の「とび」というモーラからのタイミングによって「う」と「お」とが独立した単位として知覚されると考えられる。

　4章で紹介するように，神経生理学的データによれば，音の開始に応答するニューロンと，音の終了に応答するニューロンとの存在が示されており，聴覚の文法と深く関係しているものと考えられる。ここで問題になるのは，検出された開始と終了とを音事象や音脈に関連付けることができるのか，そしてできるとすればどのように関連付けられるのかということである。

　聴覚系が聴覚の文法を適用する場合，複雑な文法構造を処理する能力は必ず

しも必要ではない。図3.14に示すような単純な**遷移図**（transition chart）によって，3.2節に示した文法によって記述されるすべての音脈のパターンを示すことができる。聴覚系が，並行して複数の音脈を構成することができるのは，このような単純な仕組みを用いていることによるのであろう。

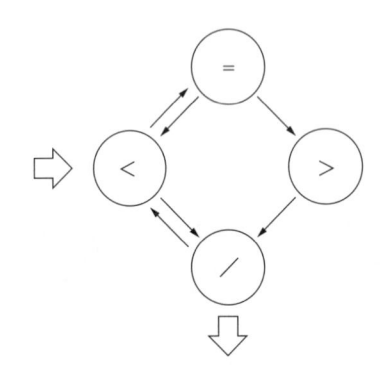

図の左端の白矢印は音脈の開始を，図の下端の白矢印は音脈の終了を表す。一つの音脈のなかで，始部と持続，始部と空白の間は，それぞれ互いに行き来することが可能であるが，持続から終部，終部から空白へは一方通行となる。

図3.14 文法的な音脈を生成する遷移図

　音要素のすべてを文法的に解釈できないとき，聴覚系は新たな音要素を挿入したり，一つの手がかりを重複して用いたり，いくつかの手がかりを抑制したりする。直感的には，聴覚系は，音脈の数をできるだけ少なくしながら，最も早くて単純な解決を与えているように思われる。そのようにして，われわれは必要な音と必要でない音とが混じり合った環境のなかで適切な行動をとることができるのであろう。

　聴覚の文法を用いて現実場面を解釈するには，ゲシタルト原理について考慮することも必要である。例えば，時間的な近接の原理は，音要素や音事象どうしの結び付きに関わっており，同時に，環境における因果関係を検出することにもつながっている。よい連続の原理は，生理的な仕組みの多くが急激な変化を避けることと関連しており，ヒトの音声の検出に有効である。一般的に，神経生理学的過程に限界のあることがかえって環境への適応に役立つような場合に，ゲシタルト原理が働きやすいであろう。すなわち，遠くのものどうしを結び付けることや，急激な変化に追随することには生理学的な限界があるが，こ

のような限界があることによって,かえって自然界の仕組みに対応することができる。そこにゲシタルト原理が現れるのではなかろうか。このような考え方は,**心理物理同型説**の一つの形であると考えることができ(Köhler, 1969),文法モデルの理論的基盤を与える可能性がある。

第4章
聴覚の文法の展開

4.1 聴覚の文法の意義

　われわれの聴覚系は，外耳道に生じる気圧の時間的な変化のなかに，音脈を形成する．本書においては，**始部**，**終部**，**持続**，**空白**という主観的な音要素が単純な文法に従って線条に結合することによって，音脈が形成されると考えた．これは，大づかみな考え方であるが，これまでの研究において，実際に新しい現象を発見し，解釈することに役立っている．とくに，**分離音現象**，**終端音現象**は，単純な音刺激パターンから生じる現象でありながら，このような理論化を試みるまでは発見されなかったものである．**時間伸長錯覚**は，聴覚の文法がなければ，他の聴覚現象とどのように関連付けられるのかがわからず，単なる奇妙な現象とされたであろう．NHKのど自慢のテーマ曲冒頭について述べたようなことは（3.3.6項参照），誰でも知っているような音パターンについて，実証的な研究が必要であることに気付かせてくれる．

　本章では，現実場面における音を聴く際に，実際に聴覚系がどのような振る舞いをするかについて考察を進める．とくに，言語音声，音楽演奏音などの，聴覚コミュニケーションに関わる音がどのように聴き取られるのかに注目する．ただし，言語音声については，現段階で何かまとまった考察を行うことは難しい．それは，さまざまな言語における音韻論が，聴覚の文法とどのように関連付けられるかを探っていくことが，大きな課題として残されているからである．そして最後に，聴覚の文法を可能とする神経生理学的な仕組みについて

考察する。

4.2 音声と聴覚の文法

　言語を聴き取る際に，どこからどこまで音がつながっていて，どこで切れているのかがわからなければ，文字どおり話にならないであろう（冒頭の猫の挿絵を参照）。聴覚の情景分析と聴覚の文法とを組み合わせることが有効であることは，言語学の分野においても指摘されている（Reiss, 2007）。そこでは，聴覚の文法に統語論を導入し，音事象のなかに別の音事象が埋め込まれることもありうると論じられている。聴覚の文法が，そのような課題について考える枠組みとして活用されることを期待する。

　聴覚の文法は，音を聴く際の制約条件を記述したものである。言語音声にはもともとさまざまな制約があり，言語音声を知覚する際に，話者が言い間違えたり，口ごもったり，ある音素を発音しなかったり，あるいは騒音に妨げられて聴き取られない部分が生じたりしても，この制約のおかげで言葉を全体としてうまく聴き取ることのできる場合が多い。聴覚の文法は，このことにヒントを得て，考え出したものである。音素の並び方は，言語に応じて制約を課せられている。例えば日本語では破裂音や摩擦音の直後には必ず母音か半母音 /j/ がくる（例外として，日本語の文脈において，swing, sweet などの英単語を英語風に発音することなどがあるが，このような単語が日本語に定着しているのは，スイング，スイートなどの日本語風の発音がありうるからである）。「いま行きます」という場合の最後の /su/ について，母音 /u/ は発音されないことが多いが，日本語の音韻上の制約に合わせて聴取者がここに母音があるかのように語音の聴き取りを行っていると考えられる。外来語を導入する場合にも，同様の現象が生じているのではないかと考えられ，「ステッキ」と「スティック」（いずれも stick）のように英単語末尾の同じ子音に対して，異なる母音が付け加えられるような場合もある。

　中島らは，一連の考察の出発点になった空隙転移錯覚について，その現象に

4. 聴覚の文法の展開

近いものを日本語合成音声を用いて実現した（Tsunashima and Nakajima, 2002; Nakajima, 2008）。ここでは，そのような刺激パターンの一例を紹介しておく〔図4.1 (🔊), 図4.2 (🔊)〕。約2.5 sかけて基本周波数の下降する「あーかー」という合成音声（図4.1のA）と，持続時間である約0.7 sのうち冒頭の子音部を除く約0.6 sをかけて基本周波数が上昇する「さー」という合成音声（図4.1のB）とを，周波数変化部の中央が一致するように重ねて呈示する（図4.1のC）。そうすると，「あーー」という下降する長い母音と，尻上がりの短い「さか」という単語とが明瞭に聞こえる。図4.1のAの空白直後の変化（破裂に相当する雑音およびその直後の第2フォルマントの遷移）をBの中央付近にはめこむと，図4.2のDを作ることができるが，このような空白のない刺激を聴いても，破裂音としての/k/を知覚することはできない。

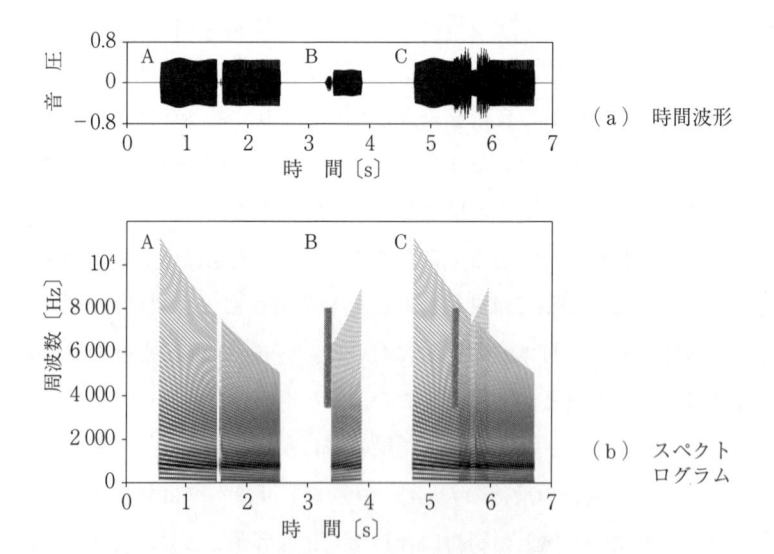

Aでは，「あーかー」という音の高さが下降する音声の知覚が生じやすい（「あーあー」と通常に発話した声と，「かー」とささやいた声が重なったかのような知覚が生じることもある）。Bでは，「さー」という音の高さが上昇する音声が知覚される。Cは，AとBとの周波数変化部の時間的中央を合わせて重ねた音を示す。Cに対しては，下降する長い「あー」と，上昇する短い「さか」とが明瞭に知覚される。

図4.1 空隙転移錯覚に近い現象を生じる日本語合成音声

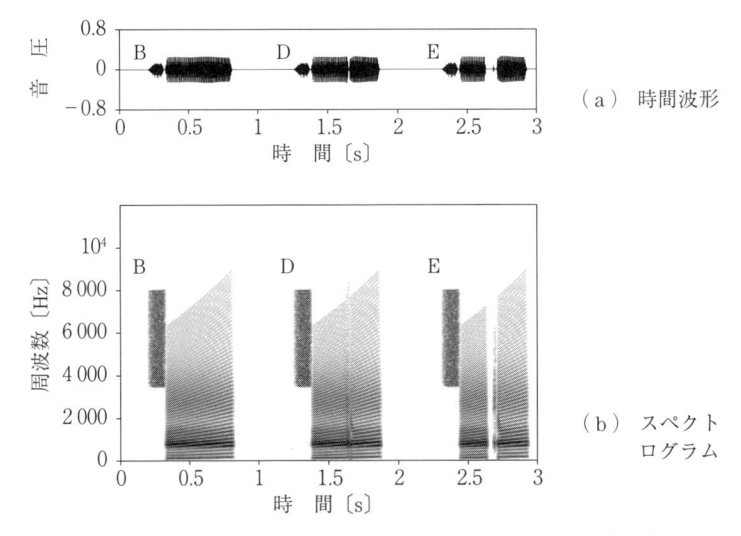

[図: (a) 時間波形、(b) スペクトログラム。B, D, E の3つの音声区間を示す]

時間軸は図4.1の2.3倍程度に引き延ばされている。Bの周波数変化音の中央に/k/の破裂に相当する短い雑音を入れ，フォルマント遷移なども加えてDを作り，単独で聴取すると，「さ」は聞こえるが「か」の知覚は生じない。これに/k/の閉鎖に相当する空隙を設け，Eのようにすると，明瞭に「か」が知覚される。

図 4.2 図4.1の続き

そこで，図4.1のAのような空隙を入れて図4.2のEのようにすると，はっきりと/k/が知覚される。つまり，/k/の知覚には，破裂の雑音や，破裂直後のフォルマント遷移だけでは不十分であり，破裂直前に空隙の存在することが必要であることになる。すると，図4.1のCの中央付近に/k/が知覚されたのは，Aの空隙がBに転移したためであると考えざるをえない。つまり，音韻知覚における空隙転移の例として，この刺激をとらえることができる。すなわち

　　　　a———ka———
　　　　　　　sa———

という音パターンから

　　　　　　　saka

という音の並びが抽出される。この現象は

4. 聴覚の文法の展開

<══════> <══════>/
        <══════>/

または

<══════>/<══════>/
        <══════>/

という音要素の手がかりが与えられたのに対して

<═══════════>/
   <=>/ <=>/

または

<═══════════>/
    <=<=>/

という文法的な解釈が与えられることに対応すると見てよい。

ちなみに，上記の刺激パターンと時間的条件，周波数変化方向，成分数などの似た非音声刺激を作ると，**図 4.3**（🔊）のようになり，確かに空隙転移錯

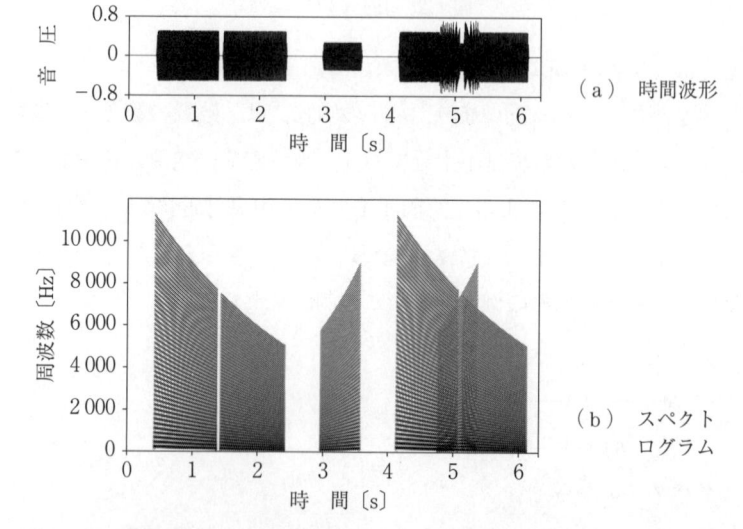

（a）時間波形

（b）スペクトログラム

図 4.3 時間的条件，周波数変化方向，成分数などの点で図 4.1 に対応する非音声刺激（空隙転移錯覚が生じる）

4.2 音声と聴覚の文法

覚が生じる。

空隙転移錯覚に対する考察の結果から分離音現象を予測し，実際に発見したことが，聴覚の文法に対して確信を抱くに至ったきっかけであり，この現象についても合成音声を用いて対応する現象を見いだした。すでに2.8.2項において紹介したとおり，Nakajima et al. (2005) は，中国語合成音声を用いて，/a—o/ および /ya—/（ダッシュは1s程度の持続を示す）という二つの長い音（それぞれ基本周波数が 164 Hz および 116 Hz，持続時間が 1.3 s）を，この順で0.3s程度重複させて呈示することにより，実際には存在しない音節である /yao/ が聞こえることをデモンストレーションで示した（🔘）。すなわち，

　　　　　　a———o
　　　　　　　　　ya———

という音刺激パターンから

　　　　　　　　　yao

という音節が聞こえる。これは

　　　　　＜━━━━━＞/
　　　　　　　＜━━━━━＞/

という音要素の手がかりから

　　　　　＜━━━━━＞/
　　　　　　　＜ = ＞/

という解釈が生じることに対応すると思われる。この場合，中国語母語話者には，四声の一つである第二声〔上昇する**声調** (lexical tone)〕の聞こえる場合がある。したがって，音節としての知覚内容の成立していることが確実である。このように，本書で紹介した聴覚現象を，さまざまな言語の特徴を踏まえながら音声知覚に関連付けていくことができる。

第2章では，英単語の冒頭が強い雑音に置き換えられた「■eel」（■は雑音を示す）が，文脈に応じて「peel」や「meal」などに聴き取られる例を紹介した。この現象は時間伸長錯覚に通じるところがある。時間伸長錯覚において

は，始部が物理的に与えられていないときに（=>/），文法的な音脈を形成するために知覚のうえで始部が補完され（<=>/），音の持続時間が伸びたように知覚されると考えられる。今後，「meal」などのように冒頭部が知覚のうえで補完された単語の主観的な時間長を測定することにより，この二つの現象を定量的に関連付けることも可能である。

　このように，聴覚の文法をより深く言語コミュニケーションに関連付けることができる。de Saussure（1916）は概念と聴覚イメージとの結び付きが言語の本質であり，どのような結び付きが実際に用いられるかは，基本的に恣意的であるということを述べ，この考え方の大筋は今日広く認められている。言語コミュニケーションは，ある人の頭のなかに生まれた考えを，音声を通じて他の人に伝え，その人が理解したこと，あるいは新たに生み出した考えを，再び音声を通じて最初の人に返すといった図式で行われる（1.5.1項参照）。われわれの聴覚と音声発話機構とのもつ機能的制約が，言語の構造や様式にも影響を及ぼしているはずである。de Saussure は，母音，子音という言語における音の単位を基礎付けるのは聴覚イメージであると述べている。そして，音素は母音のように**開口度**（aperture）の高いものから，摩擦音，閉鎖音などのように開口度の低いものまで数段階に分類することができ，開口度が増加したあと減少するという変化が**音節**（syllable）を生じるとの考えを展開している。ここでいう開口度の増加，減少は，<=>という形の音事象に通じるものがある。

　de Saussure によれば，ラテン語の factus [faktus] という単語において，母音 [a] が実際に（生来の長母音として）長く発音されるわけではないにもかかわらず，長母音の一種として扱われていることに注目している。そしてこのことは，音節の終わりに位置付けられる [k] が無視できない長さを有しており，[k] が始まってもまだ [a] が残っているように感じるからであると説明がなされている。聴覚の文法に従えば，当初は [faktus] <=><=>/ という形の音要素の並びが与えられているが，これは文法的な並びではないため<=<=>/ という形に解釈され，その結果第一の母音が長いように聴くことができると考

えることができる。あるいは，＜＝＞＜＝＞/という形も，場合によっては文法的であると考えるように聴覚の文法を改訂し，最初の＝＞の長さが母音の長さとして感じられると考えることもできる。さらには，母音の長さよりも音節の長さのほうが本質的であり，最初の音事象＜＝＞が長い音節として聴き取られるとも考えられる。現段階では，聴覚における音節形成の仕組みなどに関する研究がなされなければこの先へは進めない。しかしながら，音事象は音韻論でいうところの音節に対応する場合が多いのではないかと強く推測することができる。このあたりに，聴覚研究と音韻論とを結び付ける新たな研究の荒野が待ち受けているのではなかろうか。

4.3　音楽と聴覚の文法

　音楽においては，音と音の時間的なつながりがメロディーになるので，まず一つひとつの音が知覚のうえでどのように決定されるかを理解する必要がある。すなわち，音楽の聴取においても，個々の演奏音を認識する過程に聴覚の文法が関わっている。例えばヴァイオリンでアルコ奏法（弓を使って擦弦する通常の奏法）によって演奏した一つの音を聴く場合，始部と持続，終部が明確に存在して（＜＝＞）演奏音としての音事象を形成している。同じ楽器でも，ピッツィカート奏法（指で弦をはじく奏法）で音を一つ出すと，始部は明確に認識されるが，持続は聞こえる場合と聞こえない場合とがあり，終部は明確に特定できない。それでも，独立の音事象（＜＝＞，＜＝，または＜）を構成して演奏音となる。音楽は，基本的に，これらの音事象の継時的な組合せと音脈の並列的な組合せとで構成される。

　ハープシコード（チェンバロ）は，ピアノに似た外観の鍵盤楽器であるが，ピアノとは異なり，鍵盤の動きが弦をはじく機構に伝わって音を出す。その構造上，一つの弦をはじくときには強弱をつけることができない。この楽器で特定の音にアクセントをつけたいときには，**装飾音**（ornament）を用いることがある。装飾音には，装飾音符で表される前打音のようなものと装飾記号で表

されるターンなどがあり，音の開始部分に複数の音を続けて演奏する場合が多い〔(図 4.4(a)および(b))(🔴)〕。複数の音が順次開始される部分に持続は感じられないことが多く，複数の音の開始が集まって一つの開始部を構成する。装飾音は，音楽表現のうえでも，時間上の一点であると見なされることが多い。聴覚の文法の立場から見れば，複数の始部が統合されていると考えることができる。バロック期あるいはそれ以前の西洋音楽にはこのような装飾音が多く見られる。

(a) 前打音

(b) ターン

(c) アルペッジョ

(d) 四重音

各例の最初の小節は記譜の例である。次の小節は実際の演奏を可能な限り音符で表現したものである。

図 4.4 装飾音の例

分散和音の一種であるアルペッジョはギターやハープの演奏でよく用いられる。素早く演奏される場合には知覚のうえで始部の統合が生じ，和音全体を一つの音事象として聞くことも可能になる〔図 4.4(c)，**図 4.5**〕。なお，文脈によっては，他の種類の分散和音のことをアルペッジョ（または「アルペジオ」）と呼ぶこともあるが，ここでいう「アルペッジョ」は図 4.4(c)に示したような音型のことを指す。

また，ヴァイオリンの三重音や四重音を現代の楽器と奏法で演奏するときには，低いほうの1音または2音を装飾音のように演奏することが多い〔図 4.4(d)；このような四重音がくり返されることによって，一つの音脈を聞きと

(a) 時間波形

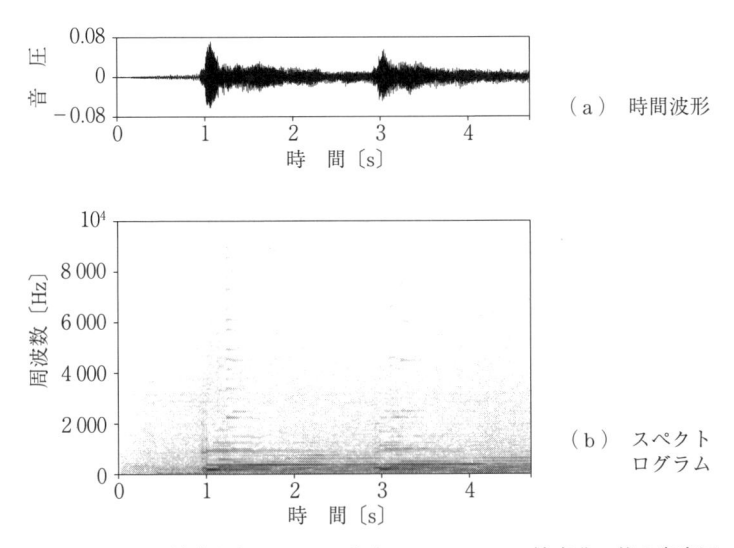

(b) スペクトログラム

Paco de Lucía が演奏した，Rodrigo 作曲のアランフェス協奏曲，第2楽章冒頭を示す（http://www.youtube.comjwatch?v=e9RS4biqyAc）。弦が順次鳴らされるため，音の立ち上がりが最大 $0.4\,\mathrm{s}$ 程度ずれているが，すべての弦の音をまとめて一つの音事象として聞くことが可能である。

図 4.5 ギターによるアルペッジョの演奏例

りうること，すなわち，聞きようによって四重音が一つの音事象として聞きとりうることを示すために，同じ四重音の強弱を変えて三度反復したものを CD に収めている]。この場合も，作曲者の意図とは必ずしも一致しないかもしれないが，ヴァイオリンの鳴らす音の全体を一つの音事象である和音としてとらえるような聴き方がなされれば，始部の統合がなされたと解釈できる。図4.4（a）および（b）に示した前打音やターンの場合の持続が単音であるのに対して，アルペッジョやヴァイオリンの三重音ないし四重音の場合の持続は複数の音となる。図4.4(a)に示した前打音を音要素として表記すると，例えば

$\qquad$ <<＝＝＝

となり，ターン〔図4.4(b)〕を音要素で表記すると，例えば

$\qquad$ <<<<＝

となる。これらの複数の始部は統合されて

$\qquad$ <＝＝＝＝

132　　4. 聴覚の文法の展開

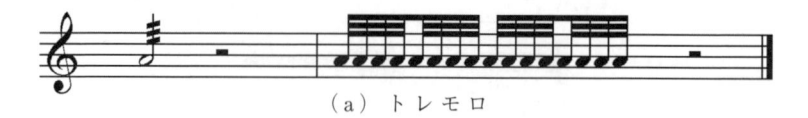

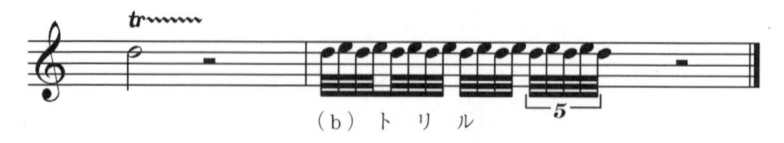

（a）トレモロ

（b）ト リ ル

図 4.6　装飾音の例の続き

と解釈される．

　アルペッジョ〔図 4.4(c)〕の場合も，手がかりとなる音要素の表記は

　　　　　　＜＝＝
　　　　　＜＝＝＝
　　　　＜＝＝＝＝

となるが，ここでも始部が統合されて

　　　　　＜＝＝＝＝

と解釈される．

　マンドリンは撥弦楽器であり，その代表的な奏法にトレモロ奏法〔**図 4.6 (a)**〕がある．これは，ダウンとアップのピッキング（ピックと呼ばれる人工の爪を用いた撥弦）を素早く繰り返して演奏するもので，この奏法によって長い音符について音を持続したり強弱を変化させたりすることが可能となる．このことがマンドリンの表現力を増している．ここでも，一つひとつの撥弦による始部は

　　　　　＜＜＜＜＜＜＜＜＜

というように並んでいる．しかし，これは非文法的であるので，次のような並びに解釈される．

　　　　　＜＝＝＝＝＝

これに，終部と空白とが知覚のうえで補完され，次のようになる．

　　　　　＜＝＝＝＝＝＞ /

トレモロは，打楽器でも代表的な奏法の一つとして効果的に用いられている。また，ピアノのように同じ音を細かく繰り返すことが難しい楽器では，1オクターブ離れた音を交互に繰り返すバッテリという奏法が用いられることもある。この奏法には，1.4.3項の(4)に記したオクターブ等価性が深く関っている。

装飾音が音符の長さ全体にわたって付けられたものがトリルである〔図4.6(b)(●)〕。トリルは，音にアクセントを付けるという役割と，音の持続を作るという役割をもつ。通常のトリルは，その音と2度高い音とを交互に演奏するものであり，この奏法によって，ピアノのような楽器でも，一つの音符のなかでクレッシェンドをすることができるのである。

トリルにおいて，始部は次のように並んでいるが

　　　＜＜＜＜＜
　　　＜＜＜＜＜＜

トレモロの場合と同様に，次のように解釈される。

　　　＜══════＞／

ハープやピアノ，マリンバのグリッサンド奏法においても，音階状に並ぶ複数の始部が統合されて一つの音事象を構成することがある。トロンボーンやヴァイオリンのグリッサンドにおいては持続部の基本周波数が連続的に変化するが，ハープやピアノの場合には発音体の基本周波数が固定されているため，弦や鍵盤を素早く移動する音階的滑行によって演奏がなされる。

ピアノの音は，打鍵の後，強めることはできず，鍵盤を押し続けてもペダルを踏んでも大局的には減衰する。しかし，ピアノで演奏したメロディーを聴いていると，その音は滑らかに連なっているように感じられる。すなわち，減衰音でも，音と音の間が途切れず滑らかにつながっているように聞かせるレガートの演奏が可能である。

ピアノ音がレガートで滑らかにつながって聞こえるとき，実際には音の減衰は完了しておらず，音と音とが重なり合っている場合のあることが報告されている。3.3.6項において紹介したように，Kuwano et al. (1994) の研究によれ

ば，ムソルグスキーのピアノ曲「展覧会の絵」の冒頭2小節（単旋律）を演奏した場合，隣接する音に約0.2sの重なりがあるときにちょうど接していると感じられる．実際には音が重なっているので，重なった部分だけを切り出して聴いてみると，重なりが明確にわかる．重なりが長2度の音程であるときには不協和音が聞こえる．しかし，連続したメロディーを聴くとき，不協和音は聞こえず，音の重なりも感じられない．このとき，次の音に重なる減衰部は知覚のうえで切り離され，抑制されていると解釈することができる〔付録CDの演奏例では，隣接する音の重なりが常にはっきりと観測されるわけではないが，確かに観測されるところもある．その場合でも，一つのメロディー，すなわち一つの音脈が聞こえるのみである（◉）〕．聴覚の文法の立場からは，このような抑制のなされうることが重要である．チューブラーベルやハンドベルの音楽を聴くとき，また，金管楽器によく用いられる「ベルトーン」（音を順番に重ねて響かせる技法）においては，同様の「切り離し」が知覚のうえで行われ，切り離された部分の抑制が完全には行われていないものと考えられる〔上記の「展覧会の絵」の冒頭を，ピアノの右ペダルを踏んだままにして演奏した例を付録CDに収めてある（◉）．この場合でもメロディーははっきりと聞き取れるが，メロディーが終わった後に残った音には，たくさんの音符の重なりが聞き取れる〕．

4.4 脳科学と聴覚の文法

聴覚の文法が脳のどこにどのような形で組み込まれているのかは誰しも好奇心をそそられるところであろう．この点については，結論を急ぐのではなく，感覚生理学，神経生理学，脳科学の分野においてすでに報告されているデータのなかから，関連のありそうなものを選び出して整理し，それに基づいてデータを追加してゆくという地道な作業が必要である．0.1〜0.2sを超えるような音を用いて，始部，終部，持続，空白に対応する中枢，とくに大脳皮質の応答を確認することがまず重要である．

P. A. Davis（1939）は，聴覚に関する**事象関連電位**（event related potential, ERP，刺激に対する応答としての脳波の変動）を初めて体系的に記録し，音の始まりおよび音の終わりのそれぞれに対する脳の応答を観測した。後に，H. Davis and Zerlin（1966）は，P. A. Davis（1939）の用いた音の終わりにおける減衰が瞬時であったために，結果の解釈が難しくなっていることを指摘し，0.1 s という長い減衰時間を用いても，確かに音の終わり（音の強さが減じてゼロになること）に対する頭頂の事象関連電位が生じることを確認した。その際，例えば，1 200 Hz，2 s の純音の，始まりと終わりとに対する事象関連電位がよく似ていることが認められ，音の始まりと音の終わりとが知覚のうえで似た面を有することが示唆された。このような神経生理学的なデータから見ても，始部と終部とはともに聴覚の文法の要素として取り上げるべきであろう。

Evans and Whitfield（1964）はネコに 1 s 前後の音を聴かせながら，**一次聴覚野**（primary auditory cortex）における**単一ニューロン**（single neuron）の応答を観測した。その結果，定常的な音が鳴り続けているときに発火し続ける，あるいはそのときにだけ自発発火をしなくなるようなニューロンを見いだし，一方では，音の始まり，あるいは音の始まりと音の終わりの両方に対して短時間だけ応答するようなニューロンを見いだした。また，音の終わりの後の空白時間に，しばらくのあいだ応答が持続するようなニューロンをも見いだした（**図 4.7**）。

ヒトに関して Pantev et al.（1996）は，**脳磁図**（MEG，1.4.1 項参照）の分析から，1 000 Hz，2 s の音を呈示した際に，音の始まりおよび音の終わりのそれぞれに対する応答と，音が出ているあいだずっと続く応答とが生じることを見いだした。さらに，音の始まりに対する応答と，音の終わりに対する応答とは，脳内の近いところに位置付けられることをも見いだした。Pratt et al.（2005）は，空隙によって繰り返し中断されるような白色雑音において，0.2～0.8 s の空隙に関して，空隙の始まりすなわち音の終わりに対する事象関連電位と，空隙の終わりすなわち音の始まりに対する事象関連電位とがともに観測されることを報告している。ただし，音の終わりと音の始まりとでは応答の波

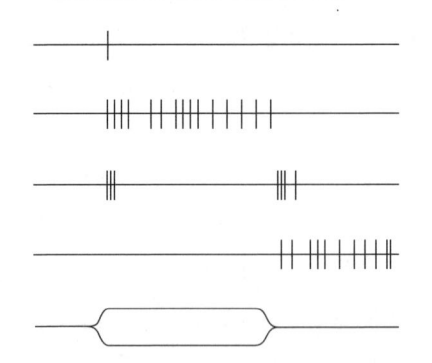

(a) 刺激の開始直後に短く応答する。

(b) 刺激が呈示されている間，応答する。

(c) 刺激の開始直後と終了直後に短く応答する。

(d) 刺激の終了後に長く応答する。

（a）〜（d）の縦線の一つひとつがニューロンの発火によって生じた電気パルスを表している．図の一番下は，音刺激の時間包絡（持続時間 0.8 s 程度）を表す．聴覚の文法との対応を考えると，（a）は始部，（b）は持続，（c）は始部と終部，（d）は空白の手がかりを与えると考えることができる．

図 4.7 覚醒状態のネコの聴覚皮質から記録された単一ニューロンの時間的活動パターンから，その一部を模式的に表示したもの〔Evans and Whitfield（1964）に基づく〕

形が異なっていた．

　これらの知見を総合すると，知覚のうえで，始部と終部とが独立の要素として検出されて結び付けられ，持続や空白に連結するとする聴覚の文法に，神経生理学的な基盤のあることがわかる．すなわち，動物やヒトの脳は，聴覚の文法の実現に関わる仕組みを備えていると考えることができる．音の始まりに対する応答と，音の終わりに対する応答とが，同じニューロンや近くにあるニューロンから得られることは，とくに興味深い．

　deCharms et al.（1998）は，110〜14 080 Hz の範囲でランダムに選ばれた周波数成分を有する「和音」を 0.02 s ごとに更新して鳴らし続け，サルの聴覚野における個々のニューロンが時間−周波数座標上におけるどのような音エネルギー配置に対して応答しやすいかを調べた．その結果，音エネルギーがある周波数の付近で 0.1 s 程度持続する場合に応答しやすいニューロンや，周波数が変化した場合に応答しやすいニューロンがある一方，エネルギー密度の低い状態から高い状態に変化したときに応答しやすいニューロンが認められた．さ

らに，複雑な形の音エネルギー分布に対応するニューロンも認められた。聴覚の文法が成立するために必要な神経生理学的な仕組みは，このようなところに見つかる可能性が高い。

Petkov et al. (2007) は，サルの一次聴覚野において単一ニューロンの活動を観測し，音が継続することに対応して活動するニューロンと，音の始まり，音の終わりに対して応答するニューロンとが，ともに連続聴効果を構成するとの考えを述べている。聴覚の文法に即して解釈すると，純音に空隙が挿入されると，空隙に伴って新たな終部と始部とが生じること，持続の手がかりが中断すること，のいずれもが不連続を知覚する手がかりになりうる。空隙の箇所に挿入される強い雑音によって，このどちらの手がかりもなくなってしまう (Bregman, 1990; Warren, 2008)。Petkov et al. (2007) の考察は，このような考え方に神経生理学的な根拠を与えるものである。脳がこのような仕組みを有するのであれば，空隙転移錯覚，分離音現象，時間伸長錯覚などの現象に関しても，対応する神経生理学的な現象が存在するはずである。

Efron (1970a, b) は，ある音の終わりと別の音の始まりとが同時に生起したと知覚されたとき，物理的には後の音の始まりのほうが遅く生起していることを報告している。前の音が $0.12 \sim 0.13$ s 以上の長さであるとき，この物理的な遅れは $0.04 \sim 0.05$ s くらいでほぼ一定になる。これは，音の始まりの知覚に比べて，音の終わりの知覚に時間的な遅れが生じることを示している。音が物理的に消失したことを手がかりとして終部（>）の知覚が始まり，これに $0.04 \sim 0.05$ s くらいを要すると考えればこのことの説明がつく。すなわち，終部は一瞬ではなく，ある程度の時間の長さをもった時間上の区間に対応付けられる。

このことから，始部もある程度の時間の長さを有するのではないかと考えられる。この考え方は時間伸長錯覚を説明する際に導入している。明確に呈示されていない始部が知覚のうえで補完されることによって生じると考えられる時間伸長錯覚が，安定して生じる条件において，錯覚量は $0.04 \sim 0.05$ s くらいには達していることが多い。このことは，始部そのものにこの程度の時間の長

さを要すると考えれば当面のところ解釈することができる。持続，空白にそれぞれある程度の時間の長さが必要であることは自明であろう。そうすると，ある音が始部，持続，終部を有する（＜＝＞という形をもつ）音として知覚されるためには，それぞれの音要素に対応する時間区間が必要であり，それを許すだけの時間の長さを占有しなければならない。Efron（1970b）は，持続音の始まりが知覚される時間的な位置から，終わりが知覚される時間的な位置までの時間の長さの最小値が，0.16〜0.17 s くらいであると推定している。仮に，どのような音要素であっても 0.04〜0.05 s くらいの時間の長さを要すると単純化して考えれば，始部，持続，終部を合計した時間の長さは 0.12〜0.15 s くらいになり，Efron の示した 0.16〜0.17 s と似た値になる。

「持続音の時間の長さ」〔充実時間，**図 4.8（a）**〕と，「長さを無視しうるクリック音で両端を区切られた時間の長さ」〔空虚時間，図 4.8（b）〕とを聴き比べると，物理的には同じ長さであっても，前者のほうが長いと感じられることが多い（例えば，Zwicker, 1969/70）。この錯聴は，**充実時間錯覚**と呼ばれ，分割時間の過大評価と並んで，時間知覚に関わる錯覚現象として取り上げられることが多い（2.5.1 項）。この錯聴には，終部の時間位置の知覚が遅れることが関与している可能性が高い（Fastl and Zwicker, 2007）。しかし，音楽のリズムになぞらえた文脈ではこのような知覚の遅れは生じないこともある（Repp and Marcus, 2010）。終部の時間位置の知覚は，条件によって異なるか多義的で

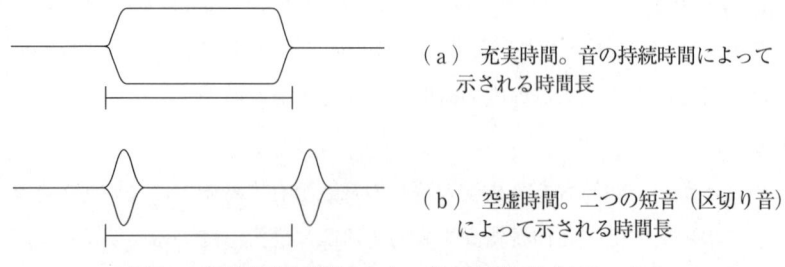

（a）充実時間。音の持続時間によって示される時間長

（b）空虚時間。二つの短音（区切り音）によって示される時間長

各図の上部は横軸を時間とした，音の時間包絡を示しており，図の下部には時間長が線分で示されている。

図 4.8 充実時間と空虚時間

あるかのいずれかであろう。

　音事象や音脈が新たに始まる際には，それまでの状態が急に変わることが検出される必要がある。このような変化が検出されることに対応する脳活動が，脳波において**ミスマッチ陰性電位**として観測されることが広く知られている（Näätänen et al., 2007）。脳磁図（MEG，1.4.1項参照）においても，これに相当する電気生理学的な現象を観測することができる。聴覚の情景分析と聴覚の文法とを合わせて考えることにより，脳科学に対して新たな観点を提供することができるであろう。

4.5　結びに代えて：聴覚の文法から知覚心理学の再構築へ

　本書において，聴覚の文法の理論が，単純でありながらも多くの聴覚現象を説明しうるものであることを述べてきた。また，この理論から分離音現象などの新しい現象が発見されたことにも触れた。新しく発見された現象は，その気になれば，アナログ回路とテープレコーダーだけを用いて音刺激パターンを作り，発見することができたはずのものである。それがコンピューターが爆発的に普及し始めた時代にやっと発見されたということは，単純な理論にもそれなりの威力があったことを示すものであろう。「NHKのど自慢」のテーマ曲に見られるように，このようなことがらについて考えることによって，注目すべき現象が初めて明らかになる場合もある。

　ただし，理論とはいっても，定量的な予測をするには大いに限界がある。実験や試聴の結果を聴覚の文法に即して解釈することを試み，それに基づいて，まだ聴いたことのない音刺激パターンについて想像を巡らせるくらいがせいぜいである。まさに原始的である。しかし，原始的であることは無駄であることを意味しない。いろいろと提案されているゲシタルト原理なども同じくらいに原始的であり，そのなかには「よい形の原理」などのように定義すら曖昧であるものも含まれる。しかし，ゲシタルト原理について考えを深めることから，今日の知覚心理学の枠組みが形成されてきたことは疑う余地がない。聴覚の文

法の理論も，音脈の知覚について考えを進めるうえで基本的なところを押さえており，今のところそれに代わるものは見当たらない。

　この理論に即して研究を進める際に，気を付けなければならないことがある。実験室においては，音に対する知覚内容が常にある時点で明確に定まるとの前提が，暗黙のうちになされている場合が多い。しかし，日常生活における聴覚現象はそうであるとは限らない。音パターンのある部分を取り出せば，ゲシタルト原理および聴覚の文法が明確に適用される場合には，そのような部分だけが先に知覚内容を獲得することがありうるし，それ以外の部分に対する知覚内容がはっきりしないうちに時間が経過してしまうこともありうる。また，同じ音に対して2種類以上の知覚内容が並立することもありうる。さらに，ある部分に対する知覚内容が，音が鳴り終わってから時間の経過とともに明確になっていくことや，これから現れる部分に対する予測が，実際にその部分が現れたときの手がかりと一体化して不可分の知覚内容を形成することも起こりうる。このようなことは，音脈の知覚に少なからず影響するはずである。

　このようななかで，少しずつ定量的な予測のできる部分を増やしていくことが求められる。どのような現象が生じうるかはある程度わかってきたので，精神物理学および脳計測を組み合わせて定量的なデータを揃えていくことが当面の課題であろう。一方，「聴覚の文法」という新しい看板の周りを少し探っただけでいくつか新しい現象が見つかったのであるから，学生やアマチュアの研究者であっても，その気になって探せばさらに新しい聴覚現象を見つけることができると言ってよい。新しい現象は，大きな理論的枠組みと関連付けられ，新しい視点を獲得することにつながるであろうし，そのような現象が見つからない場合でも，これまでに得られた知見に対する理解は大いに深まるはずである。

　1.3.1項にも述べたように，聴覚の文法理論の枠組みは，視覚など他の感覚にも当てはまる可能性が高い。事象が時間の中に並んでさまざまな脈絡を構成することは，日常生活の体験からうなずけることである。もっぱら視覚を用いる手話においても，単語や，それ自体には意味のない音素に該当する単位が時

間の中でつながっており，音声言語に通じるような構造が見られる（Goldin-Meadow and Alibali, 2013）。また，先天聾者が手話を知覚する際に，大脳皮質の聴覚野に該当する部分の活動することが知られている（Nishimura et al., 1999）。このようなことから，手話の知覚を分析すると聴覚の文法に似たものが見いだされる可能性は高いと考えられる。健聴者においても，アイロン掛けなどの日常の動作を視覚によって知覚する場合に，それを時間上で区切られたまとまりに分けて知覚していると考えられる（Zacks et al., 2001）。この場合，音声言語における音素のような短い時間のまとまりを見いだすことは難しいが，事象が時間の中でつながり，境界によって区切られている点が重要である。音事象，音脈の構造は，聴覚以外の感覚にも共通する面があり，これを理解することによって本質的に時系列のうえで理解される言語の成り立ちを知ることができるのではなかろうか。

このように，聴覚の文法を突き詰めると，**知覚心理学**（perceptual psychology）の再構築につながる道が開けると予想している。それは対象を中心とし，静的で固定的な知覚心理学から，対象の動きや変化という事象を出発点とした，動的で変化に富む知覚心理学への転換である。脳の機能に関しても，固定された動作単位を組み合わせるような見方から，全体として何ができればよいかを重視する見方への転換を意味する。物理的には切れ目のない動きから，明確な始まりと終わりとをもつ事象を抽出し，いくつもの事象をまとめて一つの，あるいは同時に並行して存在する二つ以上の流れを知覚する脳の働きは，聴覚，視覚といった感覚の違いを超えた原理によって理解されるべきである。

> L'oreille perçoit dans toute chaîne parlée la division en syllabes, et dans toute syllabe une sonante (de Saussure, 1916).
>
> ・聽覺は話者の發した音のつながりを音節に區切る。
> ・一つの音節には一つの共鳴音（母音など）が必ず含まれる。

それで はしっこと はしっことは つながったの？
音なら はじめから つながっているんだけどね。

解せぬところが多いのは，不徳の致すところじゃ。

文 献

Amedi, A., Merabet, L. B., Bermpohl, F., & Pascual-Leone, A. (2005) "The occipital cortex in the blind: Lessons about plasticity and vision," *Current Directions in Psychological Science*, Vol. 14, pp. 306-311.

アリストテレス (1968)「感覚と感覚されるものについて」,『アリストテレス全集』, 第6巻, 岩波書店, 東京, 181-223頁.（副島民雄訳）.

蘆原郁 (2005)「結合音：存在しない音が聞こえる」,『日本音響学会誌』, 第61巻, 279-283頁.

Bachem, A. (1950) "Tone height and tone chroma as two different pitch qualities," *Acta Psychologica*, Vol. 7, pp. 80-88.

Bavelier, D., Brozinsky, C., Tomann, A., Mitchell, T., Neville, H., & Liu, G. (2001) "Impact of early deafness and early exposure to sign language on the cerebral organization for motion processing," *The Journal of Neuroscience*, Vol. 21, pp. 8931-8942.

Beauchamp, J. W. (1966) "Additive synthesis of harmonic musical tones," *Journal of Audio Engineering Society*, Vol. 14, pp. 332-342.

Berger, K. W. (1964) "Some factors in the recognition of timbre," *Journal of the Acoustical Society of America*, Vol. 36, pp. 1888-1891.

Berglund, B., Berglund, U., Ekman, G., & Frankenhaeuser, M. (1969) "The influence of auditory stimulus intensity on apparent duration," *Scandinavian Journal of Psychology*, Vol. 10, pp. 21-26.

Bilefsky, D. (2007, October 29) "A blind Sherlock Holmes: Fighting crime with acute listening," *The International Herald Tribune*.

von Bismarck, G. (1974a) "Timbre of steady sounds: A factorial investigation of its verbal attributes," *Acustica*, Vol. 30, pp. 146-159.

von Bismarck, G. (1974b) "Sharpness as an attribute of the timbre of steady sounds," *Acustica*, Vol. 30, pp. 159-172.

Bregman, A. S. (1990) *Auditory Scene Analysis: The Perceptual Organization of Sound*, Cambridge, MA: MIT Press.

Bregman, A. S. (1993) "Auditory scene analysis: Hearing in complex environments," in

McAdams, S. & Bigand, E. eds. *Thinking in Sound: The Cognitive Psychology of Human Audition*, Oxford: Clarendon Press, pp. 10-36.

Bregman, A. S. & Ahad, P. A. (1996) *Demonstrations of Auditory Scene Analysis: The Perceptual Organization of Sound.* Cambridge, MA: MIT Press [CD with a booklet].

Bregman, A. S. & Pinker, S. (1978) "Auditory streaming and the building of timbre," *Canadian Journal of Psychology*, Vol. 32, pp. 19-31.

Burghardt, H. (1973) "Die subjektive Dauer schmalbandiger Schalle bei verschiedenen Frequenzlagen," *Acustica*, Vol. 28, pp. 278-284.

Burton, H. (2003) "Visual cortex activity in early and late blind people," *The Journal of Neuroscience*, Vol. 23, pp. 4005-4011.

Charbonneau, G. (1979) "Effets perceptifs de la réduction des données dans la reconnaissance du timbre," *Comptes Rendus de l'Académie des Sciences, Paris*, Vol. 289, pp. 147-149.

Cherry, E. C. (1953) "Some experiments on the recognition of speech, with one and with two ears," *Journal of the Acoustical Society of America*, Vol. 25, pp. 975-979.

de Cheveigné, A. (2005) "Pitch perception models," in Plack, C. J., Oxenham, A. J., Fay, R. R., & Popper, A. N. eds. *Pitch: Neural Coding and Perception*, New York: Springer, pp. 169-233.

Ciocca, V. (2007) *Personal Communication.*

Ciocca, V. & Bregman, A. S. (1987) "Perceived continuity of gliding and steady-state tones through interrupting noise," *Perception & Psychophysics*, Vol. 42, pp. 476-484.

Conard, N. J.,Malina, M., & Münzel, S. C. (2009) "New flutes document the earliest musical tradition in southwestern Germany," *Nature*, Vol. 460, pp. 737-740.

Cooper, G. W. & Meyer, L. B. (1960) *The Rhythmic Structure of Music*, Chicago: University of Chicago Press, (德丸吉彦訳,『音楽のリズム構造』, 音楽之友社, 1968年).

Cusack, R. & Carlyon, R. P. (2004) "Auditory perceptual organization inside and outside the laboratory," in Neuhoff, J. G. ed. *Ecological Psychoacoustics*, Amsterdam: Elsevier Academic Press, pp. 15-48.

Cusack, R., Deeks, J., Aikman, G., & Carlyon, R. P. (2004) "Effects of location, frequency region, and time course of selective attention on auditory scene analysis,"

Journal of Experimental Psychology: Human Perception and Performance, Vol. 30, pp. 643-656.

Davis, H. & Zerlin, S. (1966) "Acoustic relations of the human vertex potential," *Journal of the Acoustical Society of America*, Vol. 39, pp. 109-116.

Davis, P.A. (1939) "Effects of acoustic stimuli on the waking human brain," *Journal of Neurophysiology*, Vol. 2, pp. 494-499.

deCharms, R., Blake, D., & Merzenich, M. (1998) "Optimizing sound features for cortical neurons," *Science*, Vol. 280, pp. 1439-1444.

Denes, P. B. & Pinson, E. N. (1993) *The Speech Chain: The Physics and Biology of Spoken Language*, New York: Freeman, 2nd edition.

Deutsch, D. (1975a) "Musical illusions," *Scientific American*, Vol. 233, pp. 92-104.

Deutsch, D. (1975b) "Two-channel listening to musical scales," *Journal of the Acoustical Society of America*, Vol. 57, pp. 1156-1160.

Deutsch, D. (1982) "Grouping mechanisms in music," in Deutsch, D. ed. *The Psychology of Music*, New York: Academic Press, 1st edition, pp. 99-134.

Deutsch, D. (1983) "Auditory illusions, handedness, and the spatial environment," *Journal of the Audio Engineering Society*, Vol. 31, pp. 607-618.

Deutsch, D. (1995) *Musical Illusions and Paradoxes*. La Jolla, CA: Philomel Records [CD with a booklet].

Deutsch, D. (1999) "Grouping mechanisms in music," in Deutsch, D. ed. *The Psychology of Music*, San Diego: Academic Press, 2nd edition, pp. 299-348.

Deutsch, D. (2003) *Phantom Words, and Other Curiosities*. La Jolla, CA: Philomel Records [CD with a booklet].

Deutsch, D. (2013) "Grouping mechanisms in music," in Deutsch, D. ed. *The Psychology of Music*, Amsterdam: Academic Press, 3rd edition, pp. 183-248.

Deutsch, D. & Roll, P. L. (1976) "Separate "What" and "Where" decision mechanisms in processing a dichotic tonal sequence," *Journal of Experimental Psychology: Human Perception and Performance*, Vol. 2, pp. 23-29.

DeWitt, L. & Samuel, A. G. (1990) "The role of knowledge-based expectations in music perception: Evidence from musical restoration," *Journal of Experimental Psychology: General*, Vol. 119, pp. 123-144.

Drake, C. & McAdams, S. (1999) "The auditory continuity phenomenon: Role of temporal sequence structure," *Journal of the Acoustical Society of America*, Vol. 106, pp. 3529-3538.

Driver, J. & Spence, C. (1998) "Attention and the crossmodal construction of space," *Trends in Cognitive Sciences*, Vol. 2, pp. 254-262.

Efron, R. (1970a) "The relationship between the duration of a stimulus and the duration of a perception," *Neuropsychologia*, Vol. 8, pp. 37-55.

Efron, R. (1970b) "The minimum duration of a perception," *Neuropsychologia*, Vol. 8, pp. 57-63.

Ehrenfels, C. v. (1890) "Über 'Gestaltqualitäten'," *Vierteljahrsschrift für wissenschaftliche Philosophie*, Vol. 14, pp. 242-92.

Elfner, L. & Caskey, W. E. (1965) "Continuity effects with alternately sounded noise and tone signals as a function of manner of presentation," *Journal of the Acoustical Society of America*, Vol. 38, pp. 543-547.

Elfner, L. F. (1969) "Continuity in alternately sounded tone and noise signals in a free field," *Journal of the Acoustical Society of America*, Vol. 46, pp. 914-917.

Elfner, L. F. & Homick, J. L. (1967a) "Auditory continuity effects as a function of the duration and temporal location of the interpolated signal," *Journal of the Acoustical Society of America*, Vol. 42, pp. 576-579.

Elfner, L. F. & Homick, J. L. (1967b) "Continuity effects with alternately sounding tones under dichotic presentation," *Perception & Psychophysics*, Vol. 2, pp. 34-36.

Elfner, L. & Homick, J. L. (1966) "Some factors affecting the perception of continuity in alternately sounded tone and noise signals," *Journal of the Acoustical Society of America*, Vol. 40, pp. 27-31.

Evans, E. F. & Whitfield, I. C. (1964) "Classification of unit responses in the auditory cortex of the unanaesthetized and unrestrained cat," *Journal of Physiology*, Vol. 171, pp. 476-493.

Fastl, H. (1977) "Subjective duration and temporal masking patterns of broad-band noise impulses," *Journal of the Acoustical Society of America*, Vol. 61, pp. 162-168.

Fastl, H. & Zwicker, E. (2007) *Psychoacoustics: Facts and Models*, Berlin: Springer, 3rd edition.

Fletcher, H. (1940) "Auditory patterns," *Reviews of Modern Physics*, Vol. 12, pp. 47-65.

Fodor, J. A. & Bever, T. G. (1965) "The psychological reality of linguistic segments," *Journal of Verbal Learning and Verbal Behavior*, Vol. 4, pp. 414-420.

Fraisse, P. (1982) "Rhythm and Tempo," in Deutsch, D. ed. *The Psychology of Music*,

New York: Academic Press, 1st edition, pp. 149–180.

Gabbatt, A. (2013, August 24) "March on Washington: Thousands arrive for 50th anniversary-as it happened," *The Guardian*.

Galembo, A. & Askenfelt, A. (1995) "A note on the overlap of piano tones," *Speech Transmission Laboratory Quarterly Progress and Status Report*, Vol. STL-QPSR 1/95, pp. 23–28.

Gery, J. M. & Moorer, J. A. (1977) "Perceptual evaluations of synthesized musical instrument tones," *Journal of the Acoustical Society of America*, Vol. 62, pp. 454–462.

Gilchrist, A. L. (1977) "Perceived lightness depends on perceived spatial arrangement," *Science*, Vol. 195, pp. 185–187.

Goldin-Meadow, S. & Alibali, M. W. (2013) "Gesture's role in speaking, learning, and creating language," *Annual Review of Psychology*, Vol. 64, pp. 257–283.

後藤倬男・田中平八 (2005)『錯視の科学ハンドブック』，東京大学出版会，東京．

郡司隆男・坂本勉 (1999)『言語学の方法』，現代言語学入門，岩波書店，東京．

Hall, G. & Jastrow, J. (1886) "Studies of rhythm," *Mind*, Vol. 11, pp. 55–62.

浜崎公男・寺西立年・今裕実 (1982)「聴覚認知系での時間分解能に及ぼす刺激音の影響」，『日本音響学会春季研究発表会講演論文集』，211–212頁．

Handel, S. (1989) *Listening: An Introduction to the Perception of Auditory Events*, Cambridge, MA: MIT Press.

Harris, C. M. (1953) "A study of the building blocks in speech," *Journal of the Acoustical Society of America*, Vol. 25, pp. 962–969.

Hasuo, E., Nakajima, Y., Osawa, S., & Fujishima, H. (2012) "Effects of temporal shapes of sound markers on the perception of inter-onset time intervals," *Attention, Perception, & Psychophysics*, Vol. 74, pp. 430–445.

Heise, G. A. & Miller, G. A. (1951) "An experimental study of auditory patterns," *The American Journal of Psychology*, Vol. 64, pp. 68–77.

Hillenbrand, J., Getty, L. A., Clark, M. J., & Wheeler, K. (1995) "Acoustic characteristics of American English vowels," *Journal of the Acoustical Society of America*, Vol. 97, pp. 3099–3111.

Houtgast, T. (1972) "Psychophysical evidence for lateral inhibition in hearing," *Journal of the Acoustical Society of America*, Vol. 51, pp. 1885–1894.

Huron, D. (1989) "Voice denumerability in polyphonic music of homogeneous timbres," *Music Perception*, Vol. 6, pp. 361–382.

乾俊郎（1993）『Q＆Aでわかる脳と視覚：人間からロボットまで』，サイエンス社，東京．

岩堀修明（2011）『図解・感覚器の進化：原始動物からヒトへ　水中から陸上へ』，ブルーバックス，講談社，東京．

柿崎祐一（1993）『心理学的知覚論序説』，培風館，東京．

Kanafuka, K., Nakajima, Y., Remijn, G. B., Sasaki, T., & Tanaka, S. (2007) "Subjectively divided tone components in the gap transfer illusion," *Perception & Psychophysics*, Vol. 69, pp. 641-653.

柏野牧夫（2010）『音のイリュージョン：知覚を生みだす脳の戦略』，岩波科学ライブラリー，岩波書店，東京．

Kobayashi, M. & Kashino, M. (2012) "Effect of flanking sounds on the auditory continuity illusion," *PLoS ONE*, Vol. 7, e51969.

Koffka, K. (1935) *Principles of Gestalt Psychology*, London: Routledge and Kegan Paul.

Köhler, W. (1969) *The Task of Gestalt Psychology*, Princeton: Princeton University Press.

小泉保（1995）『言語学とコミュニケーション』，大学書林，東京．

Konopka, G., Bomar, J. M., Winden, K., Coppola, G., Jonsson, Z. O., Gao, F., Peng, S., Preuss, T. M., Wohlschlegel, J. A., & Geschwind, D. H. (2009) "Human-specific transcriptional regulation of CNS development genes by FOXP2," *Nature*, Vol. 462, pp. 213-217.

Koopmans-van Beinum, F. J. (1980) *Vowel Contrast Reduction: An Acoustic and Perceptual Study of Dutch Vowels in Various Speech Conditions*, Amsterdam: Academische Pers B.V.

Krumhansl, C. L. (1990) *Cognitive Foundations of Musical Pitch*, Oxford Psychology Series, New York: Oxford University Press.

Kubovy, M. & Daniel, J. E. (1983) "Pitch segregation by interaural phase, by momentary amplitude disparity, and by monaural phase," *Journal of the Audio Engineering Society*, Vol. 31, pp. 630-635.

窪薗晴夫（1999）『日本語の音声』，現代言語学入門，岩波書店，東京．

倉谷滋（1997）『かたちの進化の設計図』，ゲノムから進化を考える，岩波書店，東京．

Kuroda, T., Nakajima, Y., & Eguchi, S. (2012) "Illusory continuity without sufficient sound energy to fill a temporal gap: Examples of crossing glide tones," *Journal of*

Experimental Psychology : Human Perception and Performance, Vol. 38, pp. 1254-1267.

Kuroda, T., Nakajima, Y., Tsunashima, S., & Yasutake, T. (2009) "Effects of spectra and sound pressure levels on the occurrence of the gap transfer illusion," *Perception*, Vol. 38, pp. 411-428.

Kuwano, S., Namba, S., Yamasaki, T., & Nishiyama, K. (1994) "Impression of smoothness of a sound stream in relation to legato in musical performance," *Perception & Psychophysics*, Vol. 56, pp. 173-182.

Ladefoged, P. & Broadbent, D. E. (1957) "Information conveyed by vowels," *Journal of the Acoustical Society of America*, Vol. 29, pp. 98-104.

Ladefoged, P. & Broadbent, D. E. (1960) "Perception of sequence in auditory events," *Quarterly Journal of Experimental Psychology*, Vol. 12, pp. 162-170.

Laming, D. (1997) *The Measurement of Sensation*, Oxford Psychology Series, Oxford: Oxford University Press.

Lee, B. S. (1950) "Effects of delayed speech feedback," *Journal of the Acoustical Society of America*, Vol. 22, pp. 824-826.

Lerdahl, F. & Jackendoff, R. (1983) *A Generative Theory of Tonal Music*, Cambridge, MA: MIT Press.

Levitin, D. J. (2007) *This Is Your Brain on Music: The Science of a Human Obsession*, New York: Plume.

Lichte, W. H. (1941) "Attributes of complex tones," *Journal of Experimental Psychology*, Vol. 28, pp. 455-480.

Lieberman, P. (1998) *Eve Spoke: Human Language and Human Evolution*, New York: Norton & Company.

Lombard, E. (1911) "Le signe de l'élévation de la voix," *Annales des Maladies de l'Oreille et du Larynx*, Vol. 37, pp. 101-119.

Longuet-Higgins, H. C. & Lee, C. S. (1984) "The rhythmic interpretation of monophonic music," *Music Perception*, Vol. 1, pp. 424-441.

Longuet-Higgins, H. (1976) "Perception of melodies," *Nature*, Vol. 263, pp. 646-653.

Mach, E. (1918) *Die Analyse der Empfindungen und das Verhältnis des Physischen zum Psychischen*, Jena: Fischer, 7th edition,（須藤吾之助・広松渉訳,『感覚の分析』,法政大学出版局,1971年).

町田健（2004）『ソシュールと言語学：コトバはなぜ通じるのか』,講談社現代新書,講談社,東京.

Merabet, L. B., Rizzo, J. F., Amedi, A., Somers, D. C., & Pascual-Leone, A. (2005) "What blindness can tell us about seeing again: Merging neuroplasticity and neuroprostheses," *Nature Reviews Neuroscience*, Vol. 6, pp. 71-77.

Miller, G. A. (1947) "The masking of speech," *Psychological Bulletin*, Vol. 44, pp. 105-129.

Miller, G. A. & Heise, G. A. (1950) "The trill threshold," *Journal of the Acoustical Society of America*, Vol. 22, pp. 637-638.

Miller, G. A. & Licklider, J. C. R. (1950) "The intelligibility of interrupted speech," *Journal of the Acoustical Society of America*, Vol. 22, pp. 167-173.

Miller, J. R. & Carterette, E. C. (1975) "Perceptual space for musical structures," *Journal of the Acoustical Society of America*, Vol. 58, pp. 711-720.

Mitsudo, T., Nakajima, Y., Remijn, G., Takeichi, H., Goto, Y., & Tobimatsu, S. (2009) "Electrophysiological evidence of acoustic temporal perception related to the assimilation between two neighboring time intervals," *NeuroQuantology*, Vol. 7, pp. 114-127.

宮坂栄一 (2004)「聴覚の性質を利用した高能率圧縮の原理」,『日本音響学会誌』, 第60巻, 18-23頁.

宮田章司 (2003)『江戸売り声百景』, 岩波書店, 東京.

Miyauchi, R. & Nakajima, Y. (2005) "Bilateral assimilation of two neighboring empty time intervals," *Music Perception*, Vol. 22, pp. 411-424.

宮崎謙一・佐々木隆之 (1981)「順向, 逆向, および同時マスキング条件における聴覚マスキング・パターン」,『心理学研究』, 第52巻, 106-112頁.

Montagu, A. (1976) "Toolmaking, hunting, and the origin of language," *Annals of the New York Academy of Sciences*, Vol. 280, pp. 266-274.

Moore, B. C. J. (2012) *An Introduction to the Psychology of Hearing*, Bingley: Emerald, 6th edition.

Näätänen, R., Paavilainen, P., Rinne, T., & Alho, K. (2007) "The mismatch negativity (MMN) in basic research of central auditory processing: A review," *Clinical Neurophysiology*, Vol. 118, pp. 2544-2590.

Nakajima, Y., Kuroda, T., & Terada, T. (2010) "Auditory events that seem to be formed illusorily from offset cues," in Bastianelli, A. & Vidotto, G. eds. *Fechner Day 2010*, Proceedings of the 26th Annual Meeting of the International Society for Psychophysics, Padua, Italy.

Nakajima, Y., Tsumura, T., Matsuura, S., Minami, H., & Teranishi, R. (1988) "Dynamic pitch perception for complex tones derived from major triads," *Music Perception*, Vol. 6, pp. 1-20.

Nakajima, Y. & Takeichi, H. (2011) "Human processing of short temporal intervals as revealed by an ERP waveform analysis," *Frontiers in Integrative Neuroscience*, Vol. 5, pp. 1-10.

Nakajima, Y. (2008) "Illusions related to *auditory grammar*: Ten demonstrations in musical contexts," in Miyazaki, K., Hiraga, Y., Adachi, M., Nakajima, Y., & Tsuzaki, M. eds. *Proceedings of the 10th International Conference on Music Perception and Cognition (ICMPC10)*, pp. 301-304, Sapporo, Japan.

Nakajima, Y., Minami, H., Tsumura, T., Kunisaki, H., Ohnishi, S., & Teranishi, R. (1991a) "Dynamic pitch perception for complex tones of periodic spectral patterns," *Music Perception*, Vol. 8, pp. 291-314.

Nakajima, Y., ten Hoopen, G., & van der Wilk, R. (1991b) "A new illusion of time perception," *Music Perception*, Vol. 8, pp. 431-448.

Nakajima, Y., ten Hoopen, G., Hilkhuysen, G., & Sasaki, T. (1992) "Time-shrinking: A discontinuity in the perception of auditory temporal patterns," *Perception & Psychophysics*, Vol. 51, pp. 504-507.

Nakajima, Y., Sasaki, T., Kanafuka, K., Miyamoto, A., Remijn, G., & ten Hoopen, G. (2000) "Illusory recouplings of onsets and terminations of glide tone components," *Perception & Psychophysics*, Vol. 62, pp. 1413-1425.

Nakajima, Y., ten Hoopen, G., Sasaki, T., Yamamoto, K., Kadota, M., Simons, M., & Suetomi, D. (2004) "Time-shrinking: The process of unilateral temporal assimilation," *Perception & Psychophysics*, Vol. 33, pp. 1061-1079.

Nakajima, Y., Wang, H., Ueda, K., & Sasaki, T. (2005) "Perceptual organization of onsets and offsets in speech," in van Noorden, L. & Moelants, D. eds. *Book of Abstracts: the 10th Rhythm Perception and Performance Workshop*, Bilzen, Belgium.

Neisser, U. (1976) *Cognition and Reality: Principles and Implications of Cognitive Psychology*, San Francisco: Freeman.

Nishimura, H., Hashikawa, K., Doi, K., Iwaki, T., Watanabe, Y., Kusuoka, H., Nishimura, T., & Kubo, T. (1999) "Sign language 'heard' in the auditory cortex," *Nature*, Vol. 397, p. 116.

van Noorden, L. P. A. S. (1975) "Temporal coherence in the perception of tone sequences," Unpublished doctoral thesis, Technical University, Eindhoven.

太安万侶・稗田阿礼(1956)『古事記』,角川書店,東京.

Pantev, C., Eulitz, C., Hampson, S., Ross, B., & Roberts, L. (1996) "The auditory evoked 'off' response: Sources and comparison with the 'on' and the 'sustained' responses," *Ear and Hearing*, Vol. 17, pp. 255-265.

Pascual-Leone, A., Amedi, A., Fregni, F., & Merabet, L. B. (2005) "The plastic human brain cortex," *Annual Review of Neuroscience*, Vol. 28, pp. 377-401.

Peterson, G. E. & Barney, H. L. (1952) "Control methods used in a study of the vowels," *Journal of the Acoustical Society of America*, Vol. 24, pp. 175-184.

Petkov, C., O'Connor, K., & Sutter, M. (2007) "Encoding of illusory continuity in primary auditory cortex," *Neuron*, Vol. 54, pp. 153-165.

Pinker, S. (1994) *The Language Instinct: How the Mind Creates Language*, New York: Harper Perennial Modern Classics.

Pinker, S. (1997) *How the Mind Works*, New York: Norton & Company.

Plack, C. J. (2005) *The Sense of Hearing*, Mahwah, NJ: Lawrence Erlbaum Associates.

Plomp, R. (1976) *Aspects of Tone Sensation: A Psychophysical Study*, London: Academic Press.

Plomp, R. (2002) *The Intelligent Ear: On the Nature of Sound Perception*, Mahwah, NJ: Lawrence Erlbaum.

Povel, D. J. (1984) "A theoretical framework for rhythm perception," *Psychological Research*, Vol. 45, pp. 315-337.

Pratt, H., Bleich, N., & Mittelman, N. (2005) "The composite N1 component to gaps in noise," *Clinical Neurophysiology*, Vol. 116, pp. 2648-2663.

Raphael, L. J., Borden, G. J., & Harris, K. S. (2011) *Speech Science Primer*, Philadelphia: Lippincott Williams & Wilkins, 6th edition.

Reiss, C. (2007) "Modularity in the "sound" domain: Implications for the purview of Universal Grammar," in Ramchand, G. & Reiss, C. eds. *The Oxford Handbook of Linguistic Interfaces*, Oxford: Oxford University Press.

Remijn, G. B., Pérez, E., Nakajima, Y., & Ito, H. (2008) "Frequency modulation facilitates (modal) auditory restoration of a gap," *Hearing Research*, Vol. 243, pp. 113-120.

Remijn, G. B. & Nakajima, Y. (2005) "The perceptual integration of auditory stimulus edges: An illusory short tone in stimulus patterns consisting of two partly overlapping glides," *Journal of Experimental Psychology: Human Perception and Performance*, Vol. 31, pp. 183-192.

Remijn, G., Nakajima, Y., & Tanaka, S. (2007) "Perceptual completion of a sound with a short silent gap," *Perception*, Vol. 36, pp. 898-917.

Repp, B. H. & Marcus, R. J. (2010) "No sustained sound illusion in rhythmic sequences," *Music Perception*, Vol. 28, pp. 121-133.

Riecke, L., van Orstal, A. J., & Formisano, E. (2008) "The auditory continuity illusion: A parametric investigation and filter model," *Perception & Psychophysics*, Vol. 70, pp. 1-12.

Riecke, L., Micheyl, C., Vanbussel, M., Schreiner, C. S., Mendelsohn, D., & Formisano, E. (2011) "Recalibration of the auditory continuity illusion: sensory and decisional effects," *Hearing Research*, Vol. 277, pp. 152-162.

力丸裕 (1994)「音響・聴覚系の生理学」, 伊藤正男・安西祐一郎・川人光男・市川伸一・中島秀之・橋田浩一 (編)『視覚と聴覚』, 第3巻, 岩波講座：認知科学, 岩波書店, 東京, 129-179 頁.

Risset, J. C. & Wessel, D. L. (1982) "Exploration of timbre by analysis and synthesis," in Deutsch, D. ed. *The Psychology of Music*, New York: Academic, Press, 1st edition, pp. 25-58.

Roberts, L. G. (1963) "Machine perception of three-dimensional solids," Ph.D. dissertation, Massachusetts Institute of Technology.

Rogers, W. L. & Bregman, A. S. (1993) "An experimental evaluation of three theories of auditory stream segregation," *Perception & Psychophysics*, Vol. 53, pp. 179-190.

Rosenblum, L. D. (2004) "Perceiving articulatory events: Lessons for an ecological psychoacoustics," in Neuhoff, J. G. ed. *Ecological Psychoacoustics*, Amsterdam: Elsevier Academic Press, pp. 219-248.

Rosenblum, L. D. (2010) *See What I'm Saying: The Extraordinary Powers of Our Five Senses*, New York: W. W. Norton & Co., (齋藤慎子訳,『最新脳科学でわかった五感の驚異』, 講談社, 2011 年).

Royer, F. L. & Garner, W. R. (1966) "Response uncertainty and perceptual difficulty of auditory temporal patterns," *Perception & Psychophysics*, Vol. 1, pp. 41-47.

Saldanha, E. L. & Corso, J. F. (1964) "Timbre cues and the identification of musical instruments," *Journal of the Acoustical Society of America*, Vol. 36, pp. 2021-2026.

三宮麻由子 (2004)『鳥が教えてくれた空』, 集英社, 東京.

Sasaki, T. (1980) "Sound restoration and temporal localization of noise in speech and music sounds," *Tohoku Psychologica Folia*, Vol. 39, pp. 79-88.

Sasaki, T. (2004) "Music sound restoration: Effect of temporal position of noise in a melody and a beat," in *Auditory Research Meeting, ASJ*, Vol. H-2004-117, Fukuoka, Japan.

Sasaki, T., Nakajima, Y., ten Hoopen, G., van Buuringen, E., Massier, B., Kojo, T., Kuroda, T., & Ueda, K. (2010) "Time-stretching: Illusory lengthening of filled auditory durations," *Attention, Perception, & Psychophysics*, Vol. 72, pp. 1404-1421.

de Saussure, F. (1916) *Cours de linguistique générale*, Paris: Éditions Payot & Rivages, (小林英夫訳,『一般言語学講義』, 岩波書店, 1972 年).

de Saussure, F. (1959) *Course in general linguistics*, New York: McGraw-Hill Paperbacks. [Baskin, W., Trans., de Saussure, F. (1916) *Cours de linguistique générale*, *Paris*: Éditions Payot & Rivages].

Schnupp, J., Nelken, I., & King, A. (2011) *Auditory Neuroscience: Making Sense of Sound*, Cambridge, MA: MIT Press.

Seashore, C. E. (1938) *Psychology of Music*, New York: McGraw-Hill.

Shepard, R. N. (1983) "Demonstrations of circular components of pitch," *Journal of the Audio Engineering Society*, Vol. 31, pp. 641-649.

Singh, P. G. (1987) "Perceptual organization of complex-tone sequences: A tradeoff between pitch and timbre?" *Journal of the Acoustical Society of America*, Vol. 82, pp. 886-899.

Stevens, S. S. & Davis, H. (1938) *Hearing: Its Psychology and Physiology*, New York: Wiley and Sons.

Strange, W., Verbrugge, R. R., Shankweiler, D. P., & Edman, T. R. (1976) "Consonant environment specifies vowel identity," *Journal of the Acoustical Society of America*, Vol. 60, pp. 213-224.

Strong, W. & Clark, M. (1967) "Synthesis of wind-instrument tones," *Journal of the Acoustical Society of America*, Vol. 41, pp. 39-52.

末富大剛・中島祥好 (1998)「リズム知覚研究の動向」,『音楽知覚認知研究』, 第 4 巻, 26-42 頁.

Suetomi, D., Nakajima, Y., Sasaki, T., & ten Hoopen, G. (2000) "Demonstrations of time-shrinking," in Desain, P. & Windsor, L. eds. *Rhythm Perception and Production*, Lisse: Swets and Zeitlinger, pp. 175-181.

ten Hoopen, G., Hartsuiker, R., Sasaki, T., Nakajima, Y., Tanaka, M., & Tsumura, T. (1995) "Auditory isochrony: Time shrinking and temporal patterns," *Perception*, Vol. 24, pp. 577-593.

寺西立年・多田雅昭・成井良一 (1980)「旋律の両耳分割聴実験」,『日本音響学会聴覚研究会資料』, 第 H-76-13 巻, 1-6 頁.

寺西立年・浜崎公男（1981）「能動的聴取事態での聴覚系の時間分解能」,『日本音響学会春季研究発表会講演論文集』, 169-170 頁.

寺西立年（1984）「聴覚の時間的側面」, 難波精一郎（編）『聴覚ハンドブック』, ナカニシヤ出版, 京都, 276-319 頁.

Terhardt, E. (1974) "Pitch, consonance, and harmony," *Journal of the Acoustical Society of America*, Vol. 55, pp. 1061-1069.

Terhardt, E. (1991) "Music perception and sensory information acquisition: Relationships and low-level analogies," *Music Perception*, Vol. 8, pp. 217-240.

Thurlow, W. (1957) "An auditory figure-ground effect," *The American Journal of Psychology*, Vol. 70, pp. 653-654.

Thurlow, W. R. & Elfner, L. F. (1959) "Continuity effects with alternately sounding tones," *Journal of the Acoustical Society of America*, Vol. 31, pp. 1337-1339.

Tsunashima, S. & Nakajima, Y. (2002) "Demonstrations of the gap transfer illusion," in *Proceedings of the 7th International Conference on Music Perception and Cognition*, pp. 407-410: Adelaide: Causal Productions.

Ueda, K. & Akagi, M. (1990) "Sharpness and amplitude envelopes of broadband noise," *Journal of the Acoustical Society of America*, Vol. 87, pp. 814-819.

Ueda, K. & Ohgushi, K. (1987) "Perceptual components of pitch: Spatial representation using a multidimensional scaling technique," *Journal of the Acoustical Society of America*, Vol. 82, pp. 1193-1200.

University of Oxford (2012, May 24) "Earliest musical instruments in Europe 40,000 years ago." Retrieved from http://www.ox.ac.uk/media/news_stories/2012/120524_1.html.

Warren, R. M. (1970) "Perceptual restoration of missing speech sounds," *Science*, Vol. 167, pp. 392-393.

Warren, R. M. (1983) "Auditory illusions and their relation to mechanisms normally enhancing accuracy of perception," *Journal of the Audio Engineering Society*, Vol. 31, pp. 623-629.

Warren, R. M. (1999) *Auditory Perception: A New Analysis and Synthesis*, Cambridge: Cambridge University Press.

Warren, R. M. (2008) *Auditory Perception: An Analysis and Synthesis*, Cambridge: Cambridge University Press, 3rd edition.

Warren, R. M. & Bashford, J. (1976) "Auditory contralateral induction: An early stage in binaural processing," *Perception & Psychophysics*, Vol. 20, pp. 380-386.

Warren, R. M., Obusek, C. J., & Ackroff, J. M. (1972) "Auditory induction: Perceptual synthesis of absent sounds," *Science*, Vol. 176, pp. 1149-1151.

Warren, R. M., Bashford, J., Healy, E. W., & Brubaker, B. S. (1994) "Auditory induction: Reciprocal changes in alternating sounds," *Perception & Psychophysics*, Vol. 55, pp. 313-322.

Warren, R. M. & Sherman, G. L. (1974) "Phonemic restorations based on subsequent context," *Perception & Psychophysics*, Vol. 16, pp. 150-156.

Yabe, H., Winkler, I., Koyama, S., Kakigi, R., Sutoh, T., Hiruma,T., & Kaneko, S. (2001) "Organizing sound sequences in the human brain: The interplay of auditory streaming and temporal integration," *Brain Research*, Vol. 897, pp. 222-227.

Zacks, J. M., Braver, T. S., Sheridan, M. A., Donaldson, D. I., Snyder, A. Z., Ollinger, J. M., Buckner, R.L., & Raichle, M. E. (2001) "Human brain activity time-locked to perceptual event boundaries," *Nature Neuroscience*, Vol. 4, pp. 651-655.

Zwicker, E. (1969/70) "Subjektive und objektive Dauer von Schallimpulsen und Schallpausen," *Acustica*, Vol. 22, pp. 214-218.

索　引

い
一次聴覚野　　135
一連性　　66

う
動きの時間パターン　　4
歌　　54

え
エネルギー源　　2

お
オクターブ錯覚　　26
オクターブ等価性　　42
オクターブ類似性　　42
音　　6
　——の粗さ　　112
　——の大きさ　　8
　——の高さ　　10
　　虚像的高さ　　29
　　スペクトル的高さ　　29
　音色　　8
音事象　　6, 99
音要素　　53, 99-101, 122
　空白　　99, 122
　持続　　99, 122
　始部　　99, 122
　終部　　99, 122
音階錯覚　　37
音楽　　53
音声言語　　13, 47, 141
音声コミュニケーション　　48
　概念　　48
　音声の回路　　48
　考え　　48
　記号　　48
　言語記号　　50

聴覚イメージ　　48
　——と音事象　　49
　——と音脈　　49
音節　　99, 128
音素　　52, 123, 128
　音素復元　　69, 72
音脈　　6-7, 96
　一次的分凝　　13
　音脈分凝　　13, 35, 72
　継時的体制化　　17
　同時的体制化　　17
　メロディーと伴奏　　97-98
　——と音事象　　99
　——と空白　　99
　——と地　　97
　——と図　　97
音脈形成の文法　　8

か
開口度　　128
階層構造　　31, 51
楽音復元　　69, 73
カクテルパーティー効果　　20
可塑性　　7, 45
感覚様相　　7, 45

き
記憶モデル　　82
期待　　75
基本周波数　　15
逆側誘導　　45

く
空間　　10, 33, 44
空隙のメロディー　　117
群化　　43, 46, 68

け
ゲシタルト原理　　10, 25
　近接の原理　　68
　——とメロディー
　　　　25-26, 33, 40
ゲシタルト心理学　　24-26
結合音　　63
言語　　48
　音素　　52, 123, 128
　句　　51
　国際音声記号　　50
　最小対語　　52
　——と線条性　　50
　——と二重性　　51

こ
交差　　83
個別性　　46

さ
雑音　　15
錯覚　　22
　オクターブ錯覚　　26
錯覚現象　　60
錯視　　60
　ポンゾ錯覚　　60
錯聴　　62
　音素復元　　69, 72
　楽音復元　　69, 73
　空隙転移錯覚　　85
　結合音　　63
　時間縮小錯覚　　77
　時間伸長錯覚
　　　　78, 109, 122
　時間誘導　　20, 69-75
　充実時間錯覚　　76, 138
　終端音　　111

索　引

終端音現象　111, 122
聴覚誘導　69
分割時間の過大評価　63
分離音現象
　　92, 108, 122, 127
連続充実時間錯覚　76
連続聴効果
　　69, 107, 118, 137

し

地　97
子　音　52
視　覚　1
視　角　60
視覚世界　3
時　間　6, 8, 33
時間縮小錯覚　77
時間伸長錯覚　78, 109, 122
　──とよい連続の原理　110
　──と連続聴　110
時間の格子　42
時間波形　8
時間分解能　80
時間誘導　20, 69-75
　音素復元　69, 72
　楽音復元　69, 73
　連続聴効果
　　69, 107, 118, 137
時間-周波数の座標　33
時系列　80, 141
刺　激　2
　遠刺激　2
　近刺激　2
事　象　3, 119, 140
事象関連電位　135
遮　蔽　19
周期性　8
充実時間錯覚　76, 138
終端音現象　111, 122
周波数　8, 23, 33
手　話　7, 140
純　音　15
情景分析　18
情報源　2
進　化　1, 29, 54, 61, 94
　場当たり的な──　30

心理物理同型説　28, 121

す

図　97
図　式　32
スペクトル　8
スペクトログラム　8, 34
すれ違い　83

せ

精神物理学　24
声　調　94, 127
声　道　16
声　部　59
遷移図　120
先行音効果　45
線路錯覚　60

そ

装飾音　99, 129-133

た

対位法　59
対　件　100
対　象　3, 141
体制化
　継時的──　17
　同時的──　17
対　比　4
多義図形　64
　ネッカーの立方体　64
単一帰属化　87, 91
単一ニューロン　135

ち

知覚心理学　23, 141
知覚の多義性　64
　二重多義性　64
聴　覚　1
　──と進化　1
聴覚コミュニケーション　47
聴覚情景分析　11, 27
聴覚世界　3
聴覚体制化　10
聴覚におけるゲシタルト原理
　　25

アクセント　43
共通運命の原理　10, 23, 33
近接の原理　10, 33
時間的規則性の原理
　　11, 31, 42
時間の異方性　43
調波性の原理　11, 23, 41
間　43
よい連続の原理　34
類同の原理　34
　──と音脈　34
聴覚の文法　8, 53, 69, 99
音事象　99
音要素　99, 122
音　脈　96
空隙転移錯覚
　　83-91, 103-108
空　白　99, 122
　時間伸長錯覚　109
持　続　99, 122
始　部　99, 122
終　部　99, 122
文　法　98
　──と音楽　129
　──と音声　123
　──と合成音声　127
　──と脳　134
　──とメロディー
　　101-102, 112-117
聴覚フィルター　24
聴覚野　135, 141
調波複合音　15

と

等間隔性　77
統　合　46
透明性　22
トップダウン処理　73

ね

音　色　8
　──と音楽　59
　──と音脈　37, 115
　──と成分数　39
　──と類同の原理　34

索　引　159

の

脳磁図	27, 135, 139

は

ハース効果	45
倍音	38
倍音関係	11, 15, 111
はね返り	83
パルス閾法	71
パルセーション閾法	71

ふ

フォルマント	16, 39
——周波数	52
分凝	13
一次的分凝	13
音脈分凝	13, 35, 72
図式に基づく分凝	13
文法	8, 47, 53, 98
分離音現象	92, 108, 122, 127
——による音節	93
分裂	35

ほ

母音	10, 39, 52, 123
ホーミー	58

ま

マスキング	19
逆向マスキング	20
順向マスキング	20
同時マスキング	19
非同時マスキング	20
マスキング可能性の原理	86
——と声	57
——と錯聴	69-86
——とよい連続の原理	34

み

ミスマッチ陰性電位	27, 139

め

メロディー	
音階錯覚と——	37-38
言葉と——	55-58
——と楽音復元	74-75
——と伴奏	97-98
——とレガート	133-134

も

モーラ	31, 119

ゆ

融合	40-41, 46

よ

様相	7

り

リズム	55
音脈分凝と——	14
近接の原理と——	33
言葉と——	55-58
時間の異方性と——	43-44
時間の格子と——	43
時間の次元と——	8
聴覚コミュニケーションと——	31, 47
——の等間隔性	77-78
臨界帯域	24, 42, 81-82, 92, 100

れ

連続充実時間錯覚	76
連続聴効果	27, 69-71, 80, 85-86, 107-108, 118, 137

わ

和声	59
和声進行	40

E

ERP	135

M

MEG	27, 135, 139
MMN	27

―― 著 者 略 歴 ――

中島　祥好（なかじま　よしたか）
- 1978 年　東京大学文学部第 4 類卒業
- 1979 年　東京大学大学院人文科学研究科修士課程（心理学専攻）中退
- 1979 年　大阪大学助手
- 1984 年　九州芸術工科大学助手
- 1990 年　文部省在外研究員（ライデン大学ほか）
- 1992 年　九州芸術工科大学助教授
- 1999 年　博士（芸術工学）（九州芸術工科大学）
- 2000 年　九州芸術工科大学教授
- 2003 年　九州大学教授（大学統合のため）
　　　　　現在に至る

佐々木　隆之（ささき　たかゆき）
- 1976 年　東北大学文学部哲学科卒業
- 1978 年　東北大学大学院文学研究科博士前期課程（心理学専攻）修了
- 1981 年　東北大学大学院文学研究科博士後期課程（心理学専攻）単位取得満期退学
- 1981 年　東北大学文学部助手
- 1983 年　宮城学院女子大学助教授
- 1993 年　宮城学院女子大学教授
　　　　　現在に至る
- 2010 年　博士（文学）（東北大学）

上田　和夫（うえだ　かずお）
- 1984 年　京都大学文学部哲学科卒業
- 1987 年　京都大学大学院文学研究科修士課程（心理学専攻）修了
- 1987 年　株式会社 ATR 視聴覚機構研究所研修研究員
- 1990 年　京都大学大学院文学研究科博士後期課程（心理学専攻）研究指導認定退学
- 1990 年　株式会社 ATR 視聴覚機構研究所奨励研究員
- 1992 年　ボルドー第 2 大学音響心理学研究所客員研究員
- 1993 年　京都府立大学講師
- 1999 年　博士（文学）（京都大学）
- 2000 年　九州芸術工科大学助教授
- 2003 年　九州大学助教授（大学統合のため）
- 2007 年　九州大学准教授
　　　　　現在に至る

Gerard B. Remijn（ジェラード B. レメイン）
- 1990 年　ライデン大学人間社会学部心理学科卒業
- 1994 年　ライデン大学大学院心理学研究科修士課程修了
- 2003 年　九州芸術工科大学大学院芸術工学研究科博士後期課程（情報伝達専攻）修了
　　　　　博士（芸術工学）
- 2005 年　日本学術振興会外国人特別研究員
- 2007 年　金沢大学 21 世紀 COE プログラム博士研究員
- 2007 年　金沢工業大学人間情報システム研究所共同研究員
- 2009 年　金沢大学医薬保健研究域脳情報病態学博士研究員
- 2010 年　九州大学准教授
　　　　　現在に至る

聴 覚 の 文 法
Auditory Grammar 　　　　　　　　ⓒ 一般社団法人 日本音響学会 2014

2014 年 3 月 31 日　初版第 1 刷発行

|検印省略|

編　者　一般社団法人
　　　　日 本 音 響 学 会
　　　　東京都千代田区外神田 2-18-20
　　　　ナカウラ第 5 ビル 2 階
発行者　株式会社　コロナ社
代表者　牛来真也
印刷所　萩原印刷株式会社

112-0011　東京都文京区千石 4-46-10
発行所　株式会社 **コロナ社**
CORONA PUBLISHING CO., LTD.
Tokyo Japan
振替 00140-8-14844・電話 (03) 3941-3131 (代)
ホームページ http://www.coronasha.co.jp

ISBN 978-4-339-01328-3　　（新宅）　（製本：愛千製本所）
Printed in Japan

本書のコピー，スキャン，デジタル化等の無断複製・転載は著作権法上での例外を除き禁じられております。購入者以外の第三者による本書の電子データ化及び電子書籍化は，いかなる場合も認めておりません。

落丁・乱丁本はお取替えいたします

音響入門シリーズ

(各巻A5判, CD-ROM付)

■日本音響学会編

	配本順			頁	本体
A-1	(4回)	音響学入門	鈴木・赤木・伊藤 佐藤・菅木・中村 共著	256	3200円
A-2	(3回)	音の物理	東山 三樹夫著	208	2800円
A-3	(6回)	音と人間	平原・宮坂 蘆原・小澤 共著	270	3500円
A		音と生活	橘 秀樹編著		
A		音声・音楽とコンピュータ	誉田・足立・小林 小坂・後藤 共著		
B-1	(1回)	ディジタルフーリエ解析(I) ―基礎編―	城戸 健一著	240	3400円
B-2	(2回)	ディジタルフーリエ解析(II) ―上級編―	城戸 健一著	220	3200円
B-3	(5回)	電気の回路と音の回路	大賀 寿郎 梶川 嘉延 共著	240	3400円
B		音の測定と分析	矢野 博夫 飯田 一博 共著		
B		音の体験学習	三井田 惇郎編著		

(注:Aは音響学にかかわる分野・事象解説の内容,Bは音響学的な方法にかかわる内容です)

音響工学講座

(各巻A5判, 欠番は品切です)

■日本音響学会編

	配本順			頁	本体
1.	(7回)	基礎音響工学	城戸 健一編著	300	4200円
3.	(6回)	建築音響	永田 穂編著	290	4000円
4.	(2回)	騒音・振動(上)	子安 勝編	290	4400円
5.	(5回)	騒音・振動(下)	子安 勝編著	250	3800円
6.	(3回)	聴覚と音響心理	境 久雄編著	326	4600円
8.	(9回)	超音波	中村 僖良編	218	3300円

定価は本体価格+税です。
定価は変更されることがありますのでご了承下さい。

図書目録進呈◆

音響テクノロジーシリーズ

(各巻A5判)

■日本音響学会編

			頁	本体
1.	音のコミュニケーション工学 ―マルチメディア時代の音声・音響技術―	北脇信彦編著	268	3700円
2.	音・振動のモード解析と制御	長松昭男編著	272	3700円
3.	音の福祉工学	伊福部達著	252	3500円
4.	音の評価のための心理学的測定法	難波精一郎 桑野園子 共著	238	3500円
5.	音・振動のスペクトル解析	金井浩著	346	5000円
6.	音・振動による診断工学	小林健二編著	品切	
7.	音・音場のディジタル処理	山﨑芳男 金田豊 編著	222	3300円
8.	改訂 環境騒音・建築音響の測定	橘秀樹 矢野博夫 共著	198	3000円
9.	アクティブノイズコントロール	西村正治 伊勢史郎 宇佐川毅 共著	176	2700円
10.	音源の流体音響学 ―CD-ROM付―	吉川茂 和田仁 編著	280	4000円
11.	聴覚診断と聴覚補償	舩坂宗太郎著	208	3000円
12.	音環境デザイン	桑野園子編著	260	3600円
13.	音楽と楽器の音響測定 ―CD-ROM付―	吉川茂 鈴木英男 編著	304	4700円
14.	音声生成の計算モデルと可視化	鏑木時彦編著	274	4000円
15.	アコースティックイメージング	秋山いわき編著	254	3800円
16.	音のアレイ信号処理 ―音源の定位・追跡と分離―	浅野太著	288	4200円
17.	オーディオトランスデューサ工学 ―マイクロホン,スピーカ,イヤホンの基本と現代技術―	大賀寿郎著	294	4400円
18.	非線形音響 ―基礎と応用―	鎌倉友男編著	286	4200円
	波動伝搬における逆問題とその応用	山田晃之 蜂屋弘 西條献児 吉川茂 共著		
	熱音響デバイス	琵琶哲志 上田祐樹 矢崎太一 共著		
	音声・オーディオ信号の符号化技術 ―技術動向から音質評価まで―	日和崎祐介 原田登 恵木則次 共著		
	超音波モータ	青柳学 黒澤実 中村健太郎 共著		
	頭部伝達関数の基礎と 3次元音響システムへの応用	飯田一博著		

定価は本体価格+税です。
定価は変更されることがありますのでご了承下さい。

図書目録進呈◆

音響サイエンスシリーズ

(各巻A5判)

■日本音響学会編

			頁	本体
1.	音色の感性学 ―音色・音質の評価と創造― ―CD-ROM付―	岩宮 眞一郎編著 小坂・小澤・高田 共著 藤沢・山内	240	3400円
2.	空間音響学	飯田一博・森本政之編著 福留・三好・宇佐川共著	176	2400円
3.	聴覚モデル	森 周司・香田 徹編 香田・日比野・任 倉智・入野・鵜木共著 鈴木・牧・津崎	248	3400円
4.	音楽はなぜ心に響くのか ―音楽音響学と音楽を解き明かす諸科学―	山田真司・西口磯春編著 永岡・北川・谷口 共著 三浦・佐藤	232	3200円
5.	サイン音の科学 ―メッセージを伝える音のデザイン論―	岩宮 眞一郎著	208	2800円
6.	コンサートホールの科学 ―形と音のハーモニー―	上野 佳奈子編著 橘・羽入・日高 共著 坂本・小口・清水	214	2900円
7.	音響バブルとソノケミストリー	崔 博坤・榎本尚也編著 原田久志・興津健二 野村・香田・斎藤 共著 安井・朝倉・安田 木村・近藤	242	3400円
8.	聴覚の文法 ―CD-ROM付―	中島祥好・佐々木隆之 上田和夫・G.B.レメイン 共著	176	2500円
	ピアノの音響学	西口 磯春編著 鈴木・森・三浦共著		近刊
	視聴覚融合の科学	岩宮 眞一郎編著 北川・積山・安倍 共著 金・高木・笠松		
	音声は何を運んでいるか	森 大毅 前川 喜久雄共著 粕谷 英樹		
	物理音響モデルに基づく音場再現	安藤 彰男著		
	実験音声科学 ―音声事象の成立過程を探る―	本多 清志著		
	音 と 時 間	難波 精一郎編 芋阪・桑野・菅野 三浦・鈴木・入交共著 Fastl		

定価は本体価格+税です。
定価は変更されることがありますのでご了承下さい。

図書目録進呈◆